Todos los libros de Linkgua Ediciones cuentan con modelos de Inteligencia Artificial entrenados por hispanistas. Pregúntale al chat de tu libro lo que desees acerca de la obra o su autor/a.

Para **ebooks**: Accede a nuestro modelo de IA a través de este enlace.

Para **libros impresos**: Escanea el código QR de la portada con tu dispositivo móvil.

Obtén análisis detallados de nuestros libros, resúmenes, respuestas a tus preguntas y accede a nuestras ediciones críticas generativas para una experiencia de lectura más enriquecedora.
La transparencia y el respeto hacia la autoría de las fuentes utilizadas son distintivos básicos de nuestro proyecto. Por ello, las respuestas ofrecen, mediante un sistema de citas, las fuentes con las que han sido elaboradas.

Emilio Castelar

# Historia del año 1883

Barcelona **2024**
**Linkgua-ediciones.com**

## Créditos

Título original: Historia del año 1883.

© 2024, Red ediciones S.L.

Diseño de cubierta: Michel Mallard.

ISBN tapa dura: 978-84-1126-460-0.
ISBN rústica: 978-84-9816-023-9.
ISBN ebook: 978-84-9897-674-8.

# Sumario

## Brevísima presentación

### La vida

Emilio Castelar y Ripoll (1832-1899). España.

Nació en Cádiz y estudió derecho y filosofía y letras en la Universidad de Madrid (1852-1853). Actuó en la vida política defendiendo las ideas democráticas; fundó el periódico *La Democracia*, en 1863, y apoyó el republicanismo individualista. A causa de un artículo contrario a Isabel II, fue separado de su cátedra de historia de España de la Universidad Central, lo que provocó manifestaciones estudiantiles y la represión de la Noche de san Daniel (10 abril 1865). Castelar conspiró contra Isabel II y se exilió en Francia, donde permaneció hasta la revolución de septiembre (1868). A su regreso fue nombrado triunviro por el partido republicano junto a Pi y Margall y a Figueras. Diputado por Zaragoza a las cortes constituyentes de 1869. Al proclamarse la I república ocupó la presidencia del poder ejecutivo. Gobernó con las cortes cerradas y combatió a carlistas y cantonales. Tras la reapertura de las cortes, su gobierno fue derrotado, lo que provocó el golpe de estado del general Pavía (3 enero 1874). Disuelta la república y restaurada la monarquía borbónica, representó a Barcelona en las primeras cortes de Alfonso XII. Defendió el sufragio universal, la libertad religiosa y un republicanismo conservador y evolucionista (el posibilismo).

Emilio Castelar murió en 1899 en San Pedro del Pinatar.

En 1864 se celebró en Londres la 1.ª Internacional, la clase obrera europea hablaba de su emancipación frente al capital. España, aunque no estuvo representada en Londres, celebró en junio de 1870 en Barcelona el I Congreso de la Sección española de la Internacional. Y en 1883 se creó una Comisión de Reformas Sociales en las Cortes con la misión de estudiar el problema social y proponer soluciones al Gobierno. En este panorama político, Castelar reflexiona sobre la sociedad europea de entonces.

## Capítulo I. Antecedentes necesarios

Antes de convertir los ojos al año que nos proponemos historiar, describiremos los meses últimos del año anterior como premisa indispensable al desarrollo lógico de nuestro importante trabajo, y sin más exordio, entramos de lleno en los asuntos de mayor interés político.

Porfían los cortesanos del Pontífice, pues hasta ellos alcanzan las competencias de nuestra vida, por interpretar cada cual a su guisa, y todos a derechas, el pensamiento inefable contenido en la conciencia infalible de su enorme oráculo. En otros tiempos, tales porfías, dada su magnitud, empeñaríanse por los claustros o por las aulas; mas en este nuestro siglo se urden y empeñan, natural resultado del tiempo presente, por las columnas de los periódicos diarios. *Il Observatore Romano* pareció, quizás a causa de su vetustez, sobradamente inclinado a la reacción, y se publicó hace poco *L'Aurora*, más inclinado en su nacimiento a las conciliaciones. Ahora se conoce que no ha bastado *L'Aurora* como intérprete veraz de las ideas abrigadas en las cimas del Vaticano, y se funda otro diario que lleva por nombre *Il Godofredo*. Parecía que, dada la inmarcesible aureola cuyo nimbo rodea las sienes del rey virgen y santo, su nombre místico estaba destinado, en el vocabulario eclesiástico, a expresar cosas más bien sobrenaturales que naturales, perdidas allá en las cimas del cielo y en los misterios de la eternidad; algo como esos espíritus puros, etéreos, invisibles, los cuales traen el aliento creador a los mundos o llevan al Empíreo el eco de la plegaria universal, en sus continuos aleteos y en sus descensos de lo infinito a lo finito y en sus ascensiones de lo finito a lo infinito. Mas hanlo pensado de otra suerte los buenos eclesiásticos vaticanos, y acaban de lanzar un prospecto poniendo a Godofredo por cobertera... ¿de qué? preguntaréis. Pues de una lotería. Convencidos, sin duda, los piadosos sacerdotes de que no basta con la santidad incomunicable de sus ideas y con la virtud indecible del nombre adoptado para llamar suscritores, han decidido repartir a cuantos se abonen unos billetes que, si os tocan alguna vez, os dan derecho a decir tal o cual número de misas, después de las cuales puede caer sobre vuestra frente pecadora tanta lluvia de indulgencias que os regeneren y os den la santísima bienaventuranza. No he visto jamás combinación tan bien urdida como la mezcla y aligación de los arrebatos y arrobamientos y éxtasis religiosos con cosas tan mezquinas de suyo como los juegos de azar. Si el fomento de la lotería es todo lo que tienen a mano esos eclesiásticos para conducirnos al cielo, tememos que sus crédulos suscritores vayan a dar en las garras de Satanás, por haberse alzado a mercaderes como aquellos despedidos por Jesús de la eterna casa de su padre. Y luego se maravillan estos señores de la general impiedad, cuando ellos arrojan los cálices a la fundición donde se acuñan las monedas.

Nadie ha pugnado como yo para que la democracia reconociese de grado su origen evangélico y acatase a la Iglesia católica en vez de promover disentimientos religiosos, propios tan solo para sembrar guerras en los ánimos y detener y retardar el movimiento de todos los progresos. Pero debo decir sin reserva que muchos de los conflictos lamentados provienen de la enemiga del clero a las públicas libertades y al espíritu moderno. Esos obispos, que percibiendo un sueldo de la República y gozando las preeminencias ofrecidas por un Estado tan poderoso como el Estado de Francia, desacatan la civil autoridad tanto como los demagogos y atizan la guerra civil tanto como los legitimistas, ¡oh! parecen resueltos en conciencia y adrede a quitar almas a la religión y tender el desierto en torno de los altares católicos. Creeríamos imposible que uno de los prelados del Mediodía se haya, en su fanatismo, atrevido a celebrar la fiesta del último triste vástago de los Borbones franceses como si aún estuviera en el trono.

Hay más, mucho más todavía, igualmente nocivo a la Iglesia y al Estado, en las cóleras episcopales, tan contrarias a la mansedumbre y caridad evangélicas. Como dijera, no ha muchos días, al obispo de Angers, a Freppel, prelado batallador en la Cámara, uno de sus colegas que dependía del Estado, inconvenientemente que solo dependía del Papa. ¿Cómo es eso? Pues hay que renunciar al sueldo percibido de las arcas del Tesoro, y al nombramiento hecho por el Presidente de la República, y al presupuesto votado por las dos Cámaras, y a las garantías ofrecidas por un Estado democrático, de quien se reciben todas las prerrogativas y todas las preeminencias, pero a quien no se le cumplen las obligaciones y los deberes en la correspondencia natural de oficios que lleva consigo todo cargo público. Es de justicia: si el clero se aferra, con demencia verdaderamente suicida hoy, al proceder de otros tiempos, irreconciliable con la libertad y la democracia modernas, él y solo él recogerá la cosecha de males contenida en tan perversa siembra, y continuará la obra tremenda de aislar en la cima de los panteones góticos de la Edad Media el Pontificado y la Iglesia.

Los tiempos no están para que las aristocracias religiosas arriesguen muchos intereses y desafíen a muchas batallas. En el seno de las sociedades más pagadas de su tradición siéntense impulsos a soluciones que parecían privativas de las escuelas más radicales y más utópicas. En parte alguna del mundo tienen la Iglesia establecida y el patriciado histórico arraigo como el que alcanzan ambas instituciones antiguas en el semirealengo y semialodial suelo de Inglaterra. Mezclado el protestantismo y sus ideas, como la nobleza y sus privilegios, al desarrollo mismo de la libertad, confúndense con la nación y su historia, con el derecho y su vida, con el Estado y su independencia. Cuando acudís a la Cámara Alta o a la catedral de San Pablo en Londres, y notáis el supersticioso culto que allí rodea el santuario de la nobleza y del clero, diríaisles eternos, pues al desarraigarlos de la sociedad creeríais desarraigar también la nación del planeta o al pueblo inglés de la nación. Y nos engañamos nosotros mucho en todos nuestros presentimientos, si las reformas discutidas ahora para el interior régimen de los Comunes no tienden a evitar, más que las obstrucciones irlandesas, las obstrucciones conservadoras, en los altos y trascendentes cambios preparados por el primer ministro a favor de la democracia, como cumplimiento a sus compromisos con los radicales y como compensación a la política imperial y conservadora seguida por fuerza en los asuntos egipcios.

Las Cámaras están circuidas en Inglaterra de una tradición tan sagrada como la liturgia secular en los antiguos templos. Huelen a historia los Parlamentos ingleses, como huelen a incienso las catedrales católicas. El sargento de armas; el saco de leña; el blasón áureo; el *speaker*, con su túnica de mangas perdidas y su peluca empolvada; la maza histórica sobre la mesa presidencial; el capellán de las Cámaras; el reglamento, escrito más en la memoria que en los libros; las fórmulas de rito, en sí tan sagradas como las antiguas fórmulas de jurisprudencia romana: todo esto constituye una especie de vida histórica, en la cual arraiga mucha parte de la fortaleza obtenida por el régimen inglés, como asentado de antiguo sobre bases verdaderamente inconmovibles y tallado en la razón pública y en el tiempo eterno, coordinando así la fuerza del derecho con la fuerza de la tradición y de la historia. Pues en todo eso ha puesto mano el primer ministro con audacia digna de un tribuno revolucionario y de un Bautista radicalesco. Cualquier partido, cualquiera, podrá detener una reforma en el Parlamento inglés con solo proponerse prolongar indefinidamente las discusiones. Así, medidas tan beneficiosas como la abolición de la trata, o como la emancipación de los esclavos, o como la libertad de los católicos, o como las prestaciones del juramento litúrgico, han tardado lustros y lustros, detenidas por una libertad de discusión que se perpetuaba indefinidamente, como no concluyesen por imponerse con su imperio incontrastable las santas indignaciones del voto público apoyado en el juicio claro y explícito de la pública conciencia. Pues bien; ahora las discusiones del Parlamento inglés, las discusiones eternas, se concluirán y terminarán cuando lo resuelva la Cámara por simple mayoría. En vano hase presentado una tras otra enmienda en requerimiento y logro de algún respeto para la tradición y la historia. En vano se ha querido que las dos terceras partes del Congreso y no la mayoría pura y simple decidieran la terminación o clausura del debate. Su primer ministro ha mostrado una entereza rayana en la tenacidad, y la clausura por simple mayoría se ha decidido ya, después de largos y tempestuosísimos debates. El partido irlandés, cuyas obstrucciones sistemáticas tanto han contribuido a esta radical y trascendente alteración, después de resistirse, ha concluido por ceder, sumándose a la mayoría, en previsión, o cuando menos presentimiento, de que a ninguna clase ni partido le interesa tanto como a los irlandeses el detener y contrastar las obstrucciones conservadoras.

En efecto, según mi sentir, el suelo de Irlanda es como un campo donde Gladstone, el gran reformador de nuestros tiempos, ensaya las reformas varias, aplicables después al suelo de Inglaterra. Parece la pobre nación maltrecha un desahuciado enfermo expuesto en clínica triste a las experiencias y ensayos de médicos audaces. Aquella Iglesia luterana, tan rica, eterno testimonio del triunfo de los sajones protestantes sobre los celtas católicos, obra de los nombres que señalan el engrandecimiento inglés, como Oliverio Cromwell, Guillermo de Orange, aquella Iglesia, especie de áureo clavo puesto sobre la frente de cada irlandés para significar su servidumbre, ha caído en nuestro tiempo, rota y deshecha por un estadista, que si ama exaltadamente a su patria, no cree necesario confundir el patriotismo con la tiranía y con la violencia. Las reformas sociales de Irlanda preparan también el movimiento social de Inglaterra. Gladstone, auxiliado en su oposición y en su gobierno por los radicales, siente y comprende que no basta para satisfacer a éstos una nueva política y se necesita una nueva sociedad más en armonía con el espíritu moderno y menos apegada de suyo a las rutinas aristocráticas y monárquicas. Y no solo medita la destrucción de las vinculaciones y de los mayorazgos, con lo cual arrancará su raíz al trono y al patriciado, sino que también medita la asociación del arrendatario a la propiedad. Poco previsor será, muy poco previsor quien, después de haber visto el empeño de Gladstone por alterar el reglamento, no vea tras él otro empeño, mayor y más trascendental aún, dirigido contra las antiguas instituciones británicas, el mayorazgo en la propiedad, el clero privilegiado y la iglesia oficial, la Cámara de los Lores.

Confesamos que pocas obras políticas de la Europa contemporánea merecen tanto nuestro aplauso como la reforma de Irlanda por la iniciativa de Gladstone. Digan cuanto quieran sus enemigos, el primer ministro se ha interesado en su larga y gloriosa vida por los vencidos como no se interesara jamás ninguno de los repúblicos ingleses, en ningún tiempo de la historia. Últimamente aún, y con motivo del discurso pronunciado en la comida del Lord Corregidor, ha dicho con evangélica unción, cuyos acentos recordaban el lenguaje de los puritanos, cómo aguarda que la isla hermana, reconociendo sus esfuerzos por salvarla, entre de lleno en la vida del derecho. Al considerar que de quinientos crímenes agrarios cometidos mensualmente hace poco, han bajado ahora en estos meses últimos a cien, su ánimo se esparce y explaya como su esperanza y su fe se recrean mirando más despejados y tranquilos horizontes en los espacios de próximo y seguro porvenir. Mucho ha hecho con su palabra O'Connell por la tierra de su cuna y por la religión de sus padres en el grande y logrado empeño de la libertad completa de los católicos; pero ha hecho más Gladstone, con su reflexiva y madura voluntad, por una tierra y por una raza sometida y eternamente contraria por siglos de siglos a su propia patria, ¡sublime abnegación! la cual presta resplandores más vivos aun a la grandeza de su idea y a la santidad de su justicia.

Pero de vez en cuando sobreviene un caso, el cual asombra todas estas ideas y aterra y marchita las más lisonjeras ilusiones, como el atentado al juez Lawsson. Salía éste, conocido por su actividad en reprimir las rebeliones y castigar a los rebeldes, pocas tardes hace, a la hora de anochecer, con su obligado acompañamiento de dos guardas a caballo en armas, y a pie cuatro agentes encargados de atisbar cualquier amenaza y contener cualquier atentado. Nadie creería que pudiese un criminal atreverse a quien va guardado en sus salidas y en sus paseos de tan formidable suerte. Pues se han atrevido, y hubieran inmolado al juez en plena calle, como inmolaron a Cavendish en pleno parque, de no andar bien listos los agentes a impedir un crimen, arrancando de las manos del atrevido certero revólver, que llevaba ocho proyectiles de carga. El juez, al verse detenido así en medio de una calle concurrida, se desmayó, y esta es la hora en que no ha podido salir de la triste angustia que le causa el verse bajo tan aterradoras amenazas. Proceden contra sus intereses las gentes de Irlanda no aviniéndose a la política conciliadora de Parnell y no contentándose con las reformas alcanzadas hoy, gérmenes de otras superiores para mañana. Inglaterra es una demasiado grande nación y necesita, para su tranquilidad y reposo, de Irlanda. Cuantos han profetizado la decadencia británica de antiguo, han visto sus profecías burladas y desmentidas por los hechos. En una de las últimas sesiones parlamentarias aparecieron de pronto en la tribuna de los Comunes varios oficiales del ejército indio, llevados a Londres para presenciar una revista y recibir los homenajes debidos a su lealtad y arrojo en la campaña egipcia. Los hijos del Ganges, reyes un día del Oriente y siervos hoy del Occidente, hijos de aquellos que levantaron las primeras aras y vertieron las primeras ideas; padres de nuestra raza; tostados por el Sol del Asia y del África, vestidos a la oriental, apareciendo allí como recuerdos vivos del Imperio guardado por la isla de las nieblas y de las sombras en la cuna del día y del Sol, merecieron que la primera Cámara del mundo se levantara en peso, y volviéndose a ellos, entrados allí contra reglamento, como en Londres contra ley, pues tenían armas, les consagrase un ruidoso y fervorosísimo aplauso, muy semejante al rumor del antiguo Senado latino cuando entraban los representantes de las razas vencidas en el sacro templo de la Victoria Romana. Y aquellos aplausos indicaban algo más que un sentimiento de orgullo, indicaban una esperanza muy fundada y firme, la esperanza de poner algún día medio millón de hombres, traídos por los elementos de transporte mejores que han conocido los siglos, a cualquier campo de batalla donde se litiguen los intereses británicos. ¿No dice nada todo esto a los pobres irlandeses empeñados en el temerario imposible de vencer a su poderosísima dominadora la invencible nación inglesa? La resistencia es un suicidio, y el suicidio puede dar el descanso de la muerte a los individuos desesperados, pero no a las naciones inmortales.

La prueba del poder británico se halla en la cuestión egipcia. Destruyendo la intervención de Francia y acaparando el canal de Suez, tan solo suscita protestas de fórmula y obstáculos de aparato. Últimamente ha mandado Inglaterra su embajador en Constantinopla, lord Dufferin, al Cairo, para demostrar cómo se ha concluido el supremo imperio de los sultanes en el antiguo dominio de los Faraones. El enviado pertenece a la estirpe de los experimentados estadistas británicos. Gobernador de las Indias por mucho tiempo, diplomático de Oriente ahora, en cargos tan importantes ha desplegado facultades dobles, la habilidad y la energía, difíciles de juntar en una sola personalidad y de constituir un solo temperamento. Al despedirse de la corte donde representaba un poder tan grande y tenía una tan legítima influencia, en guisa de los antiguos señores feudales, ha dejado como rehenes a sus dos hijos. Cosa difícil para tal diplomático, volver por los rehenes, después que haya de Turquía separado región tan hermosa y unídola por el vínculo de una indirecta conquista con el Imperio. Mas nadie se mete con los hijos de naciones que representan la conquista.

Y para ver cómo se agrava la británica sobre su Egipto, no hay sino seguir las manifestaciones varias del Gabinete inglés. En vano la oposición ha querido indagar lo porvenir y saber cuanto encerraba en las entrañas de sus ocultos propósitos la política dominante. A todas las interrogaciones Gladstone ha respondido con esos discursos largos y embrollados, los cuales, diciendo mucho, aún dicen menos que la reserva y el silencio. Maestro en la palabra, nadie le gana hoy allí a concretar las cuestiones o iluminarlas, si quiere darles concreción y luz. Pero nadie tampoco, en queriendo embrollarlas, gánale a confundirlas y oscurecerlas. Más fácil adivinar un enigma de los entallados por el tiempo antiguo en los obeliscos y en las esfinges sobre la pasada suerte del Egipto, que un discurso de Gladstone, confiado al aire de la Cámara, sobre la suerte por venir de nación tan extraña y tan caída en manos de los ingleses. Lo que sacamos de sus aseveraciones en limpio, es que las tropas de invasión subían a treinta y dos mil hombres, mientras las de ocupación se han reducido a unos doce mil escasos, los cuales quedarán allí por algún espacio de tiempo. ¿Y a cuánto este tiempo se alargaría? ¡Oh! Averígüelo Vargas. Nada tan relativo como el tiempo, que nunca se detiene. Los que cuentan cien años llaman jóvenes a los de cincuenta. Los siglos, comparados con la eternidad, son mucho menos que las gotas comparadas con el mar o las arenillas comparadas con el desierto. Puede la ocupación prolongarse muchísimo si, como indican los menores indicios, deben pagarla de su peculio los vencidos, reacios en aprontar tributos, y mucho más a los ingleses, quienes apenas perciben ni la mitad siquiera de lo percibido en los tiempos anteriores a su reciente dominación. El primer ministro ha comparado la ocupación británica del Egipto en 1882 con la ocupación europea de Francia en 1815, y no sabemos qué ha querido con tal comparación, si exaltar a sus africanos súbditos o dirigir maquiavélicas amenazas a sus contrariados vecinos al verlos tan tenaces en demandar una parte del despojo, si hubieran tenido en el combate parte. Hasta los periódicos ingleses más leídos resucitan el antiguo aforismo socrático y dicen que sobre la ocupación egipcia solo saben que no saben nada.

Pero sabemos, si bien confusamente, cómo allá en el Sudán, tierra donde las corrientes del Nilo se pierden por completo entre los misterios que rodean sus ignorados manantiales, acaba de levantarse una cruzada fanática y supersticiosa contra los perros cristianos reunidos en el Cairo para devorar a los fieles musulmanes y contra el cobarde y traicionero Emir del Egipto, que consiente con calma la invasión y aún contento la obedece y acata. Jamás la idea nuestra, de antiguo connaturalizada con las lentitudes propias de la civilización moderna, podrá comprender cómo cuatro predicaciones al aire libre reúnen esas inmensas moles movibles de pueblos en armas, que se trasladan de un punto a otro, conducidas por la palabra de cualquier santón o por la gumía de cualquier guerrero, a irrupciones fatales y ciegas, semejantes a los giros del huracán en la soledad inmensa de los silenciosos arenales, tan áridos de vegetación como fecundos en profecías y en plegarias. A nosotros los españoles no deben decirnos qué sea eso, pues tenemos testimonios de todo ello grabados en nuestra historia de la Edad Media, y guardamos huellas todavía de tales plagas en las ruinas de nuestros santuarios y en las piedras de nuestros caminos. Un profeta del Islam, Abadlah, suscita los caudillos almorávides, a quienes industriara en sus dogmas y disciplinara con su látigo, lanzándolos, no solo sobre las heréticas ciudades de la fiel Andalucía, sino sobre nuestros propios reyes en Zalaca, nefasto campo de terrible derrota; y otro profeta del Islam, Mahomed, simple atizador de lámparas en una mezquita, engendra los almohades, quienes allende y aquende nuestro estrecho se sobreponen a los almorávides y vencen también a nuestros reyes en Alarcos, batalla que les hubiese abierto el camino de Francia y demás pueblos europeos, a no interponerse nuestros padres, movidos por su valor, y obligarles a morder el polvo en los sangrientos picos de las Navas. Ya sabemos que todas estas irrupciones suelen adelantar y retroceder con la celeridad de cualquier fenómeno natural; pero también sabemos que suelen causar muchos daños, sobre todo si cuentan, como ahora, con la complicidad universal del Egipto, aún confiado en que Alá, por intercesión de Mahoma, les envíe cualquier mahedi encargado a un tiempo de su redención y de su venganza.

Es muy observada y atendida en el asunto egipcio la suerte de Arabi, ayer en las cumbres del Gobierno y hoy en las tristezas del cautiverio. La expectación pública, concentrada en esa gran tragedia, suele aplicar el oído a las cerraduras del calabozo para escuchar y saber cómo siente los rigores quien ayer tuvo las mercedes todas de la tornadiza fortuna. Tamaños contrastes aumentan, así el interés general de los espectadores, como el carácter trágico de los protagonistas en tan terribles incidentes. Hasta hoy, Arabi solo ha publicado una breve carta, bien distante del oriental estilo por cierto, diciendo que corriera de suyo a las armas para evitar la dominación extraña, mas convencido y penetrado por ulteriores experiencias y revelaciones de que los ingleses no son tan malos como parecían a primera vista, se rindió, cuando aún contaba 35.000 hombres de línea y probabilidades muchas de resistencia. Después de decir esto, ya por todos sabido, cuentan las crónicas diarias que ha sujetado a examen de sus jurisconsultos valedores varios ensueños, con los cuales quiere palmariamente demostrar cómo en sus hechos le moviera un impulso divino; caso tan propio del hijo natural de Oriente, que creeríais leer antigua página sacra de cualquier libro litúrgico dictado en aquella extraña región de las teocracias y de los dioses. Y añádense sucedidos que mueven a verdadera lástima, levantando en los más indiferentes indeliberada indignación. Al pasar de manos inglesas a manos egipcias y encerrarlo en los calabozos del Jetife, aquellos cortesanos, tan complacientes y serviles en los días de su dominación, trataron al general como a un perro. La noche del 9 de octubre habíase Arabi rendido al sueño, cuando a eso de las ocho y media le despierta una grande algazara de voces varias encrespadas a la puerta de su calabozo. Los goznes ruedan y los portones abren paso a diez o doce soldados, que acompañan a un favorito del Jetife, llamado Ibrahim-Bajá, quien de rabia demente, y olvidado del respeto debido a la desgracia, llama cerdo al pobre Arabi, le insulta y escupe al rostro, le pone las manos encima, golpeándole con tal furia y ensañamiento que imaginó el pobre cautivo llegada la hora de su muerte. Francamente, Inglaterra está en el caso de intervenir para evitar tamañas ofensas a un vencido. El infeliz dictador no se rindió a sus rivales de la corte y del ejército nacional, sino a los soldados del pueblo invasor y enemigo. Un grande respeto se le debe, por infeliz en sus empresas y por prisionero de guerra. Y dejarle maltratar así equivale a complicidad con la cruel barbarie africana o es impotencia para detener los caprichos del Jetife y descargar sus increíbles rencores y sus injustificables venganzas. Para destruir el efecto de tal proceder han apelado los humanitarios ingleses a una condenación solemne de Arabi a muerte, indultándolo después y conduciéndolo a la isla de Ceilán, donde vivirá muy bien, pues diz que allí fue confinado Adán después de abandonar el paraíso.

No hace mucho tiempo, a principios de otoño, pasó el príncipe Napoleón por Madrid. Pocos le conocían entre nosotros, naturalmente, por no haber estado aquí desde los días del 49 y por haber, a las injurias de los años, perdido aquella olímpica fisonomía que tan completa semejanza le daba con Napoleón el Grande. Pero uno de mis amigos, que personalmente le conociera en casa de Girardin el año 48, acercósele, guiado por un sentimiento de hospitalidad al verlo solo, y entabló con él una verdadera conversación política, recurso para departir tan socorrido en todos los actos del comercio social, como los recursos que procuran el tiempo y la estación. Está visto;

las ideas cuya virtud penetra con la educación primera en el cerebro, salen difícilmente, conservándose, como se conservan el acento y los modismos de la infancia en toda nuestra vida. El príncipe se mostró muy esperanzado de un retroceso nuevo a la monarquía, en atención a las dificultades encontradas por la república. Y para este retroceso descartó la persona del conde de París, perdida completamente desde que visitó al conde de Chambord, concentrando en su familia y en su tradición bonapartistas el simbolismo natural del único principio monárquico hacedero en tiempos de revolución y en pueblo tan democrático e igualitario como Francia.

Un émulo se le presentaba, en su sentir, algo temible, un émulo de regia familia, el duque de Aumale, quien desea constituir cierta magistratura semirrepublicana y semimonárquica, como la de Holanda, en cuya virtud puedan los Orleáns, revolucionarios y Borbones al mismo tiempo, representar en fines del siglo XIX idéntico ministerio que el representado por los Oranges a fines del siglo XVII. Pero los Orleáns solo representan en Francia las clases medias, y desde la revolución última impera el sufragio universal, para cuyas muchedumbres será preferible siempre, puestas en el caso de optar, a un Orleáns, un Bonaparte.

Mecido por tales ilusiones el príncipe Napoleón ha iniciado en estos últimos días una nueva era de propaganda imperial. A pesar de los desdenes con que ha recibido el público todos sus diarios, proyecta crear uno que al mismo tiempo salga en las capitales de los ochenta departamentos de Francia. Llegado a la pubertad su heredero, el príncipe Victor, lo ha conducido él mismo al regimiento, donde debe iniciarse su educación militar, y allí ha dicho palabras bien expresivas de sus fantásticos proyectos y de sus inútiles maquinaciones. Para Jerónimo Bonaparte, para este Catilina de su dinastía, el bonapartismo no es tanto el Imperio semicarlovingio con que sueña la derecha de su partido, como el principio revolucionario en una dictadura organizada. ¡El principio revolucionario! Tamaño error difundido por Thiers en sus historias, por Quinet en sus discursos, por Beranger en sus canciones, por David en sus cuadros, nos trajo la reacción imperial del año 51; reacción horrible, así para la humanidad como para el progreso. Y ahora que las agitaciones socialistas vuelven, que los desengaños anejos a toda realidad vienen, que se divide por necesidad el partido republicano, que surge con sus inconvenientes el déficit, que baja el papel, se quiere de nuevo matar la República, la forma inseparable de la democracia y de la libertad, para hundirnos en los babilónicos proyectos de un Sardanápalo de Comedia. No, mil veces no. La Revolución y el Imperio se contradicen, como se contradicen el día y la noche, la verdad y el error, el bien y el mal, puesto que la Revolución y su idealidad sublime, sean cualesquiera las dificultades presentes, solo puede con verdad encarnarse y sostenerse dentro de la República.

Heme alargado mucho más de lo que pensaba refutando sofisma tan peligroso como el Imperio revolucionario, todavía divulgado en Francia, y solo asimilable al sofisma de la monarquía democrática, todavía divulgado en España. Cuando no se puede vencer frente a frente la libertad y la democracia, se las falsifica y adultera. El Imperio es la falsificación sistemática de una y otra. Y esta falsificación solo puede impedirse por un medio, por la más consumada prudencia en los republicanos y en la República. Felizmente, comiénzase ya entre nuestros vecinos de allende a ver claro y a medir el abismo a que nos arrastran palabras tan destituidas de fijeza y concreción como la palabra reforma, en cuyo fondo ponen unos los perfeccionamientos pedidos por todo aquello que se mueve y vive, mientras ponen otros una revisión del Código fundamental y hasta un cambio profundo y radicalísimo de toda la sociedad francesa. Los más cegados por el dogmatismo positivista, los mayores jacobinos de pelo en pecho y dictadura en puerta, reconocen ya la imposibilidad para la República de chocar con el clero, con la magistratura y con el ejército, sin deshacerse en cien pedazos, como nave rota contra formidables bajíos y arrastrada por los vientos a las espirales de férrido y terrible oleaje. Desengañémonos: en pueblo donde la propiedad está dividida como en Francia, el crédito público repartido entre tantas manos, la igualdad política y civil arraigada en las costumbres e instituciones, el sufragio reconocido en todos los ciudadanos, cualquier ideal político llevado mucho más allá de semejante plausible realidad encierra insondables abismos, por más que parezca luminoso, pues el abismo tanto está para nosotros en los esplendores del cielo inaccesible como en las profundidades y entrañas del triste y oscurísimo planeta.

En los más exagerados se ha sentido la reacción más pronto: Clemençeau ha dicho, entre un gran tumulto, que matan la República todos cuantos promueven el terror social, generador de dictaduras e imperios. Maret ha clamado por una conciliación estrecha en las huestes republicanas como único medio de burlar las maquinaciones reaccionarias. Spuller ha confesado que la última ley sobre la enseñanza laica y sus aplicaciones trae dificultades múltiples, las cuales podrían subir en su funesta progresión, si la Iglesia y el Estado llegaran a separarse, como pretenden los avanzados, hasta desencadenar una guerra civil en cada familia. Ranc ha hecho mucho más: se ha opuesto con energía igual en discurso vehementísimo al torpe licenciamiento del clero y a la elección de los jueces por el pueblo. Andrieux, ejecutor de las órdenes que despojaban a las escuelas de sus símbolos cristianos, se ha dolido de todo esto, y ha declarado que la República no entraría en período completo de calma y en plena estabilidad hasta que no restañase y cubriese las heridas abiertas con triste impresión en la fe religiosa de Francia.

Sabía yo de antiguo que tal despertamiento iba, tarde o temprano, a cumplirse por necesidad. Cuando más embriagados estaban todos los demócratas franceses con su obra de alteración religiosa y más ocupados en abrir la puerta de los sepulcros llamados monasterios para echar almas solitarias a la calle, más gritaba yo anunciando los peligros encerrados en tales aventuras y el estímulo y el aliento y el vigor prestado a las pasiones demagógicas. Ha sido necesario que las cruces de los caminos saltaran en pedazos por las campiñas de Borgoña; que los encrespamientos socialistas crecieran amenazadores en las calles de Lyon; que una especie de comunidad revolucionaria, otra especie de nihilismo ruso, relampaguearan por los aires, para que los republicanos comprendieran todo el temporal corrido por la República de cargar con todas esas pasiones y errores, Bautistas de la reacción universal y gérmenes de dictaduras e imperios. Por eso, cuando el ministerio Duclerc, aunque oscuro y sin autoridad, ha dicho en su programa último, ante las Cámaras, aludiendo a las perturbaciones recientes, que tenía la resolución inquebrantable de resistir, un aplauso fragoroso cubrió su voz, porque todo el mundo comprendió cómo en la guerra con el desorden y el motín permanentes se halla la fuerza que ha de acerar la República. Si el Gobierno señala con fijeza y seguridad el verdadero límite a donde los progresos han de pararse y detenerse por ahora, logrará reunir una mayoría y un verdadero Gobierno dispuesto a ejercer la indispensable autoridad; y con verdadera mayoría en torno del Gobierno, sosiéganse todas las pasiones y ábrese un camino de progreso verdaderamente seguro y pacífico hacia los horizontes de lo porvenir, tan resplandecientes con el éter de las nuevas ideas y tan propicios a toda verdadera democracia.

Los más cansados de las utopías de la demagogia, de las amenazas revolucionarias, son los pueblos mismos; quienes padecen, como nadie, ahora, en las perturbaciones continuas, tan ocasionadas al descenso de sus salarios. Un hecho ha sucedido en Bélgica, el cual demuestra esta observación hasta la evidencia. Cansada Luisa Michel de pasear su fría tea de furia revolucionaria por los teatros de París, concertóse con un empresario para extenderla y atizarla por Gante y por Bruselas. Esta mujer, privada del carácter tierno y dulcísimo de su hermoso sexo, gózase con verdadero gozo en contemplar los monumentos cayendo como las cimas de los volcanes en erupción calcinados por las llamas voraces, que se avivan al viento de las ideas revolucionarias; cual si la última fórmula de los progresos humanos se hallara en el fin apocalíptico de la tierra y en el suicidio de la humanidad entre los estremecimientos de un sacudimiento cósmico y los horrores de un juicio universal. Para ella, Estados, templos, hogares, deben saltar en pedazos a impulsos de la dinamita, y aplastar una generación, quien todavía no ha emancipado su conciencia del yugo de la fe, ni su trabajo de la tiranía del capital. En su furor se le ha ocurrido la huelga de las mujeres para interrumpir así el hilo de la vida y suspender la generación de tantos siervos como nacen a la esclavitud en esta Europa llena, cual aquella Roma imperial antigua, de gemonias y ergástulas. Por los desbarajustes de su inteligencia la infeliz no recordaba el pueblo donde iba con tal aquelarre de peligrosos disparates. En Bélgica, no obstante sus libertades, las competencias políticas se hallan empeñadas entre un partido liberal muy realista y un partido religioso muy ultramontano. Nada, pero absolutamente nada en aquel pueblo de nuestras competencias contemporáneas, donde late un respeto grande a la conciencia libre, y un desvío más o menos vehemente, pero muy universal y arraigado, al predominio teocrático. Idos a pueblos educados así con el colectivismo en la propiedad, el amor sin freno en la familia sin ley, la religión pesimista de la nada para sustituir al dulce Cristo en los altares y en los templos, el principio de la anarquía social para reemplazar al Estado, que, además de representar la seguridad, representa la patria, y encontraréis que todas las ideas y todos los sentimientos se alzan contra tal cúmulo de incendiarios errores, y sin que ni las autoridades ni las leyes puedan impedirlo, rompen por cualquier parte violentos, y acallan a los apóstoles de la mentira en los arrebatos más líricos de su demencia. Así, en cuanto ha surgido Luisa en las tablas, los silbidos la han acompañado a todas partes, y tras los silbidos los golpes en tal número y con tanta fuerza que ha tenido necesidad la policía de intervenir en su favor y protegerla contra los odios de la misma pobre gente a quien deseaba en su furor demagógico redimir y salvar. ¿Se convencerá la infeliz de que provoca en unos violencias, en otros carcajadas, en muchos lástima y en todos odio?

No es tan cierto, como creen los rojos franceses y como quieren los monárquicos europeos, que las ideas exageradas tengan innumerables prosélitos en Francia. Casualmente la República se mantiene allí por ser la forma de gobierno natural a toda verdadera democracia; y la democracia progresa porque guarda para la marcha progresiva compensadores múltiples de resistencia, los cuales dan por fortuna en el mecanismo de la política bases inconmovibles a la conservación y a la estabilidad. En las poblaciones rurales, y en las mismas poblaciones fabriles, con sus virtudes múltiples de trabajo y con sus saludables hábitos de ahorro, merced a la extensión del goce de la propiedad, y a la repartición, a veces infinitesimal, de los valores públicos, existe una calma profunda, contrastando con la tempestad tonante desencadenada en las cabezas de los pensadores utópicos y de los tribunos radicales. El empeño puesto por Mr. Barodet en demostrar con prolijo informe sobre los programas electorales últimos la progresión creciente de las tendencias avanzadas, ha demostrado lo contrario. Su propuesta de información para dar en rostro a los elegidos con las promesas de candidatos, debió desoírse porque llevaba en su seno el mandato imperativo de los comicios y la derogación de toda libertad y de toda independencia parlamentaria. Cada diputado, correpresentante de sus electores, debe cumplir sus compromisos electorales, pero por móviles íntimos e internos, de conciencia y de honra, mas no por ajenas imposiciones de coacción material y moral contrarias a su pensamiento soberano o a su voluntad inviolable dentro del fijo límite de sus atribuciones y de sus derechos. Pero cometido el error de tal información, se han sacado de él consecuencias muy favorables a la democracia francesa, madura ya en política, y apta por ende para gobernarse a sí propia sin la intervención de coronados y regios tutores, por completo repulsivos a su razón e incompatibles con su tranquilidad. Más de quinientos diputados tiene Francia. Pues de tal número solo sesenta y cuatro han pedido la supresión del presupuesto eclesiástico, y solo ciento cuarenta y cinco la supresión de una segunda Cámara. ¿No prueba esto que gobernando con verdadera mesura el Gobierno francés, cumple con lo que pide la naturaleza de todo Gobierno, y cumple también con la voluntad de los pueblos?

Y no se diga que la República francesa encuentra contra sí las procelosas agitaciones socialistas. Me tienen sin cuidado. Nadie las siente más y a nadie alarman menos. Mientras los vientos venidos de arriba con resoluciones como la malhadada prohibición de enseñar, y otras análogas, no susciten movimientos desordenados, por la naturaleza íntima y la sustancia esencial de la sociedad francesa, toda grave agitación socialista resulta de una imposibilidad absoluta. ¡Cuán cómico y burlesco, por lo convencional y artificioso, el terror que han mostrado los monárquicos a las condenables y absurdas violencias sucedidas en el distrito de Monceaux-les-Mines, donde tanto predominan los trabajadores y tan duras condiciones lleva consigo el trabajo! Si hubiéramos de creerlos, estas zozobras acompañan a las repúblicas y a las democracias, como al cuerpo la sombra. ¡Parece imposible! De todas las grandes naciones europeas, ninguna menos agitada que Francia. No me figuro qué dijeran los reaccionarios, de perpetrarse a la sombra del pabellón de la República los crímenes agrarios perpetrados en Irlanda por terribles agitadores a la sombra del pabellón de la Monarquía. El socialismo es antes un mal de los imperios que un mal de las repúblicas. Si tuviéramos instrumentos morales para medir la temperatura y la presión como los tenemos materiales para medir la temperatura y la presión aérea, veríamos los grados que bajó el socialismo en Francia desde que bajaron los Bonapartes a su merecido destronamiento. En Alemania los socialistas han llevado su audacia terrible hasta consumar dos atentados contra el Emperador victorioso; y en Rusia, después de romper en pedazos el cuerpo de Alejandro II, han impedido la coronación de Alejandro III, y lo han obligado a encerrarse, como los ogros de las fábulas, en los retiros y apartamentos de las selvas. Ahora mismo, Viena, capital de un Imperio tan vasto como el Imperio austriaco, ha padecido agitaciones socialistas muy semejantes a las antiguas batallas revolucionarias. Con motivo de haber disuelto la policía una sociedad cooperativa de zapateros, alzándose con sus ahorros y con sus fondos, tres noches seguidas, en los barrios bajos, hanse trabado entre las tropas y las muchedumbres conflictos varios, los cuales han traído un grande número de contusiones y heridas. Pasará esto en París, y ya veríamos estallar los sentimientos de horror en los apocados espíritus monárquicos, y surgir en todos los periódicos reaccionarios el pronóstico siniestro de una inmediata catástrofe. Dicen los entendidos que semejante agitación debe atribuirse al disgusto de Viena por la política de Taafe, quien, pretendiendo la coexistencia de las naciones diversas que forman tal Imperio en el pie de una relativa igualdad, hiere y rebaja el elemento germánico, aquejado de una indignación, cuyas explosiones rompen y estallan con facilidad al menor impulso de abajo y al menor motivo de arriba. Pero, sea de esto lo que quiera, conste cómo la reciente agitación socialista de Francia no llega, ni con mucho, a las consuetudinarias agitaciones de Inglaterra, Rusia, Prusia y Austria, los cuatro grandes Imperios europeos.

Otra democracia continental, aunque bajo distinta forma de gobierno, muestra la madurez de su juicio y el progreso de su vida: la democracia italiana. Ocupada la grande nación, por motivo de su reciente arribo a la legión de las nacionalidades modernas, en constituir su indispensable unidad y afirmar su independencia, no pudo dar a sus instituciones la grande amplitud pedida por el movimiento de las ideas liberales y por el conjunto de las circunstancias contemporáneas. El Gobierno radical, por fin, ha llegado en sus últimas leyes a impulsar el movimiento democrático, abriendo los comicios a un número tan grande de electores, que casi toca ya en los límites del sufragio universal. Y este número de electores, enigma indescriptible para muchos, lejos de perturbar el movimiento político, lo ha perfectamente asegurado, dando su tranquilo impulso, concediendo una mayoría de gobierno al Ministerio actual y un aumento de diputados a la democracia progresiva y serena. El Milanesado, las Marcas y otros territorios de igual importancia nombrarán unos cincuenta diputados de carácter republicano, pero muy convencidos, en su corazón y en su conciencia, de que la democracia y la república no pueden progresar en su patria sino por medio de la legalidad constitucional y de la propaganda pacífica, evitando los conflictos revolucionarios, en cuyos escollos podría romperse y naufragar un Estado construido poco tiempo hace a precio de grandes y extraordinarios sacrificios. El mérito mayor de la política del Ministerio radical ha consistido en la modestia con que se ha dado a robustecer la hacienda y administración pública sin hacer caso de los que le impulsaban a grandes armamentos, contrarios a su apostolado de libertad y de paz. El espíritu moderno, con su vitalidad, ha cuajado esa nacionalidad brillante y luminosa para que sirva de faro a los progresos pacíficos y brille como una estrella de primera magnitud, derramando la luz de las grandes inspiraciones en los espacios infinitos de nuestra libertad.

Ha muerto Luis Blanc, y su nombre, aparte los méritos literarios, solo debe juzgarse, cuando de política se trata, en el período de su gobierno provisional, que imprimió carácter indeleble, así a su pensamiento como a su vida. El Gobierno Provisional de la Revolución de febrero se hallaba de tal manera formado, que parecía satisfacer todas las aspiraciones de la nación francesa. Dupont de l'Eure, su presidente, representaba la antigua democracia, fiel, honradísima, tenaz, imponiéndose a sus mayores enemigos por el respeto involuntario que la virtud inspira. Lamartine era la poesía, el genio, el arte, el ideal gobernando, la demostración viva de que los pueblos conservan culto aún por todo aquello que eleva y ennoblece el espíritu. A estas cualidades intrínsecas de su alma se unía la confianza que su origen, su sangre, su educación, su carácter, inspiraban a las clases conservadoras, y aún a los mismos reaccionarios. Arago era la ciencia. Cremieux, judío, y jefe, sin embargo, de la Iglesia francesa, el testimonio vivo de la libertad religiosa. Ledru-Rollin, el representante más enérgico y más popular de la democracia política, el justador incansable, en la tribuna y en la prensa, de los derechos del pueblo. Luis Blanc y Albert, socialista teórico el uno, trabajador el otro, representaban aspiraciones no bien definidas, pero carísimas a las clases desheredadas. De suerte que el Gobierno Provisional, por sus hombres, por la historia de estos hombres, por la popularidad que tenían, por los varios intereses que representaban, con justicia aspiraba a ser, más que un gobierno de partido, la fórmula de la idea y la expresión de la voluntad de todo un pueblo. Mas desde el primer día empeñóse entre ellos una lucha. Los que representaban la democracia puramente política tenían por enemigos implacables a los que representaban la democracia puramente social. Instalados los unos en el Hôtel de Ville, los otros en el Palacio del Luxemburgo, eran blanco mutuo, sin quererlo, sin pensarlo, de mutuos odios y mutuas desconfianzas.

El día 17 de marzo de 1848 organizaron los ministeriales del Luxemburgo una manifestación que tenía por objeto avivar la atención del Gobierno Provisional, de los ministros del Hôtel de Ville, por las grandes cuestiones de la organización del trabajo. Esta manifestación, que fue pacífica, pero imponente, disgustó a los dos partidos que en el seno del Gobierno Provisional batallaban. Los unos, los republicanos puros, vieron recelosos y desconfiados aquellos 100.000 hombres, que, en realidad, formaban el formidable ejército del trabajo. Los otros, los republicanos socialistas, vieron con dolor que sus jefes desaprovechaban aquella coyuntura de acabar con los más conservadores del Gobierno y de sustituirlos con otros del partido exaltado, ya impaciente por una total y exclusiva victoria.

Todas estas mutuas desconfianzas engendraban quejas mutuas, en que unos y otros perdían, ganando los reaccionarios, que cuentan siempre con nuestras faltas. El día 17 de abril se organizó otra manifestación. Ya en la primera habían pedido los trabajadores que se alejara de París la fuerza armada. Los elementos reaccionarios, siempre despiertos, divulgaron la idea de que habían dirigido tal petición porque pensaban derribar un mes justamente más tarde al Gobierno. Este rumor reaccionario ganó el ánimo de Lamartine. Con su carácter y su lenguaje, esencialmente persuasivos, contagió de su temor al mismo Ledru-Rollin. Llega el 17 de abril. Mientras los trabajadores se reúnen a millares en el Campo de Marte, los milicianos se reúnen, convocados por generala, delante del Hôtel de Ville. Los trabajadores hacen una cuestación para presentar lisonjera ofrenda al Gobierno Provisional, y el Gobierno Provisional manda calar bayoneta para recibir a los manifestantes. Luis Blanc y Albert vieron, desolados, esta conducta, pero les fue imposible evitarla. Pasaron los trabajadores entre muros de fusiles ante el Gobierno Provisional, que fruncía el ceño. Y cuando acabaron de pasar los milicianos nacionales, dirigieron groseros insultos a los miembros del Gobierno más interesados en la cuestión del trabajo. Todos estos hechos enconaban los ánimos y los apercibían para una ruda pelea, en que, fuese quien fuese el vencedor, solo había un vencido verdaderamente: la República.

Los enemigos de la República explotaban hábilmente las disensiones republicanas para sembrar calumnias, que iban a herir a los republicanos en el corazón. Es imposible recordar las falsedades que dijeron y que acreditaron con sus dichos. Ledru-Rollin había dado cenas dignas de la Regencia en Trianon, y había emprendido por Chantilly cacerías que eclipsaban con su fausto y pompa el fausto y pompa de la Monarquía. Spinelli, diamantista cuya tienda estaba en la plaza de la Bolsa, recurría a los periódicos para negar la noticia de que el gran tribuno hubiera comprado 30.000 francos de alhajas en su casa. En los mismos días en que el ministro Cremieux conjuraba a los fiscales de las Asambleas para que dejasen libre la prensa, en esos mismos días la prensa monárquica contaba la patraña de que el ministro acababa de comprar un bosque del Estado. Ni siquiera el poeta, esperanza de las clases conservadoras, fue perdonado. Francia se gozaba en arrojar el lodo recogido en las calles a los astros de su gloria. Lamartine abrió de par en par las puertas de su casa, levantó la tapa de su caja y enseñó a todo el mundo el estado lastimoso de su hacienda. Los miembros del Gobierno Provisional se veían forzados a enterar al público de su fortuna privada. Aún después de las investigaciones más escrupulosas y de la publicidad más clara, empeñábase la multitud en que los ministros habían depositado sumas fabulosas en el Banco de Londres.

Uno de los más calumniados era Flocon. Las tristes alternativas de la vida pública lanzáronlo bien pronto a la emigración. Sus ahorros eran pocos y habían sido devorados en los días del gobierno, en que toda su vida fue para la patria. En sus apuros conservaba como reliquia sacratísima un reloj, última joya de familia. Enajenarlo era tanto como enajenar el corazón. Las almas menos sensibles comprenden el precio infinito que tiene uno de esos vínculos de familia, una de esas joyas que recuerda días de felicidad o lágrimas arrancadas por la desgracia; que los placeres y los dolores del hogar inspiran el mismo culto. Separarnos de esas joyas ¡oh! es como separarnos de una parte de nuestra alma. Pero el hambre, la muerte, aterran a los más valerosos. Era cierto día de exacerbada miseria. Flocon llega a una tienda de Ginebra y vende su reloj. En el momento de partir, como es costumbre cuando se compra una alhaja de valor, preguntóle el joyero al vendedor su nombre y las señas de su casa. Flocon tiembla, vacila, como si perpetrara un crimen; pero da nombre y señas. A las pocas horas recibió su reloj con una inscripción que decía: «Al honrado miembro del Gobierno Provisional de la República francesa, los trabajadores de relojería de Ginebra».

Y hombres así eran calumniados por aquellos que trataban de restaurar un Imperio para que diera banquetes, besamanos, espectáculos, fiestas, saraos, revistas militares, bailes orgiásticos, iluminaciones babilónicas, fiestas dignas de Baltasar y de Sardanápalo. Y hombres que iban a entregar millones de francos a un Emperador echaban en cara sus comidas a los miembros del Gobierno republicano, comidas que subían a cinco francos diarios por persona. Los pueblos suelen así, complacientes con sus tiranos, crueles, implacables con sus mejores amigos.

Aunque uno de los empeños que tenían los avanzados del Gobierno Provisional era retardar las elecciones, reunióse la Asamblea el día 5 de mayo de 1848. Jamás un pueblo abrigó esperanzas tan gratas. El anciano Dupont penetraba en la Asamblea apoyado en Alfonso Lamartine y en Luis Blanc, e inenarrable aclamación los acogía. El pueblo quiso ver a la Asamblea, a la representación augusta de su propia autoridad. Era una tarde primaveral, una tarde propia del 5 de mayo. El Sol poniente doraba aquel espectáculo grandioso. La Milicia Nacional llevando lilas y laureles en las bocas de sus fusiles, hallábase apostada por todos los alrededores de la Asamblea. Los músicos tocaban la Marsellesa. En el vestíbulo desde donde se descubren a la derecha las torres góticas de Nuestra Señora, y los muros de las Tullerías y del Louvre; a la izquierda, la cúpula de los Inválidos y el Arco de la Estrella; al frente, el Obelisco egipcio, las estatuas de las grandes ciudades francesas, el intercolumnio griego de la Magdalena; en aquel vestíbulo a cuyos pies corre el histórico río que tanto ha amado Francia, aparecía la Asamblea, compuesta de todas las clases, desde las religiosas hasta las jornaleras; de todos los grandes oradores, desde Montalambert hasta Lamartine; de todos los partidos, desde el borbónico hasta el comunista; y un clamor infinito, mezclado al estampido del cañón y al eco de las músicas, un clamor agrandado por el centellear de tantas armas sostenidas en las manos del pueblo, por el ondear de tantas banderas tricolores; un clamor de entusiasmo llenó los espacios e hirió de profunda conmoción los corazones; pues parecía que el pueblo se recreaba en contemplar su propio espíritu, desceñido de las ligaduras de la

monarquía y en plena posesión de sus derechos, trasfigurado por la conciencia de su fuerza y el amor a la humanidad, llamada por Dios a ver bien pronto
el comienzo feliz de una era de paz y de justicia.

¿Quién diría que diez días más tarde iba todo este encanto a romperse?
La parte avanzada del Gobierno Provisional fue excluida del nuevo gobierno
denominado Comisión ejecutiva por el voto de la Asamblea. Luis Blanc propuso la fundación de un ministerio del Trabajo encargado de las cuestiones
sociales y del mejoramiento progresivo de las clases jornaleras. Su discurso
fue un discurso exaltadísimo. En aquel horno de pasiones delirantes no
debían lanzarse combustibles como los que encerraban estas palabras: «en
tiempo de Luis Felipe anuncié la revolución del desprecio; guardaos ahora
de la revolución del hambre». La proposición de Luis Blanc, fue desechada
y el ministerio del Trabajo, negado. Los clubs se enardecieron contra la
Asamblea. En tal estado de sobreexcitación llegan tristísimas noticias de
Polonia. El aliento de la República francesa ha galvanizado el cadáver. La
nación, muerta, disyecta, enterrada en pedazos, ha sacado la lívida cabeza
de la tumba, merced a un relámpago de esperanza que cruzara sobre su
pesado sueño de plomo. El tirano que la martiriza vuelve a herirla. Nueva
sangre sale de aquel exánime cuerpo. Nuevas paletadas de fría tierra caen
sobre su sepulcro que huellan las herraduras de los caballos cosacos hon-
damente clavadas ¡ay! hasta en los huesos de Polonia. Pero los clubs ardían
y una manifestación es convenida. La manifestación se compone de millares
de trabajadores; arrastra en pos de sí los desocupados y los ociosos que
hay en todas las grandes poblaciones; forma como un mar encrespado en la
plaza de la Concordia; rompe la verja que rodea el palacio legislativo, como
el viento rompe frágil encañizada; salta por encima de la Guardia Nacional;
entra en el salón de sesiones; asalta bancos y tribunas; desacata la presidencia; desoye la voz de los más autorizados demócratas, comete toda suerte de
irreverencias; declara disuelta la Asamblea Nacional, y solo se deshace cuando el ruido de tambores, clarines, sables, fusiles, y los pasos de regimientos,
avanzando en columna, y el rodar de cañones anuncian que una batalla se
empeñará en el mismo santuario de la soberanía popular, el cual, después
de haber sido desacatado, va a ser también tristemente ensangrentado y con
sangre del pueblo.

De todos modos, el día 15 de mayo fue un día funestísimo para la libertad. Barbes, el íntegro, el heroico republicano, dejándose llevar de su ardiente fantasía y de su corazón abierto, a todo ímpetu generoso, empezó por rechazar la manifestación y concluyó por unirse a los manifestantes, después de lo cual fue a caer, como en tiempo de Luis Felipe, en profundo calabozo, donde pasó otro cautiverio de ocho años. Marrast conspiró contra sus propios colegas desde la alcaldía de París. Causidière perdió la prefectura de policía. La Comisión ejecutiva se fraccionó en dos grupos contrarios e irreconciliables. Luis Blanc fue acusado ante los tribunales, y la autorización de su proceso mantenida por Julio Favre. Beranger, que se había distinguido siempre por su genio cáustico y claro, renunciaba su cargo de diputado y decía que en Francia no era posible la República, porque encontrándose a millares candidatos para la Presidencia, para el primer lugar, no se encontraba uno solo que quisiera el segundo lugar, que quisiera ser Vicepresidente. A estos males se unían la impaciencia de las clases jornaleras por la revolución del problema social y la furia de las clases conservadoras en cuanto se mentaba este problema. No había remedio, la República estaba herida de muerte. Su restablecimiento de hoy, así como su consolidación de mañana, se deberán indudablemente al trabajo que ha puesto para destruir la utopía y pacificar y organizar la libertad.

Noviembre de 1882.

## Capítulo II. Serie lógica de las principales cuestiones Europeas

El asunto capital de la política europea es el sentido dado por la cancillería germánica y el canciller Bismarck al pacto diplomático de alianza estrecha entre Prusia y Austria. Mucho ha costado al grande político reducir a satélite suyo el Sol en torno de cuyo disco había por tantos siglos girado su patria. Los dos gérmenes de nación, el electorado humildísimo de Brandemburgo y el espléndido ducado de Austria, divididos por sus caracteres geográficos y religiosos, debían en una competencia sin término tirar cada cual de su lado a reunir en torno suyo las fuerzas de su raza, tan anárquicas y disgregadas por el natural individualismo germánico, abocado de suyo siempre a las divisiones atomísticas en que solo quedan las individualidades aisladas. Por estas inclinaciones irremediables a la división parcialísima, no hubo pueblo en la tierra tan necesitado de un verdadero núcleo como el pueblo alemán. Sus ciudades municipales y republicanas, sus electores poderosos, sus reyes varios, sus príncipes eclesiásticos, sus señores feudales, eran atraídos por centros varios, como esos crepúsculos brillantes diseminados y esparcidos por los espacios cuasi al acaso, que concluyen por obedecer y rendirse al astro mayor, en cuya esfera de atracción penetran. Naturalmente, las dos ideas que se habían dividido la conciencia germánica, los dos altares que se habían trocado en fortalezas, los dos campamentos de las guerras religiosas, los Austrias y los Brandemburgos, habían de aspirar, personificación éstos de los luteranos, personificación aquéllos de los católicos, a producir y crear una Germania grande, a su imagen semejanza. En la revolución religiosa, por la fuga de Inspruk y el desacato de Mauricio de Sajonia; en la guerra de los treinta años, por la paz de Westfalia; en la guerra de los siete años, por el establecimiento definitivo de la monarquía prusiana, las fuerzas católicas iban de vencida por necesidad al empuje impetuoso de las fuerzas protestantes. Pero vino el Imperio napoleónico, que descompuso el mapa de Alemania, y tras el Imperio la Santa Alianza, que promovió un terrible retroceso; y Austria quedó con predominio sobre Alemania, el cual contrastara la creadora revolución del cuarenta y ocho, hasta que lo destruyera para siempre la terrible batalla de Sadowa. He indicado a la ligera estos recuerdos para explicar cuán irreductibles son a una síntesis elementos tan contradictorios como Alemania y Austria, y cuántos esfuerzos y aún sacrificios ha necesitado consumar el Canciller para poner olvido en las venganzas, bálsamo en las heridas, honor en las derrotas, consuelo en los destronamientos, persuadiendo al Austria de que todo el secreto de su política estaba en trastrocar la enemistad antigua en profunda y constante amistad, precursora de una inviolable alianza. Y en efecto, Austria es hoy el órgano de Alemania en Oriente.

La Germania que rodeó de tribus enemigas e irruptoras el antiguo Imperio romano, hállase hoy su vez por análogas amenazas circuida en todas sus fronteras del Norte y del Oriente. La raza eslava y la raza mongólica, el Imperio moscovita y Imperio turco, contrastan su poder como en otro tiempo los godos y ostrogodos del Danubio, los cimbrios de los Alpes, los alemanes del Rin, contrastaban el poder latino. Alemania necesita, pues, que una potencia verdaderamente alemana ejerza predominante tutela sobre jóvenes pueblos eslavos y sobre los viejos pueblos turcos. En la descomposición del Oriente, donde no se sabe qué admirar más, si los seres en germen o los seres en podredumbre, no puede suceder cosa tan grande como el nacimiento de las naciones eslavas y como la muerte del Imperio turco sin que Alemania intervenga directamente y saque algún provecho de tan graves acaecimientos. Además, no hay nacionalidad poderosa en el mundo si carece de salidas hacia el Mediterráneo o de colonias en los grandes archipiélagos y continentes de Asia, de África y de Australia. Alemania, pues, cree necesitar que una potencia verdaderamente alemana penetre por las riberas del Adriático en el corazón de Europa y pese con tanta pesadumbre a su vez en la península de los Balcanes que le abra un camino hacia el continente de los grandes recuerdos y de las provechosas colonias. Imposibilitada Prusia por el ministerio que ha de realizar en el inmenso campo germánico, de vaciar su vida y sus fuerzas fuera, quiere a toda costa que Austria, en cuyo seno habitan los cheques, los ruthenos, los croatas, los eslavos de todas procedencias, realice una hegemonía sobre las nacionalidades eslavas del Sur, como tiene Rusia realizada y cumplida otra hegemonía sobre las nacionalidades eslavas del Norte. Así quita cada vez más su carácter germánico al antiguo Imperio de Carlos V y al antiguo ducado de Austria, para sellarlos con el oriental sello de los húngaros y para dirigirlos a los senos procelosos del formidable y temido eslavismo. No hubiera, no, Prusia cumplido su obra providencial con despedir a los austriacos de la Confederación germánica, sino les hubiera señalado el camino de Oriente, abierto a las proezas de su genio. Así Austria rige, siquiera sea nominalmente, a Hungría; concuerda, siquiera sea en apariencia, la voluntad de los rumanos desprendidos de su patria con la voluntad de los magyares y de los croatas; ejerce una tutela sobre los bosniacos semieslavos y semimongoles; atrae al radio de su atracción Servia y Bulgaria, solicitadas de continuo por el inmenso Imperio ruso; y poniendo los ojos en Salónica, una entre las primeras claves de la península balcánica, demuestra que no consentirá en paz la rusificación de Constantinopla cuando llegue de nuevo el día tremendo, día verdaderamente apocalíptico, en que los cristianos bizantinos lleguen a desquitarse de su terrible rota y a reivindicar su antiguo Imperio.

Pero algunas veces el Austria suele fatigarse al contemplar el proceloso camino que le señala en las tristes eventualidades de lo porvenir su terrible paracleto el canciller Bismarck, y tiende a detenerse con algún espacio en las cuestiones interiores húngaras o germánicas. Pero cuando tal hace, levántase el férreo Canciller con imperio a decirle aquella palabra oída por Ahasverus de continuo en los aires: «Anda, anda, anda». Y no tiene más remedio que andar, pues de lo contrario la enemiga de su implacable dominador se desencadenaría contra el Austria, rompiéndola en mil pedazos como el fuerte oleaje a la frágil barca en los remolinos de la tormenta. Austria no es más que Alemania en Oriente. Esos partidos austriacos tan soñadores que creen posible tener una intervención directa en los asuntos germánicos, han de resignarse a vivir como Dios les dé a entender allá en las fronteras semiaustriacas del Imperio turco y del Imperio ruso, donde tienen todavía un ministerio histórico que cumplir y un papel providencial que representar en pro de la grande patria alemana. Tal es la orden imperiosa ida últimamente a Viena desde las tristes soledades de Varzin, pobladas tan solo con los ensueños gigantescos que al fin de sus días llenan como nubes en el ocaso la vasta mente de Bismarck.

Si Austria vacila; si alguna vez recuerda que Prusia se ha engrandecido quitándole dominios morales y dominios materiales en Alemania; si compara sus desgracias con las desgracias francesas y recuerda que han ido a la par en estos últimos tiempos; si tiene alguna veleidad occidental; si pretende algún género de influencia sobre sus antiguos vasallos como Baviera o como Sajonia; el Canciller no tarda en amenazarla nada menos que con una alianza moscovita, lo cual equivaldría en último término al Juicio final del austriaco Imperio. Ahora mismo, con ocasión de la última correría del ministro ruso Giers, la prensa prusiana unánime ha recordado a los austriacos que implacable indiferencia suele tener Bismarck en sus alianzas, y cómo le daría lo mismo unirse con Austria para vencer y aplastar a Rusia, como unirse con Rusia para vencer y aplastar al Austria. El mismo Katkoff, es decir, el publicista a quien los eslavófilos de Moscú tienen por su oráculo, ha dicho que no vería con desplacer una estrecha alianza entre los dos Imperios, moscovita y alemán, de antiguo unidos por tan estrechos y formidables lazos. Y todo esto ha sobrevenido porque Kalnoky, el primer ministro de la monarquía austrohúngara, ha preferido en estos últimos tiempos fijar más su atención sobre los asuntos germánicos que sobre los asuntos orientales, y Bismarck quiere que Austria vaya de continuo y sin desencanto al Oriente. Así, le ha recordado que tienen los dos Imperios germánicos una estrecha alianza cuyo principal objeto es asegurar a Prusia la posesión de Alsacia y de Lorena, como sostener al Austria en Oriente y empujarla en las complicadas eventualidades de lo porvenir hacia la codiciada Salónica. El pensamiento de Bismarck está claro. Para Prusia todos los pueblos alemanes del Norte y del Mediodía, sin excluir a la Baviera y al Austria, y para el Austria una verdadera hegemonía sobre los elementos esclavos de todo el Mediodía.

En tal repartición de las fuerzas alemanas, Austria está irremisiblemente condenada como salió un día de la Confederación germánica tristemente, a salir otro día del territorio germánico y convertirse por ensalmo en una potencia oriental de carácter semiasiático. Por tal razón, sin duda, los partidarios más fieles de tal dinastía, en estas últimas horas de su dominación y en estos últimos instantes del año, han redoblado sus muestras de lealtad y de cariño a esa gigantesca sombra. La casa de Habsburgo reina desde el 27 de diciembre de 1283, es decir, que reina hoy hace seis siglos. Rodolfo I invistió en Auxburgo a sus hijos Alberto y Rodolfo con los ducados de Austria, Estiria y Carniola, desprendidos de Bohemia y que debían formar los núcleos del inmenso Imperio próximo a desaparecer de Alemania. Tal dinastía, hechura de un caballero feudal en quien se juntaban las condiciones del terrateniente germánico y del condotiero italiano, alzóse más tarde con Bohemia y Hungría, reinó en España, Portugal e Italia, tuvo a su merced los Países Bajos y una gran parte considerable de Francia, imperó en Alemania, y extendiéndose como un sueño por las tierras occidentales y orientales del planeta, poseyó las dos Indias, siendo la cruz de su corona imperial, unida con la cruz de la tiara pontificia, el remate de la tierra, esmaltado por los resplandores del cielo. Durante muchos siglos, Austria, enemiga de Suiza y sus republicanos, enemiga de los protestantes en Alemania, enemiga de los comuneros en Castilla, enemiga de los holandeses, Carcelera de Venecia y Milán, acaparadora de Polonia y sus restos, ha representado la estabilidad monárquica y ha servido a la reacción universal. Hoy el destino la expulsa de Alemania y la obliga fatalmente a ser una especie de Imperio asiático. Esto, después de todo, prueba cómo los viejos poderes tradicionales nada tienen que hacer ya en la libre y democrática Europa.

Como siempre, Francia llama capitalmente nuestra atención, y en Francia, el debate sobre la gestión económica. Jamás ningún presupuesto embargó los sentidos y potencias de un pueblo, como embargado el presupuesto último los sentidos y potencias del pueblo francés. Desde principios del otoño comenzaron a sentirse múltiples síntomas de malestar, graves en todas partes, gravísimos en democracia tan trabajadora de suyo como la democracia de allende. Bajaban a una todos los valores y a una se resentían todos los ingresos. Los más apasionados por la forma republicana sentíanse doloridos de una situación que dañaba por extremo a la República, la cual, o no es nada, o es el seguro universal de todos los intereses legítimos. En esto apareció un artículo del antiguo ministro M. Leon Say, economista ilustre, y este artículo un terrible augurio de próximas catástrofes en la triste y malparada Hacienda. Tal artículo produjo indignación grande, por creer, y con fundamento, el sentido común, tan certero en fijar las cosas universalmente sentidas, que cuadraba mucho más a un ministro el prevenir todos esos males desde las alturas del Gobierno con oportunidad, que deplorarlos inútilmente desde los bancos de oposición a deshora. Pareció tan extraño el proceder y tan inexplicable, que los recelosos vieron todos en la obra científica del economista un golpe certero a la República, y en el golpe una conjuración urdida con maquiavelismo a favor de los Orleáns. El rumor público tomó tales proporciones, que Leon Say hase visto en conciencia obligado a templar muchas de sus primitivas afirmaciones y a reconocer que depende todo el malestar de un trabajo, al fin y al cabo reproductivo, es a saber: del enorme caudal consagrado en estos últimos años a obras públicas, las cuales con seguridad trasformarán el suelo de Francia y enriquecerán su cuantioso presupuesto.

No han faltado en esta campaña parlamentaria las arriesgadas proposiciones económicas que allá en la oposición se acarician y que, una vez en el poder, se desvanecen. La derecha, por boca de un excelente orador suyo, ha exigido cien millones de rebaja. Y como le preguntaran sobre qué género de gastos, ha remitido su rebusco al Sr. Ministro de Hacienda. Y cuando, acosado éste, ha insistido en que se le señalarán las oficinas o gravámenes que debía en tal apuro abrogar, le han señalado los reaccionarios la instrucción pública, cual si el deber de doctrinar a las generaciones nacientes no fuese ya el primero entre los deberes sociales. La oración del Ministro de Hacienda, M. Tirard, más informado que sus contradictores, ha venido a desvanecer las añejas dudas y a encalmar los agitados ánimos. Mientras en el gobierno de la Restauración solamente se consagraban 27 millones de francos para el deber de amortizar la deuda, en el presupuesto de la República se consagran hoy 137 millones, con lo cual se han amortizado, desde el año 71, 2.200 millones de deuda. Nada tan saludable para desvanecer dudas y aplacar temores como la luz vertida por los debates parlamentarios.

Una larga discusión se ha empeñado en Italia sobre tema de la mayor gravedad, sobre el juramento político. Fórmula tan opuesta en su letra y en su espíritu al derecho de la humana conciencia, mostrará en la lógica real y objetiva de los hechos su incompatibilidad radicalísima con todo el espíritu moderno, promoviendo continuas dificultades en el seno de las Cámaras. No se puede, no, en sociedades asentadas sobre la base capital de la soberanía de los pueblos, y ceñidas con los derechos inviolables de la humana conciencia, proferir esas fórmulas, cuyo texto liga lo eterno, el alma y su fe, a lo transitorio, el poder y su organismo. Allí donde la monarquía proviene del pueblo y se asienta en el plebiscito, están demás los votos feudales y teocráticos, propios de los tiempos férreos y de las sociedades teocráticas. El Estado, forma externa del derecho interno, debe limitarse a procurar la coexistencia de las personalidades libres en sus respectivas autonomías, como se limita el espacio a dar sus respectivas órbitas a los diversos cuerpos astronómicos. Por eso los poderes públicos han de reducirse a exigir la obediencia material, y no el asentimiento interno, que solo tienen derecho a recabar las religiones de las conciencias que creen sus dogmas y obedecen su moral. Nunca están más cerca de caer las monarquías que en los momentos de superstición, ajena por completo a la crítica moderna, en que se las quiere sacar de su carácter constitucional y laico para convertirlas en una especie de divinidad metafísica y abstracta. Reino tan revolucionario como el reino de Italia no debía nunca tener fórmula tan arqueológica y feudal como la fórmula del juramento.

Así es que un diputado exaltadísimo, al entrar en la Cámara, se negó a prestar el juramento, un diputado por Macerata, de cuyo nombre no queremos acordarnos, pero a quien estamos en la obligación de aplaudir, no por las exaltaciones de sus sentimientos políticos, por la resistencia incontrastable a la fórmula humillantísima del juramento político. Yo de mí sé decir que si la libertad de nuestra gloriosa tribuna y la tolerancia de nuestras arraigadas tradiciones parlamentarias no me hubieran permitido en su amplitud dar por nulo y no advenido el juramento a don Alfonso XII, jamás lo hubiera prestado, porque yo puedo acatar y obedecer al Rey, pero no puedo servirle y mucho menos exaltarle con homenajes internos tan extraños a la naturaleza de mi derecho como a la naturaleza de su autoridad. En las Cámaras italianas hoy no existe la libertad de palabra impuesta por las costumbres en las Cámaras españolas. Y no tiene más medio el diputado resistente a la feudal fórmula que abandonar el Congreso e irse a su casa. Tal ha hecho el diputado por Macerata. Mas, al dejar desocupado su sitio, ha surgido el problema de su representación, y al surgir el problema de su representación, el Ministerio ha propuesto una ley en cuya virtud quedan vacantes los distritos de los injuramentados después de transcurrido cierto tiempo; ley verdaderamente reaccionaria para presentada por un Ministerio progresivo.

Así, todos los elementos conservadores se han apresurado a inclinarse del lado ministerial para darle al Ministerio su color, sabiendo, como saben, cuánto gana un partido cuando sus ideas fundamentales y propias las aceptan y validan los más implacables adversarios. Pero mientras han procedido así los conservadores, por deber y por necesidad se han ausentado los liberales, y entre todos ellos el más venerable y querido, el célebre Cairoli. Todos a una en todas partes, aún sus mayores enemigos, confiesan que pocos espectáculos tan admirables como la presencia de tan verdadero héroe, que ha dado a la patria los mejores entre los suyos, jefe de una legión de mártires y que lleva las cicatrices abiertas en defensa de la persona del Rey, levantándose a protestar contra el entusiasmo sobrado realista de sus platónicos y hojalateros correligionarios y amigos. A quien más han alcanzado sus justas reconvenciones ha sido al Ministro de Justicia, Zanardelli, quien, de suyo inclinado a las ideas radicales, cambia con tanta facilidad y presenta proyectos de ley, por lo menos, arriesgados y temerarios. El viejo Depretis, como le llaman familiarmente sus amigos, se ha presentado en el combate con todos los ardores de la juventud entusiasta y todos los prestigios de la vejez honrosa. Para él no pueden dar los diputados italianos muestra mayor de ciega ingratitud que negarse a jurar fidelidad al primogénito de aquel que, habiendo hecho la patria, la representa y la personifica en su descendencia. El diputado Crispi ha respondido al Ministro; y sin caer de lleno en la extrema izquierda ni tocar en los linderos de la República, sobria y prudentemente ha expresado el deseo de ver circuida la monarquía italiana por instituciones democráticas. La verdad es que los servicios prestados por la Casa reinante a su patria tienen poco que ver con la fórmula verdaderamente arqueológica de tamaño increíble homenaje. O hay que negar toda legalidad a los partidos republicanos, expulsándolos del suelo de la patria como los viejos Estuardos expulsaron a los inmortales peregrinos del seno de Inglaterra, o hay que reconocer los derechos inviolables del humano pensamiento a la profesión y a la confesión de su fe. Nosotros creemos que la conciencia permanecerá esclava mientras acepte fórmulas coercitivas del Estado ajenas a su natural inspiración, y que los hombres no llegarán a ciudadanos mientras presten acatamiento eterno a poderes movibles y transitorios.

Un asunto no menos grave que las fórmulas parlamentarias ha exaltado la opinión y la conciencia pública en estos últimos días. Cierto estudiante de Trieste, más eslavo que italiano, así por su nombre, Orbendak, como por su complexión, se había enamorado perdidamente de Italia, cual pudiera enamorarse con locura en edad temprana de una hermosa joven. Llamado a la reserva, no sabía cómo proceder para desprenderse de tal carga opuesta por completo a su deseo, embargado por el anhelo de la patria, que creía merecer en la religión de su entusiasmo. Así, desertó de las banderas del Austria, y se acogió al patrocinio de Italia. Pasó, pues, de los cuarteles austriacos a las escuelas romanas, donde aparecía como un apóstol y un mártir de su ciudad irredenta, ciudad italiana por la geografía y por la lengua, si austriaca por una secular dominación y una vieja conquista. En Roma, la exaltación natural a quien tenia tales antecedentes creció mucho, hasta darle aquella sed inextinguible de martirio, que despierta la tierra de los mártires. En todas las manifestaciones políticas veíasele con frecuencia encendiendo los ánimos y excitando al combate. Para su fantasía enardecida, ningún título tan ilustre y honroso cual ese título de romano, que han lucido tantos y tantos héroes en la antigua y en la moderna historia. Por consiguiente, nada tan fácil como comprender a la romana los caracteres de la virtud y pensar que podía servir a la patria de su elección personal con hechos como los antiguos de Casio y Bruto. Así, pensó en asesinar al Emperador de Austria, y este pensamiento le condujo a Trieste cuando el postrer imperial viaje, y ya en Trieste, cayó bajo el poder de los consejos de guerra, que le condenaron a muerte.

Joven, elocuente, de alta estatura, de rubio cabello y azules ojos, tenía todos los caracteres de un apóstol, y las gentes más prosaicas adivinaban, ora en sus palabras de ferventísima exaltación, ora en sus miradas de fuego, el destinado a pelear y a morir por el pueblo de sus decididas preferencias. Así, cuando llegó a Italia la noticia de la terrible suerte que le aguardaba, conmovióse la nación toda, especialmente la juventud liberal, desde un extremo a otro extremo de la Península, y acudió a todos los medios, a todos, de conservar una vida en peligro sugeridos por el afecto. Las personas de mayor influencia intercedieron. La solemne voz de Víctor Hugo sonó. Pero la razón de Estado ha prevalecido en los Consejos imperiales, y el enamorado de Italia ¡oh! acaba de morir en una horca.

El relato de sus últimas horas ha corrido por todas las regiones del suelo itálico. Quién describe su serenidad, quién su entereza, quién su patriotismo, quién su resignación sublime al holocausto y al martirio. Éste cuenta que no tuvo una hora de intranquilo desfallecimiento, y aquél que fue al cadalso como solo saben ir los verdaderos mártires, comprendiendo la enormidad del sacrificio y aceptándola como el complemento austero de un deber penoso. Cuentan todavía más; cuentan que lanzado al vacío, sus estremecimientos fueron horribles, repitiéndose a largos intervalos, en que parecía como yerto, para colmar el propio sacrificio y justificar el horror ajeno. Todos estos relatos han corrido de boca en boca y se han agrandado con verdadera grandeza, la que tienen de suyo naturalmente sobre nuestro sombrío planeta los misterios todos de la muerte. Y ha sido universal, si, el estremecimiento de la juventud italiana, que ha sentido en el frío lazo al cuello de su mártir ceñido los últimos restos de las ligaduras que por espacio de muchos siglos han ceñido y atado al carro de Austria los miembros encadenados de Italia. En tal situación, hanse las manifestaciones sucedido con una grande celeridad, y han tomado un carácter de horrible hostilidad al Imperio austriaco. En las altas regiones de la política, los hombres de Estado verdaderos lamentan tamaña imprudencia y temen que siembre gérmenes de discordia entre Alemania e Italia, puesto que Alemania se halla indisolublemente unida por necesidad en estos supremos instantes al Imperio austriaco. La verdad, es que por todas partes se descubren sombras y sombras espesísimas en los horizontes de Europa.

Vuelve a presentarse como un factor importantísimo de la política europea al Imperio ruso. El viaje último de su primer ministro Giers, que ha conversado con Bismarck en Varzin y con Mancini en Roma, engendra innumerables aprensiones y suscita muchos y muy graves problemas. Ese inmenso Estado, a pesar de la debilidad que le presta su población escasa en sus inmensos dominios, tiende por el Occidente a dirigir sus líneas férreas estratégicas sobre las regiones centrales de Europa, y tiende por el Oriente a disputar el incontrastable predominio inglés en el vasto continente asiático. A mayor abundamiento, su ejército se organiza con mayor pujanza cada día, y sus armamentos se concentran con mayor fuerza en Armenia, punto estratégico de primer orden para maniobrar pronto, así en los territorios asiáticos cual en los territorios europeos del agonizante Imperio turco. Rusia tiene con seguridad enclavados dentro de Turquía dos príncipes, los cuales han de moverse a una señal suya como a ella le plazca. Es uno el Príncipe de Montenegro, y es otro el Príncipe de Bulgaria, especie de vasallos feudales obligados por sus posiciones respectivas a obedecer el indiscutible mandato de Rusia.

Podría este colosal Imperio indudablemente moverse con desembarazo, de no tener en sí la grave dificultad de sus agitaciones interiores, tanto más temibles cuanto más ocultas. A cada paso quedáis sobre la tierra de Rusia, sentís bajo vuestras plantas la oscilación de un terremoto y el cráter de un volcán. Diríase que aquel suelo se levanta, no sobre las bases graníticas de todo el planeta, sino sobre los círculos tempestuosos de una continua tormenta. Las sociedades secretas extienden sus mallas espesas desde la corona del soberano hasta la cabaña del mujic. Los periódicos clandestinos parecen redactados por genios invisibles y llovidos por misteriosas nubes. En ninguna parte se siente con tanta verdad tal estado como en las Universidades, en esos centros de las ideas y de las esperanzas donde se renuevan los Estados con la savia recibida de las venas en que la vida universal circula con más ardor, de las venas de la juventud. Todos los conocedores de Rusia pintan a una con los más sombríos colores la triste condición del estudiante moscovita. Como no existen allí las clases medias con el poder y con la fuerza que gozan en Francia, no puede haber esos estudiantes alegres, vivos, retozones, inquietos, que llevan por todas partes el movimiento natural de su interior y propio regocijo. Pobres hasta la miseria, enflaquecidos y enfermos por el hambre, los estudiantes rusos suelen distinguirse de todos los estudiantes europeos por la contradicción inconciliable y eterna entre su mísera suerte y sus altas y constantes aspiraciones. Educados luego en aquellas Universidades parecidas a cuarteles, o por catedráticos ortodoxos que hacen de la religión bizantina una especie de mecanismo, o por catedráticos materialistas que hacen del pensamiento una fuerza material, despéñanse necesariamente sus inteligencias y sus corazones por los agrios desfiladeros de un desconsolador nihilismo. Tal estado de los ánimos engendra por fuerza una constante agitación y derrama por doquier una eterna zozobra.

Así, las medidas más simples traen los resultados más desastrosos. Como quiera que ciertas clases no pueden mandar sus hijos al estudio si carecen de oficial apoyo, las autoridades burocráticas tienen que ocurrir a esta necesidad y que fundar innumerables becas. Tales becas daban derecho en otro tiempo a una pensión mínima, pero que, cobrada personalmente, convenía para los estudios y dejaba en libertad a sus poseedores. El deseo de disciplinarlo todo y de someterlo todo al régimen militar de los cuarteles ha hecho que los estudiantes rusos se hallen hoy con una reforma, en cuya virtud, para disfrutar las becas, tendrán que vivir en comunidad como frailes y que someterse a una severa disciplina como soldados. El disgusto ha sido general en Rusia. Los estudiantes de Petersburgo han comenzado por expresar, bien ruidosamente por cierto, una protesta vehementísima, y a los estudiantes de Petersburgo han seguido los estudiantes de Moscú, y a los estudiantes de Moscú han seguido los estudiantes de Kiev, dilatándose por todas partes con mucho empeño esta especie de pronunciamiento estudiantil. Y ha intervenido en su represión desde la policía hasta el ejército, desde los agentes administrativos hasta los tribunales ordinarios, para encontrar al fin y al cabo que toda Rusia, y mucho más la Rusia joven, se encuentra hoy tristemente minada por las devastadoras fuerzas del nihilismo.

Así, no es mucho que la ceremonia de coronar al Emperador se dilate indefinidamente. Los zares de Rusia no lo son a la verdad en toda la plenitud del poder hasta que no han sido consagrados, de igual suerte que los reyes de Aragón y Cataluña no eran verdaderos reyes hasta que no habían jurado los fueros sacrosantos de ambos pueblos. Por la consagración el autócrata reconoce algunas limitaciones a su poder absoluto, siquier provengan estas limitaciones de un poder tan cómplice del absolutismo como el poder de la Iglesia. La coronación equivalía en Rusia y en los pueblos adheridos a Rusia, equivalía en el fondo a un contrato con la nación y al reconocimiento de que vive con alguna independencia hasta donde parece como desaparecida y muerta bajo el sudario de un manto imperial y bajo el peso de una férrea corona.

Es un acto de tal naturaleza la coronación de los zares, que los rusos lo elevan allá, en sus letras patrias, a mística leyenda. El Kremlin de Moscú guarda recuerdos vivos de tales ceremonias tras sus muros blancos cual los mármoles y sus torres verdes cual las selvas y sus puertas del color sonrosado de los arreboles del ocaso. Allí están las catedrales en cuyos hieráticos senos las fórmulas de la coronación se guardan como los dogmas religiosos en los antiguos santuarios. Allí está el trono portátil de madera esculpida bajo el cual ayer se consagraba Waldimiro el Monomaco y se consagran hoy sus poderosos descendientes. Las grandes y rígidas figuras bizantinas con sus líneas sagradas, con sus ojos fijos, con sus mantos litúrgicos y con sus peanas angélicas, parecen formar allí el calendario vivo y animado de la horrible autocracia eslava. Cuando se ven aquellas alas de oro, aquellos nimbos cuajados de piedras preciosas, aquellas reliquias incrustadas en paredes por los artistas griegos esculpidas y cinceladas, parece que veis en formas y relieves la ortodoxia bizantina en su Empíreo y con todas sus innumerables jerarquías.

No hay tradición alguna tan arraigada en Rusia como la tradición del épico ceremonial relativo a las coronaciones. Sus mayores publicistas, sus primeros poetas las describen con la sencillez de Homero, creyendo que toda su grandeza está en su prístina y antigua originalidad. Cuando leéis tales páginas creeríais leer anales propios de las cortes asiáticas y asistir a ceremonias dignas del Oriente. Los arciprestes precedidos de la cruz, acompañados de diáconos que llevan el agua lustral en jarros de oro, bendicen, rociándolo, el camino que ha de seguir y pisar la persona del Emperador. Ningún cortejo puede haber en el mundo que se asemeje al cortejo de los zares, con sus ministros vestidos a la europea; con sus damas de honor peinadas a la rusa; con los representantes de los mercados y ciudades envueltos en sus túnicas recamadas de oro; con los chinos y sus trajes de bordados varios; con los tártaros ceñidos de pieles finísimas; con los georgianos de pantalones bombachos y yataganes corbos; con los persas, que parecen sacerdotes de antiguos templos; con los turcomanos medio salvajes, luciendo unos las condecoraciones de las primeras cortes del mundo y otros los arreos de las primitivas selvas, llevando éstos a la espalda su escopeta de caza como si estuvieran todavía en los desiertos de la estepa, y aquéllos su sable bruñido y cincelado como un símbolo verdadero de las grandezas y esplendores propios de las varias razas del Asia. Son de ver los guardias imperiales con sus corazas rojas sembradas con estrellas de plata; los heraldos con su traje de áureo tisú, la toca de encendida escarlata y la maza de oro macizo; los clérigos mitrados con sus dalmáticas rociadas de pedrería, sus tiaras persas en la cabeza, sus ricos incensarios en las manos; los palios que semejan águilas abriendo sus alas para los combates; en fin, los tronos que creeríais sedes verdaderas de dioses, los símbolos varios de la desmedida omnipotencia.

Pues bien; todas estas grandezas, todas, se ven detenidas y contrastadas por una conjuración enorme, tanto más de temer cuanto que se halla en todas partes y no se la ve y no se la toca en ninguna. Impalpable, fantástica, incoercible, cual esos seres fingidos por las leyendas de la Edad Media, vestiglos y vampiros que chupan allá en su sed rabiosa la sangre de Rusia, persiguiendo con persecuciones incansables a sus nefastos zares. Rusia en tal estado solo puede tener una salida, la guerra exterior. Mientras no se divierta su espíritu inquieto de la interior concentración que hoy lo consume y lo postra, no habrá, no, esperanza de quietud para pueblo tan desgarrado por ambiciones imposibles, nacidas todas de fantásticos ensueños. El zar, encerrado en Gatchina, convertido en una especie de divinidad invisible como los micados asiáticos, no puede salir del tristísimo y apartado retiro donde se consume sino para una guerra tan poderosa y grande que llegue hasta romper y desquiciar el planeta como una catástrofe apocalíptica.

De aquí el que Rusia no descanse hoy un punto en urdir política de tal género aviesa que atraiga tarde o temprano un conflicto universal. Para los rusos hay cuatro gérmenes de batallas ciclópeas en el presente mundo europeo. Es uno de ellos el despojo y botín que ha de resultar para las potencias circunvecinas del postrimer día de los sultanes y su Imperio. Es otro de ellos la rivalidad eterna de la raza germánica y de la raza eslava, sujetas como las especies enemigas a eternas e irremisibles guerras. Es otro de ellos el empeño de Austria por disputarle al Imperio ruso una parte de la península balcánica y otra parte de la tutela eslava. Es otro de ellos el poder de Inglaterra sobre Asia, poder que le disputará siempre, y con grandísimo empeño, una potencia tan asiática y tan formidable como Rusia. En estas tremendas complicaciones se ven surgir elementos tales de guerra y destrucción, que pueden compararse con las fuerzas ciegas de la muerte. Cualquiera diría que va el mundo a quedar prendido en el manto de los zares como la pobre mosca en las telas de la araña. Así, la política rusa va poco a poco apoderándose del centro misterioso de la región asiática y ramificando las diversas razas contradictorias que pululan en sus inmensos senos. Lo que más prueba su angustia en este momento y su necesidad de prepararse con una grande anticipación a las eventualidades futuras, es el cambio de política respecto a Polonia. Todo el mundo sabe, o por lo menos todo el mundo recuerda, que Rusia, en su amor supersticioso a las razas esclavonas, exceptuaba siempre la infeliz Polonia. Carne de su carne, sangre de su sangre, alma de su alma, no habían bastado, no, todos estos antiguos títulos y timbres para matar un odio nacido del recuerdo de la antigua servidumbre rusa a que dio lugar la conquista polaca sobre los moscovitas, de la cual fue luego tardío pero cruel desquite la desmembración y el repartimiento consumados en los días de la grande y terrible Catalina. Desde tal conquista los rusos no pudieron ver a los polacos, y desde tal desmembración los polacos no pudieron ver a los rusos. Cuantos moscovitas querían la unidad eslava chocaban a una con esa Polonia rebelde siempre y protestando siempre contra las demás naciones de su propia familia, y especialmente contra Rusia. Descoyuntada, disyecta, dividida, rotos sus miembros, despedazadas sus carnes, Rusia no ha tenido piedad de Polonia, ni Polonia voluntaria sumisión a Rusia. Cada tres o cuatro lustros la nación mártir se ha levantado en el potro de sus tormentos para decir y significar que no había concluido su martirio, porque no había concluido su vida. Pues bien; ahora, en este momento histórico, Rusia teme tanto la unión de austriacos, alemanes y escandinavos contra ella, que intenta reconciliarse con Polonia la mártir, a fin de oponer a los odios de tantas razas enemigas la unidad y la fuerza de la familia eslava.

Uno de los acontecimientos que más han movido el pensamiento ruso a las grandes maquinaciones de que saldrá indudablemente la guerra, es el triunfo incondicional de los ingleses en Egipto. La Turquía desmembrada, y no en provecho de Rusia; el leopardo inglés sobre la cúspide altísima de las pirámides africanas; los caballeros de San Jorge por las orillas del Nilo; el Jetif preso en su palacio; el general de los tropas egipcias conducido a Ceilán: todo este contraste profundísimo de las últimas operaciones realizadas por los rusos en Turquía durante su postrer campaña, y todo este desquite británico, que, no satisfecho con la isla de Chipre, toma también la tierra de los Faraones, ha sublevado la conciencia moscovita, dirigiéndola resueltamente a pensar en nuevas empresas orientales.

Y los sucesos apremian. Lord Duferin, el embajador mismo de Inglaterra que ha luchado con tanto empeño en Constantinopla contra la influencia rusa, dispone a su antojo del Egipto. Nuevos tribunales se fundan. Nuevas comisiones de percepción de impuestos se organizan. El Jetif, tan sumiso, parece a los ojos británicos soberbio, y está bien cerca de ser destronado y depuesto para que le suceda un niño, sobre cuya cabeza pueda ejercer el grande Imperio sajón una simulada regencia. El código penal y el código civil dejaron de inspirarse allá en los principios del Corán para inspirarse de algún otro modo en los principios de la legislación británica. La tierra de Egipto será definitivamente anexionada, por este o por el otro camino, por un protectorado más o menos amplio, más o menos hipócrita, a la tierra británica. Y esto no lo puede consentir Rusia, porque de seguro equivaldría hoy a una disminución del poder ruso en Oriente.

Lo que más indigna hoy a los diplomáticos moscovitas es el hipócrita lenguaje de la cancillería británica. Al mismo tiempo que condenan en bélicos tribunales al desgraciado Arabi, ensalzan su programa. Según ellos, los ingleses han cogido el Egipto y han captado su gobierno tan solo para fundar una indígena y nacional administración. No les ha bastado, pues, según la prensa rusa, convencer y dominar al Egipto; lo han escarnecido también e insultado. Quieren rehacer un partido nacional cuya existencia negaron siempre, tan solo para que sirva como de responsable fiador a la descarada conquista.

Todo cuanto se arbitra por los ingleses tiende a formar en Egipto una especie de India, si bien africana. Habrá, sí, Asamblea de notables, pero concretada únicamente a tratar de agricultura. Habrá, sí, ejército nacional, pero en que sean egipcios todos cuantos hayan de obedecer e ingleses todos cuantos hayan de mandar. Habrá un virrey de quien sea verdadero rey el Parlamento y la corona de Londres.

Mientras Derby al entrar de nuevo en el Gabinete declara que quiere la paz con Francia y la amistad de Francia; mientras Chamberlain se dirige a sus electores para contarles que no quiere al pie de las Pirámides una nueva Irlanda; mientras Carlos Dilke, otro radical, sube a la categoría de ministro en nombre de los principios progresivos, la política que triunfa y prevalece hoy en los Consejos británicos es la política de Disraeli, tan vejado en vida y tan seguido en muerte.

Aquel espíritu de Cobden, que soñaba con la paz perpetua, que sustituía las relaciones mercantiles a las relaciones guerreras, que levantaba el régimen del trabajo y hacía del Imperio inglés una inmensa legión de trabajadores, aquella política se ha olvidado y perdido como un sueño para ser tristemente reemplazada por la política de las anexiones, de los engrandecimientos, que hoy halagan el amor propio nacional, y no muy tarde, no, sembrará guerras, en las cuales habrá de perder más el pueblo que más comercia y trabaja. Rusia siente la batalla y husmea la sangre como un animal carnívoro. Sus huestes se levantan a los aires como se levantan los buitres en las grandes carnicerías humanas. Nación asiática de combate, aprovecha cuantas ocasiones le depara el hado de emplear los instrumentos de la conquista y de ir a las citas de la guerra.

Mucho ha festejado la Gran Bretaña su conquista. Las tropas han sido recibidas con lauros, a pesar de haber logrado victorias tan fáciles como la victoria de Tell-Kebir. La elocuencia política de sus periódicos se ha agotado en loas continuas a la previsión británica. Después de haber ido con toda resolución a la guerra, no se han cansado de decir y declarar que esta guerra tenía por objeto único la paz. Y sin embargo, pocas veces el mundo se ha visto, muy pocas, tan afligido como se ve hoy por la triste perspectiva de grandes conflictos guerreros. Italia y Austria, que parecían haber olvidado sus antiguos rencores, se insultan y amenazan mutuamente como en los tiempos de la esclavitud tristísima de Milán y de Venecia; Alemania y Rusia, que durante la dominación de Alejandro II parecían un solo pueblo, se aperciben a tremendo choque; deslígase la estrecha y tradicional amistad existente desde la guerra de Crimea entre Inglaterra y Francia; esta nación continental, cuya suerte se halla fija en el centro mismo de Europa, se apodera de Túnez, se arraiga en las líneas argelinas cercanas a Marruecos, se alza con la tutela de Madagascar, se apercibe a una guerra en Tonkin, y por todas partes se dirige al aumento de un régimen colonial que no le servirá mucho, por divertirla y distraerla del primero y más capital de todos sus ministerios, del influjo permanente, intelectual y moral, sobre toda la Europa moderna, influjo a que le dan derecho las preclaras dotes de su ingenio y la especial naturaleza de sus instituciones políticas. Por consiguiente, nos encontramos hoy con que las ambiciones por todas partes se han avivado y los temores de guerra por todas partes han crecido. Me serena y tranquiliza un poco el pensar que acaban de salir al gobierno dos hombres como Derby, enemigo de todas las intervenciones, y Dilke, de ideas verdaderamente radicales y favorables por tanto a la paz de Europa. Que la tranquilidad general no se resienta y Dios prospere la causa de la libertad y de la justicia: he ahí nuestros votos al cerrar y concluir esta larga e incorrecta historia.

En el momento mismo de soltar la pluma nos sorprenden las noticias telegráficas anunciándonos que ha escrito un manifiesto el príncipe Napoleón Bonaparte, por el cual acaba de ser encerrado en la Conserjería. Tal ruido han armado los reaccionarios europeos con la especie de confundir la muerte del gran orador Gambetta y la muerte del gran principio republicano, que han llegado a creerlo así los pretendientes y han requerido las plumas para escribir sus memoriales. Pero la República funda su fuerza en la gran virtud propia de su organismo y en la necesidad social que la impone, y la justifica por medio de sus leyes incontrastables. Así es que la Cámara no ha debido conmoverse ni apresurarse a tomar medidas de proscripción. Vencidos están todos los pretendientes, sombras de lo pasado, que se desvanecen, pero ninguno tanto como el príncipe Napoleón Bonaparte. La República no debe oír sus proclamas ni saber que un despechado la mofa y la denuesta. ¿Qué le importan los ciegos al Sol y los ateos a Dios?

Enero de 1883.

## Capítulo III. Leon Gambetta

Parece imposible que, después de haber concentrado tanta vida en las altas cimas de la tribuna, le haya herido, como al más humilde y más silencioso de los mortales, el cetro de la muerte. Ayer aún, el mármol retemblaba vibrante bajo sus manos, como un altar consagrado por los cánticos y por las llamas; estremecíase bajo sus plantas el suelo como un volcán herido por los sacudimientos de las erupciones; innumerables muchedumbres pendían de sus labios abrasados por el fuego de la elocuencia; ejércitos ceñidos de ideas surgían al resuello tempestuoso de su titánico pecho; y hoy, horrible frío le hiela, inerte rigidez le postra, eterno silencio le posee, cual si enviado por Dios como sus espíritus angélicos a llevar el verbo divino por los espacios y verter en torno suyo el éter con su color y con su luz, se perdiera y encerrara como una triste oruga en el polvo frío de los mismos mundos surgidos al acento de su palabra. Yo le he visto golpeando sobre los bordes de la tribuna como el Titán sobre las cimas del Etna; yo le he oído despidiendo ideas tonantes que relampagueaban como las nubes del alto Sinaí. Parecía en aquellos minutos creadores, ese cadáver yerto, al empujar hacia adelante con su ímpetu soberano el río de los tiempos y adelantar las horas del humano progreso, disponer por completo y a su antojo de la insondable eternidad. Hoy la cabeza donde ardía la llama divina cae como una inerte piedra sobre las tablas de un ataúd oscuro, y el cuerpo que sustentara con sus espaldas la Francia y la República se desploma y se derrumba, confundiéndose, como los gusanos que habrán de devorarle, con la humilde tierra.

¡Oh! No pasa, no, un ilustre mortal así de pensamiento a polvo. La vida que ha latido en su seno y que ha derramado tantas ideas inmortales en el seno de la humanidad, no se desvanece como la niebla de la mañana o como el arrebol de la tarde. Cual queda su memoria viva en el tiempo, sube su esencia incomunicable a la eternidad. Todas las convenciones de sectas más o menos materialistas concluyen por estrellarse contra un misterio tan sublime como el misterio de la muerte. Al ver los labios que despedían el verbo divino, mudos, involuntariamente se convierten los ojos al cielo y adivinan por intuiciones sobrenaturales, sumergiéndose allá en la luz eterna, que así como no se explica todo por nuestra razón propia, no se concluye todo en nuestro mísero planeta. Quien ha dado tantas alas al espíritu, no se las dio para que se troncharan en el vacío; quien sembró de ideas la conciencia como de mundos el espacio, no las sembró para que fueran una sombra más añadida por el hado a las sombras del sepulcro. El aire vital y el calor eterno circundan nuestro globo, y el alma no puede, no, estar circuida de la nada. Los átomos van a continuar la circulación misteriosa de la vida, y el pensamiento no puede ir a sumarse, no, a las frías cenizas de un cementerio. Cuando se ven seres oscuros, nacidos en las ínfimas clases sociales, sin más fuerza que la voluntad, sin más guía que su vocación, huérfanos de todo amparo, destituidos de toda fortuna, saber subir con esfuerzo, entre la indiferencia de unos y el odio de otros, contrastados aquí, aborrecidos allí, calumniados en sus móviles, y llegar a las cimas de los Estados para disponer en la tribuna del alma de una generación y en el gobierno de la suerte de un pueblo, ejercitando un ministerio de que no se dan cuenta ellos mismos, y cumpliendo un fin para ellos mismos incomprensible, unas veces levantados a las alturas y otras veces hundidos en las profundidades por inexplicables encrespamientos, persuádese ¡oh! el alma menos reflexiva fácilmente a creer que hay en las sociedades como en el Universo una finalidad providencial y que rige a los hombres como rige a los mundos una ley dimanada indudablemente de la suprema y divina inteligencia, la cual advierte más y enseña más a quien menos la reconoce y la proclama.

Los que columbramos y advertimos el ministerio providencial de Gambetta, cuando solo sus condiscípulos más allegados le conocían en Francia; al considerar su vida, heroica verdaderamente, rompiendo con la pólvora de sus altas pasiones todos los obstáculos; su muerte, sobrevenida después de cumplir los destinos con que soñara en su buhardilla de mísero estudiante, nos confirmamos en dos ideas capitales de nuestro ser en la inmortalidad del alma espiritual y en la existencia de nuestro próvido Criador.

No había más que ver a Gambetta para descubrir en él su complexión verdadera, la complexión del combatiente. Naturaleza lo había forjado para las batallas. Su elocuencia misma fulminó más que iluminó. El exceso de sangre prestábale ardores continuos de guerra. El cuello grueso, las espaldas amplias, los brazos nervudos, los pulmones resonantes, la voz fragorosa, la melena desordenada, el ojo ardentísimo, el talante imperioso, el aire soberbio, acusaban el atleta cargado de frases tan cortantes como armas de una campaña perdurable. La hirviente sangre servíale para la tenaz y activa acción como sirven al movimiento de la máquina los hervores e impulsos del vapor. Alguna vez se le subía de súbito a la cabeza y le causaba vértigos increíbles de rabia y arrebatos cuasi dementes de odio. Pero, serenándose pronto, recobraba un fondo de dulzura inalterable, propio de aquel natural exaltadísimo, necesitado de un frecuente reposo. Así, lo mismo sus discursos que sus actos, inclinábanse, por una propensión de toda su naturaleza, incontrastablemente al combate. Su vida pública fue una guerra tenaz. Tres luchas homéricas la constituyen: primera, la lucha con el Imperio y sus cortesanos; segunda, la lucha con el extranjero y sus irrupciones; tercera, la lucha con los reaccionarios y sus maniobras. En el Cuerpo Legislativo, en el Hôtel de Ville, en la prefectura de Tours y en las elecciones subsiguientes de 16 de mayo, Gambetta, como Aquiles, empleó la eterna pasión del guerrero, empleó la cólera. De modo que Dios no había hecho, no, al grande hombre infeliz, ni para la victoria, ni para el reposo; lo había hecho para el combate; y en cuanto el combate concluyera se durmió en el eterno sueño y entró en la inmortalidad, como un ser que ha cumplido todo su ministerio providencial y ha realizado toda su épica obra.

Y, sin embargo, este hombre, tan ardoroso y valiente, dio a la democracia francesa con empeño tenacísimo el carácter legal que tuvo en los años próximos a su victoria, y que tanto le valió luego para gobernarse con calma en medio de los mayores peligros y reponerse pronto, sin apelar a la guerra civil, de los hipócritas atentados dirigidos contra su derecho por los últimos esfuerzos de la reacción espirante. Después de haber puesto en la frente del césar la marca del réprobo con su arenga indignada sobre el martirio de Baudin, como las muchedumbres, ansiosas de un pronto y súbito cambio, le pidieran que las acaudillara, no tanto en los comicios como en los combates, contestóles Gambetta que habían pasado los tiempos heroicos de la democracia francesa, y que precisaba esperarlo todo, primero, de los errores del enemigo, y después, de la fuerza del tiempo y del concurso de las circunstancias. Advenido al Congreso de su nación por el voto de colegios tan ardientes como los colegios de Marsella y de París, explicó a los suyos la naturaleza pacífica de un mandato recibido para pelear en la tribuna y no en las barricadas. Inútilmente las agitaciones crecían; los discursos de Flourens y de Rochefort tronaban; los funerales de Víctor Noir, asesinado por un príncipe de la familia imperial, sobrevenían como la coyuntura propicia de una revolución formidable; Gambetta mantenía su serenidad olímpica y conjuraba con esfuerzo a los suyos para que perseveraran firmes en ir a las discusiones del Parlamento y esquivar los combates de las calles. Se necesita subir con el pensamiento a tales tiempos y evocarlos y repetirlos con la memoria para estimar todo el valor que había Gambetta menester en aquellas ocasiones solemnes de furia revolucionaria.

¡Las calles! Nada tiene que hacer un diputado en las calles. Su mandato es legal; su oficio, de discusión, de ideas; su arma, la palabra y el voto; su barricada, la tribuna. Estos hábitos revolucionarios nos han perdido siempre y han malogrado nuestras más preciadas conquistas y nuestros días más propicios. Enseñándole al pueblo la perspectiva de una revolución, la cima de una barricada, se le acostumbra a esperarlo todo de la fuerza y a no librar nada, absolutamente nada, en el derecho. Y no hay necesidad de aguijonearlos para que vayan a la pelea a estos pueblos latinos, más prontos a buscar en un minuto la muerte por la libertad que a consagrar a la libertad toda la vida. Tienen el heroísmo de un momento, que improvisa soluciones brillantes, pero frágiles, verdaderos seres efímeros, y no tienen aquella perseverancia de los sajones, aquella tenacidad de los suizos, que trabajan medio siglo por conquistar una idea, por implantar una reforma; que mil veces vencidos vuelven a luchar en los comicios y en los Parlamentos, cual si nada hubiera pasado; y que no están jamás seguros de su victoria cuando ven triunfar sus ideas, sino cuando las ven aceptadas por la conciencia pública, queridas por la voluntad general, puestas bajo el amparo de todos los poderes públicos y por el concurso de todos los medios legítimos en el altar sacrosanto de las leyes. Luego, ¿a qué vais a prometer revoluciones a los pueblos en un día señalado, a una hora fija? ¿Tenéis en vuestras manos las fuerzas sociales? ¿Imagináis que se puede mover el mundo con la palanca de la voluntad individual, y que se pueden calcular los eclipses de la pública autoridad como se calculan los eclipses del Sol y de la Luna? Los tribunos, los escritores no tienen, como tenía el Júpiter antiguo, siempre el rayo hirviendo y centelleando a su lado; no tienen la revolución a su arbitrio. Ideas escapadas de muchas conciencias; efluvios esparcidos por muchas indomables aspiraciones; el trabajo lento de los tiempos; las combinaciones providenciales de los sucesos; algo que se escapa a la voluntad de los individuos y que entra en la categoría de los grandes elementos sociales, decide un cambio radical, una revolución, casi siempre alcanzada antes por la fuerza de las ideas y las cosas, que por las conjuraciones y los combates de los partidos políticos. El estallido de la revolución es un momento en el tiempo. Pero la condensación de las revoluciones exige largos años, a veces largos siglos. Sobre todo, se necesita una generación pronta al sacrificio y dispuesta por las generaciones anteriores. El hombre que se compromete a hacer una revolución en día dado por su esfuerzo solitario, por su propio ímpetu, por su fanatismo, su ambición o su despecho, es como los césares, semidioses de los antiguos, un verdadero insensato, que cree personificar él toda la sociedad.

Rochefort y Flourens la prometían; Gambetta la dejaba, con previsión, a los tiempos y a las circunstancias. Él y aquellos políticos, o menos fanfarrones, o más previsores, que no prometían la revolución para un momento dado, para un día fijo, caían de la estima del partido republicano en impopularidad verdaderamente triste, verdaderamente aflictiva, porque indicaba con qué asombrosa rapidez cambian las opiniones de los pueblos y los ánimos se pervierten. Una de aquellas noches del mes de noviembre de 1869, mes de ardor revolucionario, fue Gambetta, ídolo del pueblo en el mes de abril, a una de estas tempestuosas reuniones, y, como parecía natural a cuantos le rodeaban que subiera a la presidencia, subió. ¡Nunca lo hubiera hecho! La reunión protestó con estrépito, y el orador se vio obligado a decir con franqueza que no quería imponerse al pueblo y que esperaba la confirmación de su cargo. Le confirmaron; pero la elección de los individuos restantes de la Mesa produjo verdadero tumulto. Uno de los que más gritaban, de los más desaforados, de los más intransigentes; uno de esos que, no pudiendo llamar sobre sí la atención por sus méritos, la llaman por sus extravagancias, y que a grito herido se decía enemigo de la propiedad individual y partidario de la política anárquica; demagogo de temperamento, comunista de tradición, fue nombrado de la Mesa, pero no tomó asiento, porque no quería mancharse con el contacto de un Gambetta, con el contacto de un traidor. A un republicano que sostenía el principio de que los diputados se nombran para el

Parlamento y no para las calles, para las discusiones y no para los combates, le interrumpieron a injurias y le ahogaron el discurso en la garganta con los gritos y las vociferaciones de «¡viva Rochefort!», el expendedor y repartidor de revoluciones en día fijo, hora precisa y a domicilio. En cambio fue acogido con espasmos de frenético delirio un orador que, levantándose con las manos crispadas, los ojos centelleantes, la melena esparcida, ronca la voz, trémulo el acento de ira, preguntó a Gambetta qué respondía al epíteto de traidor. «El desprecio», debió decir el insigne repúblico. Pero en una de esas frases, tan admirables por su concisión como por su energía, dijo:

—No quiero contestar, porque no quiero ser presidente y acusado. No rebajaré la majestad del sufragio universal hasta defenderme contra el órgano de una minoría usurpadora.

¡Traidor! He aquí otra de las manías de los partidos revolucionarios en Europa; desacreditar a sus jefes, maldecir de ellos, ofenderlos, desautorizarlos, desoír sus consejos leales, burlarse de sus lecciones aprendidas en larga experiencia, ponerlos a los ojos de sus enemigos como vendidos al poder, como traidores a la causa del pueblo, que es su propia causa; y luego, cuando merced a todas estas faltas que son verdaderos crímenes, llega la hora de las desventuras y de las derrotas, fácilmente evitables con solo oír la voz del patriotismo y de la autoridad ganada en largos años, echar sobre ellos, los demolidos, los acusados, los puestos en la picota del ridículo, los abandonados de todos, el abrumador peso y la tremenda responsabilidad de las desgracias que han previsto, de las consecuencias que han anunciado, de los males que han querido a toda costa evitar a los suyos y de que son las primeras víctimas sin haber sido en ellos ni cómplices ni reos.

En medio de tantas dificultades, aunque asediado a la continua por el grito atronador de los intransigentes, Gambetta organizaba su partido, y de una manera muy sólida y muy firme, dentro de las leyes. La nueva era por el emperador Napoleón abierta con la designación del demócrata Ollivier para el gobierno y con la restauración del régimen parlamentario en las Cámaras, no bastó a desfruncir su altivo ceño ni a modificar su constante política. Irreconciliable con el Imperio, de quien desdeñaba con desdén verdadero hasta la devolución graciosa de los derechos arrebatados en la noche del 2 de diciembre, no quería salir, ni en imaginación, del camino de la legalidad.

Esta resolución suya le obligaba con su complicado carácter a reprimir toda veleidad revolucionaria en las suyas y a descargar golpe sobre golpe con dureza sobre el Emperador y el Imperio. Los funerales de Víctor Noir, víctima de la familia imperial, no habían traído a París una revolución, como Rochefort esperara; mas habían traído a Rochefort un proceso. Periodista éste y diputado, se desquitaba con su graciosa y ligera pluma de las deficiencias de su torpe y pesadísima lengua. Y asesinado uno de sus redactores por la pistola de un príncipe de la sangre, asestó a toda la dinastía el rayo de su indignación. El artículo fue denunciado, y pedida naturalmente al Parlamento la indispensable autorización para intentar el proceso; demanda que dio coyuntura oportuna y brillante a Gambetta para esgrimir su hercúlea y atronadora elocuencia. La discusión de las autorizaciones fue tormentosísima. Los grandes oradores de la izquierda demostraron de la manera más evidente y más palmaria que aquel proceso era un trascendental error político. Hasta en los mismos grupos de la mayoría hubo un corazón bastante generoso y una palabra bastante levantada para pedir que se respetara en el diputado de la nación el principio de la soberanía nacional. Tanto honor cupo al honrado marqués de Piré, el cual pedía que se pusiera sobre la silla de la Presidencia el retrato de Borssy d'Anglas, aquel Presidente de la Convención, tranquilo cuando los fusiles apuntaban a su cabeza y a su pecho; tranquilo cuando las injurias más soeces y las amenazas más homicidas sonaban en sus oídos; tranquilo, al presentarle en una pica la cabeza del diputado Ferand, e inclinándose profundamente para saludar, bajo el sable de sus verdugos todavía teñido en sangre humeante, al mártir de las leyes. Estas palabras fueron tomadas por una extravagancia y desatendidas lo mismo de la mayoría que del Gobierno.

Pocos debates dan una idea tan clara de la genial elocuencia de Gambetta como este debate. Gravísimo incidente sobrevino. Emilio Ollivier añadió en el extracto oficial de un discurso dirigido a Leon Gambetta, cierta palabra no pronunciada en la sesión. El Ministro había dicho en la tribuna, dirigiéndose al Diputado: «necesitaríais un relámpago de patriotismo», y añadió en el extracto: «necesitaríais un relámpago de patriotismo y de conciencia». Gambetta se volvió airado contra tal adición, diciendo que no reconocía en nadie el derecho de calificar su conciencia, y mucho menos en quien la tenía tan cambiante y movediza. Las reclamaciones fueron ruidosas. Ollivier le dijo que se creía fuera del alcance de esos ataques, pensando que si la conciencia de monsieur Gambetta no hubiera estado por la pasión perturbada, jamás tratara de agraviarlo con aquellas injurias. «No os he dirigido ninguna injuria, decía Gambeta; os he recordado que no tenéis derecho para atacar mi conciencia. Os he dicho y os repito que no reconozco en una conciencia tan movediza como la vuestra, jurisdicción alguna sobre la mía, que es firmísima. No os disputo el derecho a cambiar de opinión; pero hay algo que no explicaréis jamás satisfactoriamente, y es el haber coincidido vuestro cambio con vuestra fortuna.» Magullado y maltrecho, el Ministro se limitó a responder, como quien sale del paso y burla el cuerpo, que no había necesidad de defender su entereza de carácter y su consecuencia política. Gambetta, cada vez más irritado, y cebándose en su presa con verdadero furor, le replicó: «Vuestros electores os han declarado indigno». «El ejercicio del poder, dijo Emilio Ollivier, es una carga pesada de conciencia.» «No, le replicó Gambetta, no es una carga de conciencia, es un cargo de corte.» «Desde 1857, solo he tenido un pensamiento, exclamó Ollivier, la libertad.» Gambetta le dijo: «Pero os habéis llamado republicano». «Yo, añadió Olivier, he cumplido mi juramento. En mil ochocientos sesenta y uno dije al Emperador que diera la libertad, y yo, aunque republicano, le seguiría y admiraría. La ha dado, y le sigo y le admiro. He cumplido mi promesa.» Después de estas palabras del Ministro, la mayoría pugnaba y gritaba para que se cerrase el debate. Gambetta no quería dejarle sin respuesta y hablaba en medio del tumulto. El Presidente pronunció estas palabras: «Llamo a M. Gambetta al orden». «Señor Presidente, está bien, dijo Gambetta; pero llamad antes a ese Ministro a la honra.»

En esto sobrevino una demostración práctica de que, obediente a su origen, el Imperio usa del Parlamento para caer en el plebiscito. La tribuna resonante, las Cámaras abiertas a una discusión continua, los partidos organizados ya y con sus jefes a la cabeza, los ministros cuasi responsables, la presidencia del Ministerio con una especie de autonomía peculiar, todas estas graves trasformaciones iban dando al régimen napoleónico todo el carácter de una república parlamentaria, cuando menos, de una monarquía representativa, y Napoleón III, metido mal de su grado en aquellas sirtes, comprendía que acababa el Imperio si desistía de su origen y dejaba en manos de los parlamentarios el carácter y la complexión de dictadura plebeya. No podía, no, llamarse nadie ya entonces a engaño. Napoleón revelaba todo el móvil de su política y todo el secreto de su plebiscito en las siguientes palabras: «Dadme nueva prueba de confianza, depositando en la urna un voto afirmativo, y conjuraréis las amenazas de la revolución, y asentaréis sobre sólidas bases la libertad, y haréis más fácil en lo porvenir la transmisión de la corona a mi hijo». En efecto, el asegurar la dinastía era todo el empeño de la política, todo el móvil de los plebiscitos. Emilio Ollivier, que se había dado a imitar el estilo de Lamartine careciendo por completo de su estro poético y de su gusto literario, trazaba en tierna pastoral égloga una imagen virgiliana de aquel césar, consagrado como el labrador a contar sus bueyes y sus borregos para trasmitirlos con toda su hacienda al hijo de sus entrañas en la hora de bendecida muerte. Esta literatura sentimental, en que los tigres se vuelven corderos, me, recuerda los idilios con que los infames esclavistas bordan el tema de la esclavitud: el negro, seguro de su alimentación, cuidado como el mejor caballo; recluido en su cabaña a la sombra del cocotero y de la palma real; advertido, más que castigado, por el cepo y el látigo; educado y corregido en el tormento; teniendo a su amo por su patriarca y a su ama por su diosa; cantando el tango melancólico que recuerda el viento del desierto y el rumor de las selvas; incapaz de sentir sus cadenas materiales, su rebajamiento moral, su falta de dignidad, su condición de cosa aprovechable, la venta de su mujer y de sus hijos, porque vive completamente despojado de personalidad y de conciencia, como enorme feto en las próvidas entrañas de la Naturaleza. La transmisión de las naciones como se trasmiten los establos, ¿no os parece el mayor de los sarcasmos del poderoso y la mayor de las injurias al débil?

Los cortesanos auxiliaban poderosamente a su César. En la calle de Rívoli, bajo la presidencia del duque de la Albufera, habían organizado una comisión directiva, que escribía programas, circulares, cartas, carteles, periódicos, proclamas, folletos, boletines, conjurando al pueblo a que votase «sí» y diciéndole que salía de una Constitución cesarista y entraba en una Constitución liberal. ¡Ah! Muchos y muy poderosos esfuerzos eran necesarios para contrastar tanto poder. La izquierda de la Cámara comprendió que estaba perdida si no podía organizar, frente a frente de la comisión imperial, una comisión republicana. Y organizó e instaló en la calle de La Sourdière una junta directiva que se levantara frente a frente de la junta directiva instituida e instalada en la calle de Rívoli. Pero ¡cuántas dificultades y cuántas divisiones! ¡Qué organización tan poderosa, qué fuerzas tan grandes, qué conjunto de miras tan completo, qué unidad de pensamientos, de acción, en todos los imperialistas, y qué divisiones tan profundas, qué desorganización tan completa, qué falta de unidad de idea y de unidad de acción en las filas republicanas! Mil cuestiones personales surgían a cada paso, llevando consigo mil irremediables quebrantamientos.

Aparte estas cuestiones personales, había otros motivos de disentimiento más profundos y más graves entre los miembros de la comisión republicana. Unos, como Simon y Grevy, pertenecían a la escuela que deseaba concluir con los poderes permanentes y hereditarios, para reemplazarlos por los poderes amovibles, responsables, republicanos, pero sin salir del régimen parlamentario ni quitar a las clases medias la dirección de la democracia; otros, como Peirat y Delescluze, estaban por la revolución francesa, por el Código del 93, por el Estado fuerte y por la dictadura republicana, por la Convención permanente, por la omnipotencia jacobina, por el ideal de Robespierre; mientras algunos seguían creyendo que toda reforma era inútil, todo trabajo estéril, todo tiempo perdido, toda combinación política ilusoria si el partido democrático no entraba de una vez en pleno socialismo.

Armonizar estas ideas contradictorias, reunir en uno solo estos partidos opuestos, hacer de estos capitanes desbandados huestes aguerridas, con un solo propósito y una sola bandera, obra difícil parecía a primera vista; pero la llevó a cabo, con grande tacto en su proceder y mucha elevación en su pensamiento, Gambetta, que se había ganado la jefatura del partido por el vigor de su frase, verdadero continente de ideas profundas, y por el acierto de su conducta, que mezclaba con la energía de un convencional antiguo la maravillosa flexibilidad propia de su estirpe italiana. El discurso pronunciado en tal debate constituye quizás el primero entre los timbres del orador al reconocimiento de la posteridad. No encontraréis en él aquellos esplendores literarios difundidos por la elocuencia de un Berrier o de un Guizot; pero sí la fijeza en el punto capital de la polémica y la exactitud matemática en la definición del Estado político y las enumeraciones lógicas de las verdaderas indeclinables consecuencias. Gambetta proclamó que la triste apelación al plebiscito significaba el reconocimiento positivo de una superior soberanía nacional y la revocabilidad inmediata de todos los poderes imperiales. Efectivamente buscaba el César en aquella maniobra política la seguridad de un legado y se hallaba de manos a boca, impensadamente, con el único heredero permanente de todos los poderes fundados sobre la soberanía nacional: con el pueblo. Aquel vigoroso discurso de Gambetta quedó como un eterno comentario al plebiscito y como una próxima reivindicación de la soberanía nacional inmanente y eterna.

En esto, la nación tuvo que reivindicar materialmente su poder. Los que a sí mismos se llamaban personalidades providenciales, mandadas por Dios para enfrenar la revolución y sostener la sociedad, cayeron en la sima sin fondo de una guerra sin nombre. Vencidos, rotos, prisioneros, malbarataron el honor a cambio de unos días de vida, y trajeron la desmembración del suelo nacional, que acapararan y retuvieran en una noche luctuosa, eternamente infame. Los republicanos quisieran que no les tocara en suerte la horrible liquidación del régimen imperial; pero no podían desertar del puesto de peligro a que les llamara la fatalidad incontrastable sin desertar también de todo sentimiento de honor. Los partidos no se suceden unos a otros por su propio albedrío, sino por leyes más altas y más inevitables. Gambetta, en quien predominaba la exaltada virtud del verdadero patriotismo, creyó que un retroceso inmenso venía si la República se apagaba en Francia y Francia se perdía para Europa. Movido por esta convicción, a un tiempo nacional y humana, intentó contrastar con su voluntad impetuosa los inflexibles decretos del destino. Y a este pensamiento se transfiguró. Quien le hubiera visto como yo antes y después de aceptar tamaña empresa, imaginara encontrar en él un hombre distinto. La defensa nacional se levantó en su corazón a un verdadero sacerdocio. De las ruinas quiso extraer una Francia nueva. De la derrota pensó forjar el triunfo. Dominado el Este, vencida Estrasburgo, entregada Metz, asediado el sacro recinto de París, constreñido el Gobierno a guarecerse tras la línea del Loira, que significaba media Francia perdida y disgregada de la otra media, no tuvo un momento de desmayo en aquella lucha gigante y a brazo partido con la fatalidad. Él constituyó un Ministerio de la Guerra con generales improvisados, ingenieros civiles, marinos; Ministerio por el cual circulaba el estro de un ardiente patriotismo, si no el genio de la verdadera inspiración militar. La leyenda del 93 tomaba de nuevo cuerpo allí, si no con igual fortuna, con empeño igual. Apenas es creíble, apenas, el número de soldados que se reunió, el material de guerra que se acumuló, el núcleo de ejército que se improvisó, la resistencia que se opuso, en medio de la desesperación, al poder incontrastable del hado y al decreto inflexible de la victoria. Diríase que aquel hombre vencía, por un milagro de su voluntad, a la muerte, y arrancaba de su sepulcro a Francia soterrada, como el Salvador a Lázaro corrupto. No pudo una fuerza menor y desorganizada vencer a una fuerza mayor y orgánica. Las leyes de la mecánica se sobrepusieron a las leyes de la moral. Tuvo el universo entero implacable indiferencia por la justicia o la injusticia. Reinó a su antojo la ciega fatalidad. Alemania no solo tenía su propio ejército innumerable, tenía el ejército entero de Francia completamente a su merced. Por salvar el trono antes que la nación, los imperiales, en su horrible campaña, lo habían entregado al invasor. Gambetta no pudo salvar la integridad de Francia; pero salvó la honra de Francia. Merced a él cayó la nación, traicionada por el cesarismo, con la protesta en los labios, las armas en la mano y la esperanza del desquite en el corazón. Le había devuelto con tal esfuerzo a su patria la vida que de su patria recibiera.

Su viaje aéreo, tan ridiculizado por sus enemigos, le dio renombre universal, no solo entre los suyos, entre los pueblos extranjeros. Yo, en aquellos días, pasados algunos en la prefectura de Tours, entreteníame mucho escuchando las aventuras aerostáticas. Recuerdo ahora mismo una expedición contada con viveza por uno de los aeronautas. Cinco eran los atrevidos. A las ocho de una mañana de octubre habían abandonado París, alzándose a los aires desde la estación de Orleáns. En quince minutos subieron ochocientos metros. En los primeros momentos parecían estar inmóviles. Desde aquellas alturas contemplaban París como un estudiante de Geografía contempla un mapa en relieve. Los monumentos, los edificios, las calles, todo se dibujaba clara y distintamente a su vista. Una hora pasaron sobre París, como si París los atrajese o como si el globo obedeciera a las ideas, a los sentimientos de su tripulación y no quisiese apartarse de aquella gran ciudad, más amada de sus hijos cuanto más perseguida y desdichada. En dos horas, el viento los llevó hacia el bosque de Bolonia, desde donde pasaron pronto sobre las líneas prusianas. Los soldados enemigos se dedicaban a cazarlos. Las descargas sonaban, las balas silbaban, pero ninguna les tocó. En cambio los navegantes llovían sobre los prusianos hojas republicanas impresas en París. A la disminución del lastre corresponde rápido ascenso. Desde una niebla frigidísima, dentro de cuyos pliegues apenas se veían los viajeros mutuamente las caras, cual si en vez de subir a las espléndidas regiones de la luz descendieran a los abismos, comienzan a entrar en espacios iluminados. Primero el Sol, pálido como una gigantesca pavesa, extiende por las nubes mortecinos reflejos. Después salen de esta oscuridad y entran en pleno azul, en aire puro, luminoso, alegre, donde la vista y el pensamiento se dilatan. ¡Maravilloso espectáculo! me decían. A nuestras plantas, blancas nieblas como encrespado océano de nieve; sobre la cabeza, el cielo, en azul espléndido y en su serena alegría; por todas partes la inundación de los rayos solares, quebrándose en reverberaciones increíbles, en arreboles que la fantasía no puede combinar; al Oriente, rojas fajas de vapores con fuerza iluminados; al ocaso, tintas desvanecidas, tintas de colores del mar; el astro del día subiendo a su cenit en aquella soledad, como si brillase únicamente para los seres que lo contemplan desde la frágil nave; y allá en lo profundo la sombra del globo, proyectándose sobre las nubes, sombra oscurísima rodeada de una aureola resplandeciente con todos los colores del iris. En estos momentos llegaron hasta dos mil metros. El viento empezó a tener fuerza y el globo a marchar con celeridad. A través de las nubes pasaban a los ojos de los viajeros los pedazos de tierra, los campos, las ciudades, los ríos, de una manera tan rápida, que daba vértigos y producía el efecto de los colores de un cuadro disolvente. En algunos momentos creyeron haber andado hasta encontrarse sobre el Océano, por la parte del Havre; pero no se habían alejado tanto. Cerca de las cuatro de la tarde bajaron en el departamento del Eure. Habían recorrido en ocho horas un trayecto de noventa y cuatro kilómetros. El peso total, con toda su carga, de aquel pájaro gigantesco, era 1.436 kilos. Estas inmensas aves artificiales, y las inteligentes palomas mensajeras, fueron los medios únicos que tuvo París asediado de comunicarse con las provincias.

Parece imposible que la pasión política llegue hasta el extremo de convertir un acto de arrojo, como la increíble ascensión de Gambetta, en un acto ridículo. Pero la verdad es que los pueblos, más justos, se lo han cantado como una gloria, y esa entrada en las regiones celestes y esa caída de los aires le ha valido una mágica leyenda. ¡Bien había menester tal compensación el destinado a pasar por las terribles pruebas del terrible día de la definitiva derrota y del horroroso tratado!

Imaginaos cuánta sería la extrañeza de Gambetta en el momento de recibir la nefasta nueva. Ya estaba en Burdeos. El primer rumor vino del Oeste por las correspondencias del Times, verdadera gaceta del Canciller imperial. El Gobierno de Burdeos se apresuró a desmentirlo. Hacía pocas horas que el Ministro de la revolución acababa de pronunciar un discurso en Lila, conjurando vigorosamente a todos los franceses a que pelearan con ahínco, si, con desesperación de la propia vida, pero con esperanza firmísima en la inmortalidad de su Francia. El vigor de su enérgica frase parecía tomar filo y corte en la adversidad, templarse en las lágrimas que silenciosamente venían a sus ojos para caer, contenidas por su viril ánimo e invisibles a cuantos le rodeaban, como una lluvia de plomo derretido, sobre aquel gran corazón. Gambetta decía que un pueblo decidido a vivir no puede ser vencido.

¡Imposible describir la impresión que en ánimo tan fuerte como su ánimo produciría la confirmación súbita de las noticias llegadas por la prensa inglesa! Un rayo hirió su frente cuando el telégrafo le dijo que el Gobierno había ajustado la capitulación para la capital y el armisticio para toda Francia. Cuéntase que un ataque epiléptico le sobrecogió y que estuvo en gravísimo peligro su existencia. Burdeos se exaltó como se exaltan los pueblos meridionales, con delirio. Los edificios públicos no bastaban a contener las numerosísimas reuniones en que la suerte de Francia se discutía. Todas unánimes protestaban contra el armisticio y pedían la guerra sin tregua, la guerra a muerte. Muchas de estas reuniones enviaron sus comisionados a Gambetta para sostenerle en tan amargo trance y alentarle en su enérgica fe. No pudieron verlo, porque se había encerrado, entregándose a todo el dolor de su corazón y a todas las meditaciones exigidas por la tremenda responsabilidad que su nombre le impusiera ante su patria y ante la historia. ¡Supremas horas aquellas! ¿Aceptaba el armisticio? Perdía su significación política, soltaba de las manos su bandera, desdecía el ideal de su vida, abandonaba la patria a la misma debilidad mil veces maldecida en aquellas proclamas suyas cuyos viriles acentos recogerá la historia. Gambetta cree haber merecido que la posteridad le señale como un francés incapaz de dudar ni un momento de la inmortalidad de Francia. No podía, pues, aceptar el armisticio. Pero si lo rechazaba, la guerra civil sobrevenía; con la guerra civil la división del gobierno; con la división del gobierno la división del partido republicano; con la división del partido republicano la muerte de la República; con la muerte de la República la muerte de Francia. En crisis tan extraordinaria y suprema, Gambetta resolvió declarar que la guerra se sostendría rudamente. El armisticio, en su sentir, solo sería una tregua, y la tregua una escuela de disciplina. ¡Imposible creer que muera Francia! Y Francia votará, por medio de sus representantes, la integridad de su independencia, la salvación de su honra, y todos los recursos en gentes y en dineros indispensables a salvar estos dos sagrados intereses que todo francés ha recibido en depósito de las pasadas generaciones y ha de transmitir a las generaciones venideras.

Lo más triste del caso era que preguntaba al Gobierno particularidades del armisticio y no recibía respuesta. Decía que viniesen a Burdeos, como habían prometido, algunos de los ministros, y no llegaban. Para mayor confusión y tristeza, el armisticio no se cumplía en el Este. Los prusianos, protestando que aquellos departamentos les tocaban por la distribución convenida, perseguían a los soldados de Bourbaky al mismo tiempo que bombardeaban a Belfort, la gran fortaleza de Vauban, último refugio en el alto Rin de la bandera tricolor. Los infelices soldados de Bourbaky, después de haber pasado unos días horrorosos, después de haber recorrido largas jornadas a 12 grados bajo cero sobre la nieve petrificada, casi desnudos, muertos de hambre, porque la furia de los elementos había cortado todas las comunicaciones, al tocar a la frontera de Suiza, a la tierra neutral, a la tierra de refugio, son cañoneados sin piedad por los prusianos y mueren a cientos fuera de combate, sin responder a la agresión, sin haber empeñado ni sostenido batalla, víctimas de una ferocidad increíble al mundo civilizado y gravosa para ese ejército alemán, que, pretendiendo representar la más alta cultura europea, reproduce todas las salvajes iras de la más cruel, de la más implacable barbarie. Las tierras cercanas a Suiza se hallan sembradas de cadáveres.

¿Cuáles serán las condiciones de paz que el vencedor imponga a esta nación tan destrozada, tan profundamente herida? Según unos, cruelísimas. Cesión de la Alsacia y la Lorena; 10.000 millones de francos por gastos de la guerra; una colonia en el Asia; la mitad de la escuadra. Según otros, cesión de la Alsacia solamente, 2.000 millones de francos, algunas rectificaciones de fronteras provechosas para Alemania por la parte de la Lorena germánica.

Gambetta convoca la Asamblea, con el propósito de que se niegue a todas estas condiciones y sostenga la guerra, más gloriosa cuanto más desesperada. A este fin pone en su decreto de convocatoria cláusulas gravísimas. La primera es que ninguno de los príncipes que pertenecen a las varias familias pretendientes de una restauración monárquica puedan ser elegidos. Yo apruebo esta cláusula. Esos príncipes que creen siervos de sus privilegios la Francia, y la seducen con sus prestigiosos recuerdos, y la explotan bárbaramente; y luego, por aumentar algunas perlas a su corona, algunos días de gloria a sus anales, algunos títulos de orgullo a sus pergaminos, algunas preeminencias que les ayuden a perpetuar su dominación, desencadenan guerras, como esta guerra maldita, no merecen, no, tener en los pueblos libres la dignidad de ciudadanos.

Pero Gambeta añadió a esta cláusula otra que yo altamente reprobé entonces. Gambetta declaró incapacitados para aspirar a la diputación a todos los ministros, a todos los senadores y a todos los candidatos oficiales del Imperio. Fue aquélla una restricción arbitraria al sufragio universal, restricción que no puede defenderse ni por razones de justicia ni por razones de conveniencias políticas. Si Francia, al verse en el abismo de todas las desolaciones, al ahogarse en el diluvio de sangre que sobre ella ha llovido el Imperio, al tender la vista mortecina sobre las ruinas amontonadas en su privilegiado suelo y los cadáveres amontonados en las ruinas, elige a los viles cortesanos que, después de haberla deshonrado en la opresión, la han vendido a la conquista, Francia, falta de todo instinto nacional, es un órgano muerto, corrupto, de la humanidad, y merece la suerte de Polonia; merece que su territorio sea desmembrado y maldecido su nombre. Yo creo que es injuriar a Francia, que es proseguir la política autoritaria, que es sentar un funesto antecedente ese acuerdo, por el cual se votará la República como se votó el Imperio, entre listas de prescripciones, que la República no ha menester, porque es la expresión de la justicia y con su luz le basta para vivificar a los buenos y deshacer, como cadáveres insepultos, a los perversos.

El Gobierno de París envió uno de sus individuos, Julio Simón, a Burdeos, encargándole de promulgar un decreto de convocatoria en el cual ninguna de las conclusiones de Gambetta era reconocida. Julio Simón no tuvo periódico oficial donde publicar su decreto, porque Gambetta había promulgado el suyo e impedido el que traían los miembros del Gobierno. En esto, Bismarck protesta también contra el decreto de Gambetta y dice que no se ha convenido el armisticio para traer una Asamblea de ese género, sino una Asamblea libremente elegida por toda la nación y que a toda la nación represente. Gambetta escoge la ocasión para sobreponerse al Gobierno de París y denunciar ante Francia que los excluidos por su decreto son los cómplices de la invasión, los cortesanos de Bismarck, los que entregarían cien veces, por restaurar su dominación propia, al conquistador, en jirones la patria. Pero la fatalidad lo venció y tuvo que resignarse a su derrota.

En tal caso, la desgracia de Francia le pareció su propia desgracia, y el retiro y apartamiento de la cosa pública su principal deber. Envejecido prematuramente a los treinta y tres años; desgarrado como el náufrago a quien los remolinos tempestuosos han estrellado contra los bajíos y los bajíos han devuelto a las olas, mil veces pensó en una especie de abstención definitiva, equivalente a una especie de moral suicidio. Los que le acompañaron, como yo, en aquel dolor y pusieron, como yo, empeño en confortarlo, pueden decir muy claro y muy alto que jamás se quejó de haber caído desde las alturas de un gran poder a las tristezas de un voluntario destierro, sino de que hubiera Francia, la Francia de su corazón, el amor de sus amores, caído del alto y espléndido trono que desde los tiempos de Luis XIV ocupara en el centro de nuestro continente, a sus horribles catástrofes. Y, en efecto, las lamentaciones del antiguo profeta, esa elegía eterna de los pueblos vencidos y de las naciones deshechas, no hubieran podido pintar las desgracias francesas. Aquella política de conquista y engrandecimiento territorial acababa de traer la desmembración; y aquella política de socialismo y reforma social en pro de un cuarto estado, utópico, imaginario, producido para recreo de la retórica revolucionaria y justificación de la dictadura cesarista, ¡oh! había traído la horrible Comunidad de París. Los veinte años de Imperio daban la desmembración del cuerpo de Francia, descoyuntado sobre el potro de todos los tormentos, y la demencia del alma de Francia, desgarrada en el estruendo de una revolución sin salida. El fragor de los incendios llamó de nuevo la voluntad enérgica de Gambetta con siniestros llamamientos al combate y al peligro. De un lado, las avanzadas del partido demócrata soñaban con la Internacional y el colectivismo; de otro lado las huestes de los antiguos partidos monárquicos soñaban con la restauración y con la dictadura. Ni los monárquicos de Versalles ni los comuneros de París tenían razón. Los unos podían estrellarse con estrépito en la utopía de lo pasado y traer nuevas revoluciones; los otros en la utopía de lo porvenir y traer nuevos cesarismos. Necesitábase, pues, salvar la República, porque salvando la República se salvaba también la Francia, y Gambetta entró en París y dio su programa de combate a la reacción y a la revolución, tan vigoroso como su anterior programa de guerra al extranjero y a la conquista. Desde tal punto y hora volvió de nuevo a encabezar el partido republicano.

En este minuto de su vida cometió Gambetta un error, bien pronto rectificado por su finura italiana y su reveladora experiencia. Como si la República estuviese ya definitivamente asentada sobre bases inconmovibles, propuso la formación de un partido republicano radical, frente a frente del partido republicano conservador, que con Thiers y con Simon ocupaba entonces el poder y ejercía el gobierno. Los dos partidos gobernantes, radical uno y conservador otro, cuadran a tiempos de regularidad suma, y pueden vivir sin peligro bajo instituciones arraigadas y firmes. Pero crearlos sobre las lavas corrientes y en medio del combate universal, era como desgarrar las entrañas de la República, y debilitándola, impedir su sólido establecimiento. El partido conservador hubiera tenido que reclutarse, para mal de todos, en las huestes monárquicas, y el partido radical en las huestes comunistas, igualmente contrarias y opuestas a toda verdadera República. Bien pronto se tocó en las esferas de los hechos el sofisma tristemente acreditado por el incontestable ascendiente de Gambetta en la esfera de las ideas. Con motivo de una elección malhadada en París, los dos bocetos borrosos de los dos partidos republicanos en formación se mostraron dentro de las urnas, votando el conservador a M. de Remusat, insigne literato y ministro, mientras el radical a M. de Barodet, maestro de escuela lionés, avanzado y cuasi socialista. Vencieron los radicales a los conservadores en las urnas; pero radicales y conservadores fueron vencidos en la Cámara, cayendo M. Thiers del Gobierno y entrando la República francesa en poder y bajo la tutela de los monárquicos.

Para mi la página más brillante de todas las páginas que constituyen la historia épica de Gambetta, es la que comienza en mayo de 1873, después de la victoria del partido monárquico en la Asamblea, y concluye en octubre de 1878, después de la victoria del partido republicano en los comicios. Igual energía que en la famosa campaña de Tours, igual perseverancia rayana en tenacidad, igual valor cívico; mucho más arte, mucha más habilidad, consumada prudencia; reserva, cuando el callarse parecía conveniente; ataque atrevido, si lo demandaban las circunstancias; mesura en el paso, madurez en las resoluciones, conocimiento de las cosas, conciliación suprema de un precio subidísimo, firmeza y flexibilidad maravillosa; prendas todas que revelaban el convencional acostumbrado a los furores de la Montaña republicana, convertido en estadista por el genio florentino de disimulo, de transacción, de conveniencia, de templanza, de táctica para vencer ciertos obstáculos y burlar otros, de todo aquello en que fueron maestros los atenienses, los latinos y los italianos. Otro, más dogmático, se sublevara contra la Constitución monárquica, ideada por un realista neocatólico para Francia republicana; él, como la Constitución tenía los dos principios capitales, talismán de su credo, el principio electoral y el principio parlamentario, la recoge, la consagra y la hace triunfar por un voto, extrayendo del seno de la derrota ideada y urdida por sus enemigos, el mayor y más duradero de sus triunfos. Todavía recuerdo cómo se reía en su comedor de la Chassée d'Antin, con qué sonoras carcajadas, cuando, al felicitarle yo por el arte que había puesto en sacar de una Asamblea monárquica una Constitución republicana, le comentaba de paso, en mi mal francés, como Dios me daba a entender, el refrán español: «A caballo regalado no se le mira el diente». Otro, más vulgar, cuando las cóleras de Broglie lo elevaban a personificación única de la Francia republicana, cayera en el burdo lazo, y se proclamara heredero inmediato del pobre Mac-Mahon dimisionario: él no; comprendiendo que su mucha parte activa en la batalla le constreñía y condenaba por necesidad a tener poca parte después en la victoria, propuso como presidente, primero a Thiers, y muerto Thiers, a Grevy, proposiciones en que a porfía se mostraban su ciencia y su experiencia política. Pues no quiero decir nada de los viajes políticos, de las reuniones populares, de los discursos al aire libre, de la organización electoral, de la lucha titánica en las urnas, del triunfo pacífico que coronó todos aquellos esfuerzos y que salvó y constituyó definitivamente sobre la tierra de Francia el sublime corolario de la revolución del cuarenta y ocho, esa trilogía del espíritu moderno con sus tres términos, por la democracia, la libertad y la República.

En tal periodo de combate, jamás se le ocurrió apelar a la revolución, jamás. «Todo está salvado, le decía yo, fortaleciéndole con mis consejos en sus propósitos de paz; todo está salvado, porque ni Mac-Mahon tiene un ejército con que derribarnos a nosotros por un golpe de Estado, ni nosotros tenemos milicia con que derribarlo a él por un sacudimiento de revolución.» Y en efecto, jamás he visto a Gambetta, jamás tan molestado, como una noche, casa de Víctor Hugo, después de comer, en que algunos diputados intransigentes de la tertulia departían sobre las probabilidades de una próxima revolución. «La Francia, decía, no necesita disparar un tiro, y no lo disparará; la Francia quiere la República, y la tendrá. No hay poder humano que se oponga en el mundo a la voluntad de Francia. Tenemos un partido republicano tan disciplinado como el ejército, y un ejército de línea tan patriota como el partido republicano y tan sumiso a las leyes. No me habléis de guerra civil, porque se me indigestará la comida, no me habléis de eso; el general Mac-Mahon se irá o no se irá, según le plazca; pero lo que se queda ya definitivamente sobre la tierra es la inviolable y pacífica soberanía de nuestra Francia.» Y confesemos que merecían así el gran pueblo como el gran tribuno por su moderación y por su prudencia.

Pero digamos la verdad, toda la verdad, debida por nosotros a la muerte y a la historia. Nuestra constante admiración a Gambetta tiene una reserva como su genio tuvo un eclipse; tiene la reserva del tiempo que se dilata desde su triunfo definitivo hasta la caída del último Ministerio Freycinet, tiempo en que lo hallamos inferior a cuanto debíamos prometernos de su genio y de su grandeza. ¡Oh! si la inspiración antigua le acompañara en este momento supremo, no diera ocasión a tantas dificultades como ha encontrado la República en su camino, y mucho menos al rápido y triste Ministerio que disminuyera en los últimos días de su vida la incomparable alteza de su nombre. Gambetta, en su trato natural con los imperialistas y en su juventud bajo el Imperio, había como aspirado por los poros de su alma una concepción del Estado muy semejante a la concepción bonapartista, la cual llevábale indeliberadamente y como de la mano a exagerar los resortes del gobierno y a desconocer los beneficios del derecho. De aquí su empeño en dar al Estado una especie de doctrina científica, cual habíanle dado los Emperadores una especie de doctrina religiosa; y al darle tal doctrina científica, surgió el funestísimo intento de limitar la libre enseñanza y cohibir la libre asociación y fundar un Ministerio de Instrucción pública completamente consagrado a defender por medios coercitivos la nueva ciencia y combatir a la antigua Iglesia. A esto unía tristemente vaguedades socialistas, de esas que solo sirven para henchir las inconscientes aspiraciones del pueblo sin darles ninguna satisfacción verdadera; voluntariedades arbitrarias, que desdecían de su antiguo culto a las leyes y que se prestaban al rumor calumnioso de sus tendencias cesaristas; un espíritu guerrero, un espíritu de engrandecimiento desmedido, tanto en África como en Asia, el cual, además de traer un gran desequilibrio al presupuesto y aumentar los gastos, desconocía que Francia debe reconcentrar su espíritu dentro de sí misma, tomando el más soberano y el más seguro de todos los desquites, el de dar su forma de gobierno, con la virtud de la enseñanza y del ejemplo, a los pueblos circunvecinos.

De todos modos, su muerte ha herido mi corazón y mi memoria. Nuestros disentimientos de los últimos años no empecen mi admiración y mi cariño. Cualesquiera que hayan sido los errores de Gambetta, imposible olvidar sus esfuerzos supremos para defender contra el extranjero la Francia, y sus esfuerzos supremos para salvar de la reacción su República. En el primero de tales esfuerzos mostró la energía de su voluntad, y en el segundo la luz de su inteligencia. Las dos grandes faltas de su vida fueron las supersticiones de sectario llevadas a la relación indispensable del Estado con la Iglesia, y la designación de aquel ministerio de compadres, cuando su deber le imponía un Ministerio de estadistas. Menos positivismo en la inteligencia, menos jacobinismo en la política, menos tendencias cesaristas en el proceder, y su gobierno hubiera igualado a su defensa del territorio y a su gloriosa campaña electoral. La multitud innumerable de obligaciones que abruman a un estadista habíanle forzado a retirarse de París un poco, y a buscar en la soledad del campo los esparcimientos del ánimo. Allí le sorprendió un terrible accidente, la herida en la mano causada por un pistoletazo más o menos casual, pero sobre cuyo triste origen se ha guardado una prudentísima reserva. La cirugía ocurrió a la cura; y en efecto, la logró feliz. Pero la inmovilidad, la dieta, la sobra de linfas, la crónica impureza de su sangre le trajeron las enfermedades y las complicaciones que han causado su muerte. Gambetta realmente se distinguía de todos los republicanos franceses por su fuerza de voluntad y por la convicción profunda en que se hallaba de la necesidad imprescindible de reforzar los resortes del gobierno en Francia. Durante los postreros meses, en la época del ministerio Duclerc, había tenido una gran reserva y mostrado que no le impacientaba el apartamiento, a que se veía por fuerza condenado, de las altas esferas del gobierno. Cuando empezaba con la resolución de siempre a entrar por el camino que, moderando la exuberancia de su fantasía y la exaltación de su sentimiento, hubiérale alzado a las alturas de los verdaderos estadistas, le sorprende tristemente la muerte. Llorémosle, que aún dejando tantos y tan vivos recuerdos, llévase consigo muchas y muy vivas esperanzas.

Su muerte, inesperada y sorprendente, ha venido a despertar esperanzas dormidas en el seno de los desbandados monárquicos franceses. Si alguna demostración práctica se necesitara para poner de relieve la superioridad indiscutible del régimen republicano, que los electores han preferido sobre aquel régimen imperial que han dejado muerto en las urnas, suministraríala el luto que lleva hoy con verdadero dolor la Europa republicana. Gran orador, jefe de numeroso partido, presidente respetado un día de la Cámara, futuro director del Gobierno y tal vez del Estado, con todas estas ventajas y calidades altísimas, no resultan hoy, no, sus derrotas y su muerte la derrota y la muerte del régimen republicano, establecido y fundado en cosa más sólida que la voluntad y la conciencia de los individuos, en la voluntad y en la conciencia de los pueblos. Nuestros reaccionarios se creen siempre allá en el año 48 y con una democracia inexperta caída por casualidad en el seno de una República improvisada, y con una Europa triste y asustadiza, dispuesta en cualquier evento a mandar los croatas del Austria absolutista o los cosacos del Don ruso contra las ciudades revolucionarias. Hoy la democracia universal, curada de utopías, conoce los límites trazados por la necesidad a su política, y gobierna con tal conocimiento de la realidad y tal respeto al tiempo, que podrían de seguro envidiarla, por su madurez y por su experiencia, los primeros estadistas del viejo mundo político. Y si la democracia gobierna con madurez, la Europa diplomática podrá ser, por motivos de necesidad, más o menos monárquica, pero no es, no puede ser de ningún modo reaccionaria. Nicolás de Rusia, Meternich de Austria, Federico Guillermo de Alemania, Fernando de Nápoles, Gregorio XVI de Roma, todos los fantasmas de la reacción europea, todos, han pasado como las pesadillas de un penoso ensueño.

Pedid reacción a los garibaldinos aquí, a los kosutistas allá, en Berlín a los diputados de la Asamblea de Francfort, en Petersburgo a los destructores de la servidumbre, o en Londres a los radicales de Cobden. Todo régimen que hoy surgiera en Francia traería consigo una revolución a corto plazo y tendría tras de sí el renacimiento de la República inevitablemente demandado por el espíritu de las nuevas generaciones y el natural progreso de los tiempos.

La República, por fin, acostumbró a Francia, nación artística y nerviosa de suyo, a todos los inconvenientes de la libertad, a sus zozobras, a sus estruendos, a sus peligros; y no recaerá, no, en el silencio y en la inacción de otros tiempos. Hay quien cree que la muerte de Gambetta excitará los ardores del partido demagógico, y aumentará su número. Por lo contrario, ese partido pierde una gran sombra, pues Gambetta, por sus creencias positivistas en filosofía y sus vaguedades raras de reforma social en política, más bien favorecía que contrariaba las plétoras de una izquierda demente. No se me oculta, no, las dificultades inmensas que trae consigo el problema de fundar la libertad moderna en pueblos tan acostumbrados a la igualdad como el pueblo francés. No se me oculta cuánto más fácil es allegar la igualdad en los senos de la obediencia servil que en los senos del derecho moderno. Comprendo fácilmente la imposibilidad de gobernar a un pueblo, tan acostumbrado al yugo monárquico, si no se crean y producen jerarquías naturales que tengan por timbre la ciencia y la virtud, generalmente reconocidas como capaces de sustituir a las fuerzas materiales del antiguo régimen. Pero no se lanza tanta cantidad de luz y de calor sobre un pueblo; no se allega filosofía tan humana como la filosofía del pasado siglo; no se intenta cambio tan radical y profundo como el cambio de la revolución francesa; no se alza tribuna tan reveladora del Verbo como la tribuna donde hablara la legión de los grandes oradores modernos, sin que todo este maravilloso éter espiritual se condense y organice por su propia virtud en el seno de una verdadera República. No temamos, pues, no, por la democracia republicana francesa. El hombre muere; la humanidad es inmortal.

De todas suertes, juzguemos a los grandes hombres con benevolencia. Es muy fácil juzgar desde el retiro de una biblioteca y sobre el frío e inconmovible pupitre al genio que ha pasado a través de la tempestad. Pero idos por el mundo social; comenzad esa carrera que no podéis medir y calcular; proponeos la reforma y la mejora en naciones acostumbradas a la servidumbre; y decidme cuántas veces vacilaréis y caeréis, críticos rígidos con la rigidez del frío de la muerte, en los combates, en los cementerios, en los abismos, en las tormentas de la vida. Quered descubrir nuevos mundos o estudiar, nada más que estudiar, la naturaleza. Aquí una tierra desconocida; allá una playa donde el aire es mortal; ya la calma chicha hasta podrir vuestros barcos, ya el huracán hasta estrellaros en los escollos; en este punto necesitaréis la perfidia y el engaño para burlar a quienes os ganan en número y en fuerza, y allá la crueldad para combatir por la vida; al través de las montañas gigantescas el alud que os hiela o el volcán que os abrasa, la nube que os envuelve y el abismo que os llama, la noche que os extravía con sus tinieblas y el Sol que os achicharra con sus dardos; ora un desierto donde morís de sed, ora una laguna donde os ahogáis en el cieno, y decidme si al pasar por todo esto emplearéis los procedimientos ordinarios de la vida y no os saltará mil veces la sangre al corazón y la hiel de los hígados en una continua batalla. Pues las supersticiones del mundo moral amedrentan más todavía que las calamidades del mundo físico. El más sublime de los redentores pidió a Dios que apartara de sus labios aquel cáliz de su pasión, donde estaba contenida la salud de la humanidad. En lo alto de la Cruz lanzó esta palabra de reconvención a los cielos: «Padre mío, ¿por qué me habéis abandonado?». Y si esto pasa al que siente en sí como un espíritu divino y como una vocación sobrenatural para el sacrificio, ¿qué pasará al vulgo de los mortales? El interés que herís, el privilegio que soterráis, la ambición que no podéis satisfacer, tantas pasiones que se levantan como serpientes con sus fauces abiertas para combatir, concluyen por imponeros las leyes y las necesidades supremas del combate. Acordaos de Mirabeau. No hay hombre que haya combatido como ese hombre. Así, la naturaleza lo ha forjado en el molde donde forja los titanes; lo ha hecho grande y monstruoso como a esos seres que han vivido en otras edades planetarias; ha puesto sobre aquel rostro deforme, granizado por la viruela, una frente celeste, y entre tantas pasiones como han consumido su vida, el amor a la libertad, en el cual parece que se abrasa su sangre y se derrite todo su ser, como se abrasaba la sangre y se derretía el ser de los místicos en los celestes ardores del amor divino. Yo no conozco otro que hubiera podido acercarse a la vieja encina de la monarquía y desarraigarla; dirigirse a la aristocracia armada de sus aceradísimas espadas, ceñida de sus prestigiosos blasones, circundada de sus recuerdos, y herirla; llevar, como la nube lleva la electricidad y la lluvia, en su palabra la idea para empapar con ella el terruño feudal y bautizar en el derecho al siervo, más pegado a la tierra aún que el nido de la alondra; encontrar en medio del relámpago que a todos deslumbra y ciega la fórmula divina que todo lo salva; destruir un mundo y fundar otro con prodigios de elocuencia; precipitar lo antiguo en su caída, y cuando quiere detenerlo como una cariátide hercúlea en sus hombros, sin doblegarse, para que no caiga en los abismos hasta que su destructor, complacido en reconstruirlo por un día para probar su fuerza, no haya caído en el sepulcro y dejado la vieja monarquía privada de lo único que ya prolonga su existencia, de la sombra gigantesca de aquel genio.

A pesar de todos sus vicios y de todas sus caídas, Mirabeau era, en realidad, un milagro de la naturaleza. Lleno de tempestades el aire y agrietado por los terremotos el suelo; entre cien batallas encendidas por las pasiones más exaltadas; circuido de innumerables enemigos que le asedian; acompañado de la envidia y de la calumnia que le muerden; con mil proyectos en la cabeza, vasta como un universo de ideas, y con mil pasiones en el corazón, de grandes sentimientos henchido; trabajador y combatiente infatigable; filósofo en acción que piensa de improviso y dice en fórmulas eternas lo pensado; hombre de mundo que va de las asambleas a los salones y de los salones a los clubs; hombre de sentimientos que necesita así la amistad como el amor; hombre de Estado que prevé y calcula y tiene tiempo para todo y se encuentra en todas partes; su grande alma se asemeja a esos cometas, los cuales llenan con sus fajas y colas de luz incierta los cerúleos espacios. Aquel cerebro es un motor siempre alimentado por el fuego de grandes pensamientos; aquel corazón es una máquina que impele y expele la sangre con una fuerza generadora de acciones incesantes y continuas; aquellos nervios, como esas arpas sensibles que suenan a los tañidos del aire; aquella vida, como un torrente que se despeña y que, aparentando buscar en su tortuoso y devastador curso, ya la satisfacción de las ambiciones, o ya la satisfacción del renombre y de la gloria, busca realmente el eterno y solemne reposo de la muerte, único remanso concedido a su vertiginosa carrera.

Mirabeau es jefe de un partido político, y por tanto, general de ejército que exige suma atención y revistas continuas; es guía de un grupo parlamentario, y por tanto, cabeza de diputados que piden una dirección sostenida, la cual impela sin fuerza y mande sin imperio; es justador eterno en las justas oratorias, y por tanto, siervo de un estudio prolijo, de una meditación reflexiva, con cuya virtud recorra toda la escala de las ideas, encerrándolas en formas artísticas que hagan pensar a los hombres superiores y sentir a los pobres pueblos; es presidente de comisiones y redactor de dictámenes, que le imponen el profundizar desde la relación de los poderes públicos entre sí en la obra de un código fundamental, hasta la relación del suelo con el subsuelo en los proyectos de minas; es comandante de la Milicia Nacional, y llamado por ese cargo a guardias, a paradas, a procesiones, a fiestas, a combates; es publicista que debe ojear cien obras, dictar mil artículos, sostener polémicas; es amante de la sociedad y de la naturaleza, lo cual así le arrastra a las cenas de las bailarinas y a los bastidores de la Ópera como al retiro de Argenteuil, donde conversa con los campesinos como un labrador y recoge el rumor de las selvas y el cántico de las aves como un poeta; inmensa naturaleza tan una en sí misma y tan varia en sus manifestaciones, que cansa con sus aspectos múltiples a todos los comentaristas y que aplasta bajo su inmensa pesadumbre los sólidos altares de la historia.

Oriundo de Italia, la patria del genio; nieto de aquella Florencia tan diestra en el arte como en la política, y que ha sabido reunir la inspiración y la falsía; hijo de Provenza, donde la luz aviva el estro y caldea los corazones; miembro de feudal familia, en la que andan juntos los vicios más monstruosos con las más puras virtudes; raptor en edad bien juvenil de una mujer amada, cuyo recuerdo ha pasado a fervoroso culto en su pecho; huésped de aquellas fortalezas y calabozos guardados por las ceñudas torres, símbolos de la siniestra edad antigua; perteneciente al patriciado por su cuna y por sus gustos, al pueblo por sus doctrinas y por sus ideas; con los ímpetus del orador y las reservas del estadista; con la sensibilidad femenil de los poetas y el valor sublime de los héroes; con faltas y virtudes como ningún otro hombre; filósofo y orador, había tal ductibilidad en su complexión y tales facultades en su inteligencia, que para juzgarlo, sobre todo, en frente de las estatuas correctas y frías que en mármol de Paros nos ha dejado la antigüedad, quizás necesitemos las perspectivas inacabables del tiempo, las cuales dan con sus lejos y sus penumbras a las figuras más reales y más verdaderas de la historia, sin quitarles nada de su verdad, la alta entonación del poema y los varios arreboles de la leyenda y la apoteosis de la poesía y del arte.

Gambetta, de mejor vida pública y mucho mejor vida privada que Mirabeau, cierra con su palabra los tiempos abiertos por la palabra de éste, y corona con su espíritu el cielo inmortal de la revolución francesa por aquel otro grandioso espíritu, en medio de tempestades, abierto e iniciado. Quizás le han faltado a Gambetta, cuya historia solo tiene catorce años, dos lustros más de vida para asombrarnos por sus calidades varias de estadista, como nos asombró por sus calidades varias de tribuno. ¡Oh muerte! que extiendes tus límites sombríos en torno del ser, a manera del negror de la noche en que van como engarzados los astros; muerte, que todo lo descompone y lo pudres, para rehacerlo y renovarlo todo, porque sin ti parecería la vida como un lago inmóvil; muerte, que envuelta en tu manto de sombras y ceñida de tu corona de adormideras, te alzas en los confines de la eternidad; muerte, implacable en tu rigidez, detente algunos minutos al pasar por el lado de ese cerebro, tan vasto en su invisible magnitud como la bóveda celeste, y perdónalo, puesto que elabora continuamente algo inaccesible a tu exterminadora pujanza, el pensamiento y el espíritu, cuya es la eternidad destinada a tender sus alas inmensas sobre la ruina y la demolición del Universo.

Pero la muerte ni ve ni escucha a nadie, como sorda a nuestros clamores y ciega a nuestras ideas; importándole poco la obra que destruye bajo sus plantas de esqueleto y la inspiración que extingue con su soplo de hielo, pues aniquila tristemente así al orador como al jornalero, así al rey como al esclavo, así al pontífice como al monaguillo, así al astro como al mosquito, cual a su vez las especies, implacables en su crueldad, se ven obligadas a matar para vivir, exterminando innumerables seres en la necesaria asimilación, por cuya virtud se apropian las sustancias y perpetúan el ser de la naturaleza. ¡Oh! Apresuraos a oír los grandes oradores, porque así como al acabarse el mal se acaba también el heroísmo, al acabarse el privilegio se acaba también la elocuencia, ese divino verbo del derecho.

## Capítulo IV. Los pretendientes al trono francés y otras cuestiones europeas

Cuando Metz acababa de caer en manos de Alemania, llegado a Madrid tras una grande ausencia en Tours, dije yo en la Cámara Constituyente que no corría peligro alguno la República francesa, en la conciencia y en la voluntad nacional asentada, siquier pasase por una crisis grave, a causa de haberla condenado el destino a recoger la tristísima herencia de los errores del Imperio. Pues digo ahora que la República no corre peligro en Francia hoy, a pesar de pasar por otra crisis grave que ha traído el jacobinismo, presente aún, como una mala madre, allá en el fondo de las ideas republicanas por fuerza incontrastable de la tradición y de la costumbre. Solo a un partido embargado por el recuerdo de la Convención se le hubiera ocurrido temer a pretendiente de la índole del príncipe Napoleón, y asustarse por cosa tan ridícula y baladí como la última proclama bonapartista.

Su primera pretensión, la que a todas horas exhiben los bonapartistas, es la pretensión a representar el espíritu moderno, por haber sido una obra esencialmente revolucionaria la obra de Napoleón. ¡Parece imposible! ¡Obra revolucionaria la obra de Napoleón! ¡Cómo el interés o la superstición alcanzan que los ojos se cierren a la clara luz de la historia! ¡Oh! La obra de Napoleón fue la egolatría llevada a sangre y fuego por el mundo atónito. Sintiendo hervir un genio en su frente, un genio que él mismo estimaba sobrenatural y cuasi divino, intentó Napoleón que la tierra toda recibiese, como blanda cera, la marca de ese genio. Tal obra, considerada bajo el aspecto personal, considerada en el seno de la propia familia, podría ser una obra meritoria. Gracias a ella, aún se llamaban reyes y príncipes los parientes del siniestro hombre de la fatalidad y del destino. Pero, considerada desde el punto de vista humano, esta obra era una obra proterva. Soldado de la República, bien pronto se cansó de servir con gloria una institución y una idea. Los triunfos de Arcole y de Marengo eran triunfos de la democracia. Él necesitaba triunfos personales que sirvieran a su ambición y su orgullo. Para herir la fantasía de los pueblos extrañóse al África, y al Asia, y a la tierra de las conquistas, y al Oriente de las religiones, y a la cima de las Pirámides, y al pie del Sinaí, del Tabor, y al desierto, donde sus batallas podían ser contadas por leyendas y su persona entrar ya, por la transfiguración milagrosa, en las celestes regiones de los mitos. Vuelto de allí, y apenas llegado al centro de Europa y a la capital de las revoluciones, asesina en tenebrosa conjuración la República. Una magistratura democrática no cuadra, no, a su genio. Un magistrado constitucional parécele un cerdo cebón. Washington es demasiado pequeño, ese hijo de los puritanos, ante el gran corso, discípulo de Maquiavelo. Para que el mundo lo vea se alzará sobre el pedestal de un trono, se ceñirá una corona asiática, se envolverá en purpúreo manto sembrado de áureas abejas, tomará en una mano el cetro que degrada, en la otra mano la espada que aniquila, y se llamará, por la fuerza y por la conquista, el árbitro de Europa.

¡La guerra! Siempre es horrible, siempre nefasta. Si algo puede excusarla, es la defensa de una idea. Pero mirad el Volga y el Guadalquivir enrojecidos; Moscú ardiendo y Cádiz bombardeada; desde Suecia hasta Lusitania, la matanza y el incendio; un reguero de sangre, otro reguero de llamas; los mares cerrados al comercio y las naciones abiertas a la invasión, todo por el orgullo de un solo hombre, y decidme luego si ese hombre, levantado sobre montañas de huesos y circuido de olas de lágrimas, merece o no la eterna inapelable maldición de la conciencia humana en la historia.

Cuando la revolución francesa, en sus comienzos, se vio asaltada por los tiranos, una guerra de defensa era una guerra de justicia. Cuando sus enemigos la obligaron a traspasar las fronteras, una guerra de propaganda era una guerra de humanidad mantenida por el derecho. Esta guerra de propaganda no podía tener tal carácter si no se libraba a dos capitalísimos fines: reintegrar los hombres en su derecho y los pueblos en su nacionalidad. Pero

¿se propuso estos fines el gran guerrero que azotó con sus conquistas los primeros días de nuestro siglo? En vano busco en las cenizas de sus obras Polonia resucitada, Italia unida, Grecia rehecha, el mapa de la democracia sustituido al mapa de la conquista. Napoleón unió Venecia al Austria, y luego Holanda y una parte de Alemania, el Piamonte y otra parte de Italia a su confuso Imperio. En vez de llamar los alemanes a la libertad y a la patria, se contentó con darles reyes tan ridículos como su hermano Jerónimo e instituciones tan detestables como la confederación germánica puesta bajo sus ensangrentadas espuelas. ¡Ay! Los polacos le habían dado su sangre, y él dio a los polacos el irrisorio ducado de Varsovia. Los españoles habían ido con él hasta la derrota de Trafalgar, y él dio a los españoles por todo premio las infamias de Bayona y la guerra de conquista. Los italianos habían sido parte muy principal de sus huestes, y él jugó a los dados, como si la Península fuera un gran tablero, con sus reinos, con sus provincias, con la autonomía de sus ciudades, con las coronas de sus reyes, con las tiaras de sus papas.

Un día dos emperadores, el Emperador de Francia y el Emperador de Rusia, levantado el uno sobre el cadáver de la República, levantado sobre los cadáveres de cien pueblos el otro; henchidos ambos de orgullo satánico, y ambos menospreciadores de las humanas vidas y de los populares derechos, como si fueran dos genios del mal resueltos a oscurecer el cielo con el incendio pegado por sus aleves manos a la tierra, reconociéronse y saludáronse hermanos; describieron sobre el mapa una línea, la línea del río Elba, a sus respectivos Imperios; tomó uno para sí todo Occidente, y tomó otro para sí todo Oriente, a guisa de conquistadores romanos; juntáronse en el intento de cerrar los puertos a Inglaterra, las costas al cambio pacífico del trabajo y del comercio; dividieron y descoyuntaron los dominios turcos, el archipiélago griego, el antiguo Egipto, para repartírselos como prendas de su mutua amistad; juraron renovar en la India, con escuadras francas y rusas, las épicas expediciones de Alejandro; y como los pueblos no murmuraban, y como los reyes, convertidos en viles cortesanos, les servían de rodillas, creyeron con la vertiginosa demencia contraída tarde o temprano como enfermedad endémica en las alturas sociales, enfermedad producida por las evaporaciones de la soberbia y del orgullo, creyeron que no había Europa, que no había nacionalidades, que no había fronteras, que el mundo todo era un predio y la humanidad toda un ganado de su incontrastable omnipotencia.

Y al poco tiempo iba el César de Occidente, como furioso, como poseído, como uno de esos endemoniados descritos en las leyendas monásticas; iba, a pesar de haber ya inmolado casi todos los hombres válidos viejos y jóvenes de Francia en los sangrientos campos donde blanqueaban montones de sus huesos; iba desde París a Moscú, en alas de incomprensible demencia, a una expedición sin salida, a una conquista sin resultado, a una guerra sin objeto y en la que nada alcanzó; después de haber visto el suelo alzarse bajo sus pies como si lo sublevaran las generaciones en su seno enterradas, y el aire enfriarse a su paso, cual si la muerte, concentrada por la naturaleza vengadora en aquel punto, lo hubiera helado con su glacial hálito; después de haber visto los hombres y los elementos conjurarse a una en su contra, nada alcanzó, decía, sino volverse solo, fugitivo, delirante, a recoger un Imperio yermo que se escapaba a su ambición, sin acordarse de 300.000 cadáveres tendidos sobre la nieve por su infame soberbia.

¡Y este hombre ha sido llamado el hombre de la revolución! ¡No, mil veces no! Ese hombre es como Juliano en el Cristianismo; como Bonifacio VIII en el movimiento civil de la Edad Media; como Carlos V en el movimiento religioso del siglo XVI; como Felipe II ante Holanda e Inglaterra: no el grande revolucionario, sino el grande reaccionario de la historia moderna. La Inquisición de España, que él dice haber apagado, estaba ya extinta en la conciencia de los españoles. El feudalismo germánico, que él dice haber destruido, estaba ya cuarteado en el suelo de la vieja Alemania. Las aristocracias de Génova y de Suiza, que él dice haber suprimido, estaban ya consumidas, devoradas por el aliento de la revolución francesa. Él no es más, no puede ser más que el gran reaccionario de la historia moderna. La revolución trajo la República, y él restauró la Monarquía. La revolución trajo la libertad, y él amordazó la conciencia. La revolución trajo la igualdad, y él resucitó la aristocracia. La revolución reveló el derecho, y él la conquista. La revolución separó la Iglesia del Estado, y él reanudó los Concordatos. La revolución iba hacia la concordia de los pueblos, y él hacia los imperios carlovingios; la revolución hacia la fraternidad universal, y él hacia el universal odio y la guerra. La revolución era la religión de la humanidad, y él era la fuerza, la matanza, la conquista. Y

ese gigante clópeo se alza; taladra el pesado monolito puesto por la adula-
ción sobre sus maldecidos huesos; rompe el sueño de la muerte que en sus
huecos ojos pesa; y convertido por la leyenda en idea redentora y mesiánica,
viene a matar nuevamente desde el fondo de la eternidad, en la fría noche de
diciembre, como el árbol maldito del mal, las nuevas instituciones, la libertad,
la democracia, la República, para traer en cambio los mismos males que
antes, la guerra universal, la conquista restaurada, el envilecimiento de una
ilustre raza en la servidumbre y la fatal desmembración de la ilustre Francia.

Apenas se había un poco repuesto de la violenta emoción causada por los
golpes despiadados de la muerte, a los cuales sucumbieran estadistas como
Gambetta y generales como Chanzy, cuando sobreviene grande agitación,
y de sus resultas esa fiebre con apariencia de vida y corrosivos de tisis, a
cuyos ardores pueden acabarse las instituciones más arraigadas y consumir-
se las sociedades más fuertes. Volvían las cosas a su ser y estado natural; a
sus discusiones el Parlamento; a sus trabajos el Ministerio; a su quietud la
Presidencia, sin que nadie pudiese, ni por asomo, sospechar la condensación
de una tormenta; y príncipe tan desacreditado hasta entre los suyos, tan dis-
minuido en el concepto universal, tan puesto fuera de toda competencia por
el consentimiento universal como el príncipe Jerónimo Bonaparte, desata los
huracanes, enfurece a la Cámara, desorganiza el Ministerio, y, provocando
impremeditadas medidas de proscripción contra las gentes de su rango,
provoca una crisis en el Gobierno y en el Congreso tan grave para la libertad
como para la República y la Francia.

No hace mucho tiempo que hablaba yo del príncipe Napoleón, diciéndoos
cuantas maquinaciones urdía en favor de una restauración imperial, pura y
simplemente imposible. Si abrierais vuestras colecciones y registrarais mis
revistas, veríais como hace tres meses anunciaba su propósito de publicar
algo así como un periódico, carta u hoja en todos los departamentos al
mismo tiempo sosteniendo haber fracasado la República y conjurando, por lo
mismo, a los pueblos para que la sustituyeran y reemplazaran con la monarquía cesarista y revolucionaria. Estoy seguro de que una sonrisa incrédula
se dibujaba en los labios de todo lector sensato, dictada por el mandato de
una conciencia lúcida y por lúcida incapacitada en absoluto de comprender
cómo pretendientes heridos por el rayo del cielo y por los anatemas del

espíritu pueden pensar en restauraciones, las cuales, haciendo retroceder a una generación entera en su natural crecimiento, al fin y a la postre acabarían por engendrar nuevas revoluciones, de cuyo seno surgirían la democracia y la República. Se necesita conocer el suelo de Europa y estudiar las múltiples raíces monárquicas en él entrelazadas para sentir el vigor que tienen las esperanzas de restauración alimentadas, sobre tantas ruinas colosales, por el jugo de tantos antiguos recuerdos. No importan Waterloo y Sedan, el tratado de Versalles y el tratado de Viena, la triple desmembración de Francia, para los pretendientes, que ven cómo las exageraciones republicanas atemorizan a los pueblos europeos, y cómo este pánico indeliberado e inconsciente trae una reacción monárquica en la cual se atiende tan solo a la salvación inmediata y no a lo que piden la salud y la honra, como siempre que las generaciones de este siglo se hallan sorprendidas por la pública peste de un general terror.

A tal persuasión ¿qué había de resultar? Un acto demente, pero un acto grave. El príncipe Napoleón embadurna las esquinas de París con atroz proclama, en la cual veja la República y exalta el Imperio. Los madrugadores, los jornaleros parisienses, leen todas aquellas sartas de lugares comunes, y alzan unos los hombros y sueltan otros la risa. Valor se necesita para invocar el honor nacional a nombre de una estirpe sobre cuya conciencia y cuya historia pesan los horrores de Metz. Valor especialmente para hablar de la política interior, cuando la política interior napoleónica redujo el Estado francés, antiguo altar de los ideales democráticos, a una inmensa ergástula de siervos desesperados. En sentir de todos cuantos conocen la política a fondo y la juzgan con seso, tal audacia solo merecía el desprecio. Ya comenzaba el Príncipe a llevar su merecido. Los diarios que podían parecer más adictos a su familia, recordábanle con triste unanimidad su oposición al Imperio napoleónico, sus conspiraciones de pretendiente frustrado, sus arengas demagógicas en los parlamentos imperiales, su enemiga irreconciliable a la emperatriz Eugenia, sus ideas republicanas dichas a cada evento, sus votos contra la política del 16 de mayo dados en solemnísimas ocasiones, sus complicidades morales con la persecución a las órdenes religiosas y su comunidad de ideas con todos los heterodoxos, desautorizándole más aún de lo que está hoy en la pública opinión, indignada contra sus veleidades y sus arrebatos, los cuales tienen por igual todas las faltas así congénitas a la revolución y al cesarismo. Pero hay una Cámara en Francia que carece por completo de sentido, la Cámara popular. Y en la Cámara popular hay un partido que no vive sino en la exaltación y en el fanatismo, tan contrarios a la serenidad que pide la profesión del legislador y el culto religioso que necesita el derecho; y este partido exaltado tomó pretexto de cosa tan liviana como la arenga bonapartista, para proponer cosa tan grave como una ley excepcional.

Aquel célebre Floquet, cuya voz lanzó tantos vivas irreverentes al emperador Alejandro II en su viaje último a París el año 67; aquel Floquet, conocido por sus ideas exageradamente municipales en la presidencia del municipio parisién; aquel Floquet, en quien el entusiasmo nervioso, especie de neurosis intelectual, impide la madura y constante reflexión política, presentó el proyecto de destierro universal contra todos los príncipes franceses, por la falta de uno solo; y la Cámara, en el aturdimiento propio de su complexión, votó la urgencia, sin pararse a presentir y prever los resultados de tan impremeditada resolución. Todo pudiera con facilidad evitarse, de haber allí ministros persuadidos del deber moral en que todo Ministerio se halla de dirigir las mayorías con firme voluntad y moverlas en su verdadera dirección, pues abandonadas a sí mismas, toman las inciertas determinaciones propias de todas las colectividades sin guía. Pero el Gobierno se sometió a la Cámara en vez de refrenarla o dirigirla, y prendió al príncipe Napoleón, dando con tal prisión colosales proporciones al baladí caso del manifiesto, lo mismo que pábulo y alimento al voto inconsiderado de la mayoría.

Resultado. La opinión, que se burlara del imbécil documento, comenzó a tomarlo en serio; la prensa bonapartista, que maldijera sin piedad al Príncipe, no lo encontró tan mal desde que vislumbrara en él aires de mártir; la emperatriz Eugenia, que estaba retraída, fue de Londres, y la princesa Clotilde Napoleón, que estaba como divorciada, pensó ir de Turín a París; y comenzaron fuerzas, que aparecían fraccionadas antes, a reunirse de suyo en torno de un Manifiesto, el cual hubiera caído a los pocos días en el olvido, como cayó, al aparecer, en el desprecio. Pero hubo más; un sentimiento de justicia y equidad se sublevó contra la idea de que los príncipes todos pagaran la falta de uno solo. Aunque los errores del partido republicano francés han puesto maltrecha la República, no tiene tanta debilidad que pueda temer las confabulaciones principescas. Luego, los Orleáns pertenecen al ejército. Una reacción natural contra el destierro que sostuviera tantos años el Imperio, y un decreto inspirado por el espíritu de la Asamblea de Versalles, devolviéronles sus grados en el momento mismo en que Francia estaba herida y el suelo nacional invadido y desmembrado. Debióse mirar mucho el regreso a Francia de regios o imperiales príncipes, cuyos nombres suponen ciertos privilegios de nacimiento y envuelven ciertas amenazas a la República; pero una vez instalados en paz, corríase riesgo, y gravísimo, de sublevar la opinión expulsándolos a todos por la falta o la voluntariedad de uno solo. Así, las dificultades surgían por todas partes; y el proyecto, aunque no tuviera tan señalado carácter de injusticia, tenía carácter de inoportunidad. Pero el Ministerio, en vez de considerar esto, presentó a su vez otro proyecto, a virtud del cual quedaba por completo en sus facultades, algún tanto arbitrarias, el rayar o no a los príncipes de los cuadros del ejército y el despedir o no a los príncipes de los dominios del Estado: término medio henchido de dificultades inenarrables. Así es que todo el partido radical se levantó en la izquierda, y todo el partido moderado en la derecha del Parlamento; aquél por parecerle tal proyecto sobradamente conciliador, y éste por parecerle tal proyecto sobradamente radical. Y los dos Ministros de Guerra y Marina declararon que no podían continuar en sus puestos, si los príncipes de Orleáns eran dados de baja en el ejército. Y entre tantas perplejidades, el Ministerio todo ha caído y el Presidente le ha aceptado una dimisión total, que viene a reabrir las pavorosas crisis, a cuyo término se halla necesariamente un triste y nuevo enflaquecimiento para el Estado democrático y para su antes fuerte y compacto y pujante partido, una nueva y triste atonización. Teniendo que salir por algún lado, el Presidente decidió en su angustia dar la jefatura del nuevo Consejo de Ministros al Ministro de la Gobernación, M. Fallières, y monsieur Fallières dio las carteras de Guerra y Marina, en su apuro, al primer diputado civil que le cayera en gracia. Por fin lo liberó de tal eventualidad, por lo que a Guerra se refería, el hallazgo de un militar como el general Thibaudin.

¡Doloroso espectáculo! Aún aquellos que más lo habían previsto, no pueden acostumbrarse a él, ni someterse al conjunto de fatalidades que lo han traído. La deserción de los elementos conservadores, empeñados en matar la República el diez y seis de Mayo, trajo la supremacía del partido radical, empeñado en exagerar la República después de su victoria. Ni los conservadores se habían penetrado de que fuera de la República toda conservación era imposible, ni los radicales se habían penetrado de que fuera de la conservación era imposible la República. Tomaron éstos en labios la palabra reforma; y como tal palabra solo contenía vaguedades, cayeron en la incertidumbre, resultado propio de la vaguedad, pero resultado nefastísimo a toda política. Constreñidos por su imprudencia incurable a hacer mucho, muchísimo, cuando no tenían que hacer nada, sino conservar la victoria, rompieron en guerra con la Iglesia y con las asociaciones religiosas. En esta guerra, no solamente ofendieron un grande instinto, al cual hay que atender mucho en los pueblos de educación católica, sino que violaron sus propios principios: la libertad de enseñanza y el derecho de asociación. Mas no era esto lo peor que tenía su conducta; lo peor que tenía tal política era la consecuencia fatal de dar alas al elemento más pernicioso para las Repúblicas, al elemento demagógico. En tan crítica situación vinieron las elecciones; y el ministerio Ferry, que solo podía presentarse a ellas con el título de sus violencias, las dejó al arbitrio de los electores sin hacer lo que hacen los grandes parlamentarios británicos; constreñir al cuerpo electoral a que vote sobre un programa claro, y a que se decida entre la oposición y el Gobierno. La falta de propósito claro arriba, engendró abajo tales confusiones, que para comprenderlas no hay sino estudiarlas en las salidas contradictorias de la Cámara. Gambetta pudo remediarlo todo por su autoridad propia nacida de su nativo ascendiente; pero Gambetta creyó alcanzarlo variando el método de las elecciones, sin comprender que se necesitaba cambiar el conjunto de la política. Se derrumbó Gambetta, y vino Freycinet bajo los mejores auspicios; pero su indecisión debilitó el Estado sin fortalecer la libertad.

Entonces cayó Francia en la peor de las situaciones, en la más parecida por nuestro infortunio a la situación del Directorio, en unas Cámaras sin norte ni disciplina, encabezadas por un Gobierno sin política y sin autoridad. Y contra este Gobierno todo lo han creído posible los demagogos, como se ha visto en las terribles perturbaciones de Monceaux-les-Mines; y todo posible los pretendientes, como se ha visto en las audaces proclamas del príncipe Napoleón. Y la Cámara, sin norte, se ha despeñado por un abismo sin fondo; y el Gobierno, sin política, ni ha sabido disciplinar las impaciencias de la Cámara ni contener y destruir las maniobras de los pretendientes. ¡Ah! El partido republicano acaba de dividirse y atomizarse; ¿por quién? ¿por qué? Parece imposible; por los pretendientes. Conjurado contra sí mismo y caído en una demencia suicida, no comprende cómo su loco proceder muestra debilidad en la República y fuerza en la Monarquía. Entre todas las cuestiones suscitadas por los radicales franceses, ninguna en que hayan tenido tanta razón como en la cuestión de los príncipes. Sí, aquellos que fueron reyes de un país libre, no pueden ser, no, en ese país por mucho tiempo ciudadanos. Los Estuardos no lo han sido en Inglaterra; los Borbones no lo han sido en Francia; los Módenas y los Estes no lo han sido en Italia; los Hannovers no lo son en Prusia; ni don Carlos y los suyos en España. Pero el don de los políticos es la oportunidad; y la medida contra los príncipes no podía ser más inoportuna y por consecuencia más peligrosa, puesto que da muchas alas a quien más conviene cortárselas, al partido demagógico. Y esta inoportunidad ha consumido ya un Ministerio y ha abierto una nueva sima entre las dos Cámaras. Haga cuanto quiera M. Grevy, para llegar hasta el término legal de su presidencia no tiene más remedio que componer un gran Ministerio conservador, y con este gran Ministerio presentarse resuelta y decididamente al juicio de los comicios, para que renazca la fórmula de salvación única posible, la República conservadora.

Nada más difícil de comprender que la dichosa cuestión de los Príncipes, tal como se discute y dilucida en las Cámaras francesas. Problema esencialmente político, este problema no puede resolverse a derechas, y en conciencia, sino después de un largo juicio contradictorio sobre las circunstancias y de una grande apreciación de los peligros. Si, como nosotros creemos y como nos ha confirmado todo el debate, la República tiene tal fuerza en Francia que definitivamente ha concluido para ella el periodo tempestuosísimo de las guerras civiles, toda medida de ostracismo contra cualquier pretendiente y de excepción contra cualquier partido, como falta de base que la sustente y de razón que la justifique y abone, cae por el suelo indefectiblemente a impulsos de su propia pesadumbre, sin alcanzar sino agitaciones convulsas y estremecimientos epilépticos, tan dañosos a la salud general de las naciones como a la salud de los individuos, que unas y otros han menester para vivir bien el dominio de la razón y de la conciencia sobre sus pasiones irreflexivas y sobre sus ciegas fuerzas.

La verdad es que al tercer ensayo de República democrática y liberal correspondía mayor madurez y juicio más sesudo en los republicanos franceses. Así como nuestro ideal ha perdido en la experiencia una parte de sus factores y componentes utópicos, nuestra conducta en el gobierno ha debido perder, a su vez, una parte considerable de aquellas irreflexivas impaciencias y de aquellos súbitos arrebatos que aquejan a los apóstoles y a los mártires. Los golpes de Estado no han provenido jamás de gentes destituidas de todo poder público y toda oficial autoridad. Lo mismo el 18 de Brumario que el 2 de diciembre, la República pereció a manos de los constituidos por las leyes para defenderla y para salvarla. Si Napoleón I no hubiera tenido el mando absoluto de la guarnición parisiense, al perpetrar su terrible hazaña, y Napoleón III no hubiera tenido la jefatura del Estado, por el sufragio universal confiada entonces a su lealtad, ni uno ni otro lograran más resultado que afear con un motín pretorianesco nuevo los males de su patria. Príncipes destituidos de toda posición oficial; confinados en sus castillos, guarniciones y academias; sin asiento siquiera en las Cámaras y sin ninguna fuerza, ni burocrática, ni política, ni militar; príncipes caídos y olvidados, no podían amedrentar más que a esta Cámara, herida por el pánico y desconocedora de que la República solo tiene un escollo en sus caminos, la exageración y la violencia de los republicanos, a quienes pide con grandes instancias el cargo que tienen y el oficio que cumplen una prudencia y una mesura y una calma, sin las cuales perderíanse indefectiblemente, hasta los mayores estadistas, en demente y maldecido suicidio.

Lo cierto es que las dos Cámaras han llegado, por culpa del problema de los Príncipes, a un disentimiento profundísimo, y que tal disentimiento profundísimo puede traer, tarde o temprano, una irreparable catástrofe. La República seguramente ha menester un Presidente, un Senado con facultades propias, una Cámara popular emanada genuina y directamente del sufragio universal. Si alguna de las tres ruedas falta, la máquina cae sin remedio en profundo abismo. Así es que no cabe detenerse a considerar si la Cámara baja se ha mostrado en este conflicto demasiado impetuosa y la Cámara alta demasiado intransigente; lo que apena con amargo dolor a todos los corazones republicanos es la tristísima consideración de que una disidencia irreconciliable ha surgido entre las dos Cámaras, y llevado las cosas políticas a términos de suprema y triste angustia. Recógense a manos llenas los síntomas alarmantes. El comercio parisiense, protestando con firmeza de su adhesión irrevocable a la República, dirígese al Presidente y clama por la estabilidad en bien de las transacciones mercantiles y en provecho del trabajo y de la industria. Pero los radicales de la Cámara, los oradores exaltados, como Camilo Pelletan y Madier de Montiaut, piden a voz en cuello, no solo medidas contra los Príncipes, sino represalias contra el Senado. Mientras tanto, en el municipio de París, un regidor demagogo, a quien acaban de apalear otros demagogos mayores por moderado, Mr. Joffrin, presenta nada menos que una medida tendente a reivindicar para el municipio cierto derecho indirecto de gracia, que debiera ejercerse hoy en pro de los condenados por las últimas perturbaciones socialistas. ¡Ah! No hay que ocultarlo. Todos estos hechos, coincidiendo con una constante agitación febril, traen a mal traer el Gobierno republicano y lo arrastran por pendientes pavorosas. La discusión del Senado apena por lo vehemente y apasionada. Mientras Challemel-Lacour, el antiguo amigo de Gambetta, conmina, con el mal humor propio de su temperamento, a los moderados para que voten de alguna manera la ley excepcional, éstos, recluidos en su intransigencia, rechazan toda concesión que no esté basada en principios universales de justicia y de derecho. Inútilmente han amenazado los radicales a los conservadores de la Cámara alta; la decisión de ésta, en último extremo, ha sido irrevocable, y el conflicto ha quedado en toda su insana fuerza y en toda su triste verdad.

Una política sin brújula debía dar diariamente un conflicto sin solución. Ya estamos en él, y es necesario salir, a toda costa y a toda prisa, con honor y sin detenerse para nada en lamentaciones pueriles. Hay dos políticas que seguir en Francia: una de conservación y otra de movimiento. La política de conservación es al par una política de libertad, y la política de movimiento es al par una política de dictadura, siquier se tienda por tradiciones añejas a que tal dictadura la personifique y ejerza una Convención soberana. La política de conservación verdadera, en cuyo seno se halla implícitamente contenida la libertad completa, está representada por los demócratas templados de uno y otro Cuerpo Legislativo; y la política de movimiento, en cuyo seno se halla implícitamente contenido el autoritario antiguo jacobinismo, se halla representada por los republicanos radicales e intransigentes. No he menester decir yo, y menos a mis lectores de siempre, cuál prefiero entre las dos políticas. Pero no se trata ya en Francia, dada la situación del Gobierno democrático, no se trata de calificar esta o la otra política, sino con prontitud de optar por alguna. Sí, hay algo peor que todos los errores, y es la incertidumbre; hay algo más triste y más nefasto aún que la dictadura, y es la anarquía en la impotencia. Elija, pues, el presidente Grevy, con la resolución propia de su responsabilidad, el camino que ha de tomar en estas circunstancias gravísimas. Cualquiera que tome ha de dar por necesidad en la disolución del Parlamento francés tal como hoy está constituido. Ni la política de libertad ni la política de autoridad tendrán mayoría en ese confuso Congreso de Diputados. Y podremos ir a unas próximas elecciones, para preguntar a Francia qué piensa, quiere y siente sobre la política mejor dentro de la República, institución fundamental fuera ya de litigio y de combate. Solo así podríamos salir del angustioso estado en que hoy nos hallamos tristemente, solo así podremos salir de la perplejidad y de la incertidumbre.

Hablemos de la política europea. Un anuncio de la mayor importancia resuena hoy en el mundo: la coronación próxima del zar Alejandro. Amedrentado éste por las confabulaciones nihilistas, habíase perdido en las selvas y apartado de las ciudades, cual si toda sociedad le fuese molesta y abrumadora la imperial diadema que acababa de arrojar a sus pies el destrozado cadáver de su padre. El alejamiento y separación del mundo tenía tales caracteres, que las gentes cavilosas imaginaban muerto al nuevo soberano, y presidida y gobernada Rusia por una mera sombra desde los senos del Orco; Ahora la confianza de Alejandro III renace, y la cita del solemne acto se promulga con resonante autoridad. No menos que la suspensión de los ataques nihilistas, ha contribuido a esta calma la suspensión de los conflictos internacionales. Cuando el malogrado general Skobelef iba de ciudad en ciudad predicando la guerra eslava contra la colosal Alemania, y el caído Ignatief concitaba todas las cóleras paneslavistas en las fronteras de Occidente, nada más difícil que una ceremonia de solemnidad y de paz. Mas ahora que por el último viaje de Giers las discordias entre Rusia y Austria se han apaciguado un poco y los conflictos orientales se han remitido a más tarde, ahora la ostentosa corte de Rusia puede celebrar esa increíble ceremonia, propia de los antiguos Imperios del Asia. En efecto, al llamar el autócrata con aire imperioso para que vayan a reconocer su esclavitud en los antiguos templos de Moscú, santuario de la tiranía y de la superstición, a las innumerables naciones degolladas bajo su trono, les habla, como a sus idólatras el ídolo y como a sus hatos el pastor, en la tristísima lengua de la más ciega soberbia, lengua que parece, no para los humanos, para las bestias, como en aquellos tiempos en que había castas sacerdotales arriba, y abajo miserables parias. Desengáñese por completo el zar, para seguir esa política cruel ha de confinarse allá en los continentes de la esclavitud, pues mientras tenga ciudades europeas bajo su manto, estas ciudades estallarán, hasta en cóleras nihilistas, por alcanzar prontamente su indispensable libertad. El nihilismo, que aquí en las libres tierras nuestras es una demencia, es entre las tierras esclavizadas una imposición de la necesidad.

Otra cuestión gravísima embarga hoy la inteligencia de la diplomacia europea, la cuestión del Danubio. Río sobre cuyas riberas ejercen jurisdicción Baden, Wutenbergh, Baviera, Austria, Hungría, Rumanía, Servia, Bulgaria, Rusia, lleva en su seno todos los problemas orientales. Principalmente al acercarse al mar Negro y convertirse por el caudal y la extensión de su curso en verdadero brazo marítimo, se acrecientan las complicaciones y las dificultades, ya innumerables. El Austria, en nombre de la universalidad de Alemania, se abroga una especie de dominio eminente, que ofende a pueblos tan celosos de su independencia como los principados ribereños; y Rusia, poseedora del brazo que forma la desembocadura del Kilia, pretende sobre tal porción del inmenso curso fluvial un poder absoluto. Colocada Rumanía entre las pretensiones de Rusia y las pretensiones de Austria, inclínase por necesidad a las que le son menos dañosas, unas veces a las de Rusia, para contrastar al Austria, y otras veces a las de Austria, para contrastar a Rusia, puesto que si una le detenta de antiguo la Transilvania, incorporada con el reino húngaro, acaba de arrancarle recientemente la otra su Besarabia, definitivamente reunida por la violencia y por la victoria con el Imperio moscovita. Viéndose disminuida Rumanía en la conferencia de Londres, congregada para cumplir el tratado de Berlín último, en sus relaciones con la navegación danubiana, se llama tristemente a engaño y pide, no solo voz consultiva, sino voto eficaz, para contrariar las ingerencias de Austria. La política de nuestra Europa, de la Europa moderna, pide y necesita el paso libre por las aguas fluviales, como el paso libre por las aguas marinas. Cierto que toda la región alemana, para su desarrollo y para su defensa, debe cuidar esa vía moviente, la cual abre a su actividad el comercio con Asia, en general, y especialmente con Persia; pero hay muchos intereses políticos, estratégicos, mercantiles, territoriales, empeñados en la extensa línea del Danubio, para que pueda consentir Europa el predominio de ninguna gran potencia, y mucho menos la facultad arbitraria de cerrar como muralla de la China líneas tendidas por Dios para la libertad entera de las comunicaciones y la relación estrecha entre los pueblos. La raza esclavona y la raza germánica se disputan el predominio sobre las aguas del Danubio, pues que recaba la libre circulación Europa.

Indudablemente, las cuestiones de Italia guardan ciertas analogías con las cuestiones de España. Elegida una Cámara por un sufragio recientemente ampliado, la democracia debía tener en ella representación mayor que en las Cámaras anteriores. Y esta democracia por fuerza debía dividirse a su vez en dos fracciones, de las cuales una permaneciera fiel y constante al verdadero ideal democrático, a la doctrina republicana, y otra quisiera transacciones y armonías con el principio monárquico, puesto que ha tenido Italia necesidad imprescindible de apelar a él para fundar su independencia y unidad. El doctor Bertani se halla hoy a la cabeza de todos cuantos quieren la transacción y desean democratizar la monarquía italiana sin quitarle sus atributos esenciales y sus caracteres históricos. No entraremos nosotros a dilucidar la oportunidad política de tal movimiento democrático; pero sí diremos algo sobre la manía de sus fundamentos. Los que hayan adoptado el nombre de demócratas deben saber que adoptan el principio de igualdad en derechos para todos los hombres, con el principio de amovilidad y responsabilidad para todos los poderes. Por consiguiente, democracia y herencia en el poder supremo, democracia y privilegio hereditario en la pública y principal autoridad, digan lo que quieran, tanto Bertani como los demás demócratas eclécticos, son dos términos de todo punto inconciliables. Ya sabemos que las circunstancias históricas por que hoy atraviesa Italia no pueden habilitarla de ningún modo al cambio inmediato de la Monarquía por la República; pero esta situación excepcional no puede autorizar un sofisma, ni mucho menos cubrir con su sombra y justificar el error de los sofistas. Democracia quiere decir igualdad de todos en la libertad natural, con aptitud de todos para los cargos públicos, y como no hay medio alguno para separar nuestro cuerpo de nuestro espíritu sin que provenga la muerte, no hay medio alguno de separar la democracia y la República sin que provenga el privilegio.

Ya, por fin, tenemos en Francia Ministerio. El autor del artículo séptimo contra la enseñanza libre, que tanto funestara la política francesa, vuelve a tomar la dirección de los negocios públicos en otra crisis difícil para las instituciones democráticas. Acompáñale un general en guerra como Tibaudin y un diplomático en Estado como Challemelle-Lacour. Ningún marino de profesión ha querido recoger la cartera de Marina, y se le ha dado a un riquísimo armador. Sea enhorabuena. Waldek-Rousseau, el orador fácil y pronto, desconocido hace algunos años y empinado al pináculo por su amistad con Gambetta, quien reconocía en él grandes calidades, muy semejantes a las suyas, toma la cartera de Justicia, difícil hoy, cuando todos piden reformas para la magistratura y nadie sabe ni cómo proponerlas ni cómo cumplirlas. Es lo cierto que recuerda esta reciente administración los funerales de Alejandro, en que la legión de los lugartenientes se dividió un imperio engendrado y sostenido por el genio maravilloso y fugaz de tan excepcional conquistador. Los amigos de Gambetta se han repartido la política francesa. Para esto no han perdonado medio alguno, desde tomar por heredero de la jefatura insustituible a un Ferry, quien fue poco acepto a Gambetta, por haber preferido a su amistad la de Thiers, hasta vejar al yerno del presidente Grevy, al diputado Willson, por suponerle inclinaciones a Freycinet y a los suyos. De todas suertes habíase llegado a una triste descomposición general tan grande y a una extraordinaria anarquía tan profunda, que respira el ánimo fatigado al ver un Gobierno, sea como quiera, y ministros, sean los que quieran, al frente de un Estado sin dirección y sin guía.

El programa ministerial responde a los antecedentes de los ministros. Venidos a representar el desquite pronto y seguro, que cree la Cámara baja deber tomar de la Cámara alta, recuerda su resolución de aplicar las leyes militares a los príncipes franceses, aunque para ello deba forzar su espíritu y desconocer un tanto su letra. Dada esta satisfacción a las impaciencias y a las supersticiones republicanas, pídeles en cambio disciplina y organización, a fin de recabar la iniciativa propia del Gobierno en la presentación de los proyectos; iniciativa, la cual tendrá siempre, sobre la iniciativa de los diputados, el don de la oportunidad. Tarde ha caído nuestro amigo Ferry en la cuenta de lo mucho que importaba satisfacer esta imprescindible necesidad. Cuando dirigió las elecciones de cuyo seno ha salido la Cámara hoy congregada en el Palacio Borbón, dijéronle cuantos se interesan por la República y por la democracia con vivo interés, como no hay cosa tan justa cual dejar a los electores su libertad absoluta; mas después de haberles sometido un programa de política concreta, con lo cual no quedan abandonados a su instinto, sin saber ni en favor de quién ni contra quién, o en favor de qué o contra qué pronuncian sus votos y dan sus fallos. Digo del afán de tener mayoría sin haberla procurado en las elecciones, lo que digo del afán de seguir una política conservadora con medios radicales, con principios radicales, con estadistas radicales, con factores radicales, con un radicalismo completo en las ideas. Para seguir la política conservadora se necesita otro proceder diverso del seguido por los jacobinos con el clero, con el ejército y la magistratura. La República es el organismo conservador de una sociedad como la sociedad francesa que ha surgido de una gran revolución y que lleva en su seno los primeros necesarios principios y los sacros intereses del espíritu moderno.

## Capítulo V. Las agitaciones socialistas y el gobierno republicano en Francia

Cerraríamos los ojos al resplandor de la verdad si negásemos el gravísimo estado de la Francia republicana. Relampaguea en aquellos cielos asombrados por negras nubes una tormenta preñada de innumerables calamidades. Agitación extrema en los ánimos, crisis fabril en los talleres, deficiencia inesperada en el presupuesto, alardes alarmantes del socialismo, ideas tumultuarias de los clubs, esperanzas facciosas de la reacción monárquica, procesiones rayanas en motines, insultos y atentados a la fuerza pública, saqueos de las tahonas, ataques a los coches, desórdenes allí donde se necesita más que por ninguna otra parte la regularidad del orden, una Cámara con propensiones convencionales, un Senado amedrentadísimo, una presidencia indiferente, un municipio revolucionario, un Ministerio no bien consolidado, los jornaleros exaltadísimos por esperanzas irrealizables, y los pretendientes por errores increíbles, el problema constitucional traído inoportunamente a impulsos del insensato radicalismo; todos estos terribles aspectos varios de un mismo intenso mal profundo muestran que si la política republicana y parlamentaria no toma pronto carácter conservador tan claro como resuelto, se consumirán los franceses en constante anarquía, tras la cual surgirá, como sucede siempre a los pueblos incapacitados de la moderación indispensable al ejercicio del derecho, violenta y vergonzosa dictadura.

Dos errores gravísimos predominan ahora en Francia, y de los dos dimanan cuantos males hoy deploramos y para lo porvenir tememos. Es un error el carácter monárquico de los partidos conservadores, y es otro error el carácter radical de los partidos republicanos. Los conservadores franceses no comprenden que combatiendo la República combaten la base única del orden social presente, y al combatir la base única del orden social presente dan fuerzas a la revolución comunista y callejera; mientras los republicanos franceses, a su vez, no comprenden que violentando la República y conduciéndola más allá de los límites señalados en el tiempo a nuestra generación, arrójanla en la utopía, y al arrojarla en la utopía provocan y aún justifican la reacción monárquica, o, por lo menos, la dictadura temporal.

Renuncien a toda ilusión las escuelas monárquicas francesas y a toda esperanza. Las formas del gobierno jamás obedecen a las arbitrariedades y caprichos de la casualidad; antes, como los organismos en los planetas, resultan del estado biológico de las sociedades humanas, y son como el continente necesario, y como el molde propio de la sustancia social de su vívido espíritu. Han concluido las formas monárquicas después de la revolución universal, en país tan adelantado y culto como Francia, cual concluyeron los telégrafos ópticos después de impuestos los telégrafos eléctricos por los adelantos naturales de la industria y del trabajo en armonía siempre con los adelantos naturales del pensamiento y del saber. Una monarquía encontraríase frente a frente del estado mental de las nuevas generaciones y en discordancia completa con la trasformación profundísima que ha experimentado Francia en el mundo al convertirse por su historia contemporánea y por sus radicales cambios opuestos a la fe política secular, en órgano del espíritu moderno y verbo de la idea democrática. Y encontrándose así, toda monarquía está condenada irremisiblemente a vivir en plena guerra y a perecer por la revolución. De consiguiente, no me parece amar mucho a su patria el francés deseoso de institución tan opuesta por completo al espíritu de Francia y tan preñada de irreparables catástrofes.

Sin embargo, los pretendientes atizan el incendio en que habían de quedar consumidos antes que nadie sus imprudentísimos partidarios; los periódicos realistas provocan las manifestaciones tumultuarias, aguardando de los excesos del mal un supremo remedio; y los oradores del Borbonismo y del bonapartismo en ambas Cámaras trazan apocalípticas jornadas para ver si viene por algún punto del cielo sobre los mares de cenizas y bajo las lluvias de pavesas entre los desquiciamientos del Universo y la extinción de los astros, el libertador armado con siniestro cometa por cetro parecido a guadaña y caballero con cabalgadura cuyas crines destilen gotas de humana sangre.

¡Ah! Si por traer la monarquía histórica, en cualquiera de sus manifestaciones conocidas, los monárquicos franceses corren peligro de hacer zozobrar la libertad, indispensable a todos como la luz o como el aire, y cambiarla por pretorianesca dictadura, la cual sería vergüenza y ruina de Francia, los republicanos franceses, a su vez, pecan gravemente contra su patria, y nuestra Europa no comprendiendo cómo la República democrática representa de suyo la conservación social y cómo dirigirla en proceloso rumbo hacia los falsos ideales de la utopía, extremarla en sus procedimientos, someterla sistemáticamente al socialismo, confundirla con todos los delirios, asestarla como un arma de guerra contra la magistratura y el ejército, convertirla en implacable y tenaz perseguidora del clero, equivale a servir la causa, no diré de la monarquía, imposible de suyo, pero sí diré de la dictadura, tremendo castigo propinado por la lógica inflexible de la Providencia necesariamente a todas las extravagancias democráticas, lo mismo en los antiguos que en los modernos tiempos, y lo mismo en las antiguas que en las modernas democracias.

94

Apenan y adoloran los últimos acontecimientos. A consecuencia de la instabilidad en el Gobierno, la penuria en el trabajo, y a consecuencia de la penuria en el trabajo, la inquietud en los trabajadores. Sábenlo muy bien los reaccionarios del partido realista y los exagerados del partido republicano; sábenlo a ciencia cierta y tratan de aprovecharlo para perder los unos la república y los otros para exagerarla, cómplices ambos mutuamente, sin voluntad ni conciencia, en sus sendas desastrosas maniobras. Podrán defenderse de tal tacha indeleble los conservadores demagógicos al uso, pero no podrán ocultar que mientras los periódicos republicanos, en su mayor parte, disuadían a los trabajadores de manifestaciones peligrosas, los periódicos realistas e imperiales, en su mayor parte, movíanlos y empujábanlos a sabiendas y deliberadamente hacia el extravío y la perdición, esperanzados de traer con jornadas de junio dictaduras de diciembre, como si la historia humana se repitiera con esa monotonía y las generaciones nuevas no escarmentaran alguna vez en cabeza de las generaciones suicidas a quienes destruyeron o esclavizaron sus errores y sus excesos.

No creáis que mis ideas republicanas me obligan a imputar los motines últimos a los diarios monárquicos. Conozco y confieso que hay en las democracias, a las cuales yo pertenezco, en su extrema izquierda sobre todo, harina bastante para componer y amasar un motín formidable; pero la última levadura, no lo dudéis, ha sido procurada y prevenida por la prensa reaccionaria. Yo he leído estas palabras en órgano de reyes cesantes: «Unos cuantos empellones bastan para conseguir que los jornaleros sin trabajo duerman esta noche calentitos en la mullida cama del presidente monsieur Grevy o del yerno M. Willsson». Lo cierto es que, anunciada con oportunidad la manifestación, comenzaron a reunirse grupos de manifestantes al mediodía del 11 de marzo en la inmensa explanada de los Inválidos. El gran edificio de Luis XIV, con su áurea rotonda, que semeja, por lo correcta y convencional, cortesana peluca de Versalles, destacaba sus frías líneas, de un gusto decadente, sobre sábanas de blanca nieve llovida en la glacial madrugada de día tan triste como nefasto. La concurrencia engrosaba naturalmente a medida que trascurría el tiempo y entraba la tarde; mas componíanla, no tanto trabajadores sin trabajo, pocos en número, y aún humildes en actitud, como curiosos de todos los matices políticos, muñidores de todos los clubs teatrales, pilluelos de todos los antros parisienses, locos de esos para quienes la fiebre continua y alta es el estado natural y permanente de las sociedades modernas, entregadas, según ellos, a una revolución intensa y poseídas por un sibilino delirio. Cuando ya montaba la suma un suficiente número para intentar algo, diéronse los gritos de «Al Palacio Borbón y al Elíseo»; es decir, a la residencia del Poder Legislativo y a la residencia del Poder Ejecutivo de Francia, no tanto para requerirlos a tomar alguna medida o emprender alguna reforma, como para desacatarlos ante la conciencia pública y perderlos en la opinión europea.

Mas el Palacio de la Presidencia y el Palacio de la Cámara tienen a su entrada fuerza militar, como auxilio necesario de sus respectivos poderes y seguro de su autoridad. Y ante la fuerza pública de uno y otro punto cedieron los amenazadores manifestantes, no sin haber desahogado su impotencia en gritos de rabia y en amenazas de melodrama. Constreñidos a moverse dentro de dos filas de armas trazadas con prudente antelación por la prefectura, y obligados a circular sin detenerse por la consigna de los agentes de orden público, no tuvieron medios de perturbar ni el sitio de la manifestación tumultuaria, ni el trayecto entre la explanada de los Inválidos y el Palacio de las Cortes y entre el Palacio de las Cortes y el Palacio de la Presidencia, muy cercanos, pues a la simple vista se descubren desde cualquier ventana o balcón de los alrededores el sitio donde se citaban y el sitio a donde se dirigían los ciegos tumultuados. La policía hizo a derechas su oficio, cumplió con su deber estricto, y así en los alrededores del Elíseo, como en los alrededores del Congreso, redújose a nube de verano la imponente manifestación, relampagueo continuo sin rayos y sin truenos, sin lluvia y sin granizo.

Allí estaban la Luisa Michel y la Paulina Minke, desconociendo en sus febriles mentes el estado de la sociedad moderna y en sus sublevadas personas la delicadeza del sexo femenil. Paulina empuñaba nerviosamente homicida revólver, y Luisa, sobre la escalera de un farolero, despedía las más absurdas proclamas, con ánimo de incendiar a todo París, y sin más resultado que atraer sobre su demente política y su dementada persona risas y burlas parisienses. Absurda, tanto como la triste arqueología monárquica, la triste arqueología revolucionaria. No hay Versalles poblados de reyes, ni Bastillas hinchadas de lágrimas, ni tribunales del Santo Oficio para extinguir el pensamiento, ni castillos en las alturas y siervos en los abismos sociales; por consiguiente, no puede haber en la tribuna y en el Estado aquellos Titanes que convertían las ideas en manojos de rayos para abrasar los viejos colosales poderes, ni en el pueblo aquellas muchedumbres que agitaban las teas revolucionarias en sus manos crispadas y traían los trágicos pero creadores días de la revolución universal. Luisa Michel, evocando las calceteras de la guillotina, se coloca tan fuera de sazón como la beata calcetera que busca los familiares del Santo Oficio.

Viendo que los esfuerzos para penetrar en el Congreso y para ir del Congreso al Elíseo no daban resultado alguno, las dos Pitonisas rojas, acompañadas por una parte de la multitud en delirio y precedidas de banderas negras, entre cuyos pliegues se veían sediciosas inscripciones, fuéronse por la orilla izquierda del Sena y por las antiguas calles aristocráticas de San Germán al barrio de la Universidad, en pos de la juventud que asiste a escuelas y liceos, propensa de suyo a movimientos y aventuras. Pero allí, en la montaña de Santa Genoveva, secular Aventino de las revoluciones del espíritu desde los tiempos genérisos del revelador Abelardo, solo una carcajada histérica de menosprecio contestó a las profanaciones del progreso por las ridículas Euménides. Y no sabiendo éstas qué hacer, para no malograr completamente aquel día, persiguieron a pedradas los coches y entraron a saco en las tahonas, concluyendo y rematando tan desdichadamente la tristísima parodia del noventa y tres, solo comparable a la parodia de Imperio representada por el príncipe Napoleón Jerónimo en sus desatentados manifiestos y en sus increíbles proclamas. A tales desacatos no había más remedio que oponer la fuerza, y a los impulsos de la fuerza en el poder no había más remedio en los sublevados que apelar a la fuga prontamente, y a la fuga tuvo que apelar Luisa Michel perseguida por la policía, ella, la profetisa del nuevo mundo social; ella, la sucesora de los antiguos gracos; ella, la Sibila del socialismo, como los deshechos calaveras o los delincuentes vulgares, sin haber conseguido más triunfo en aquel paseo de airadas pasiones que romper los cristales de algún vehículo, devorar el pan de algunas tahonas y convencer a los más célebres alienistas de que necesita la infeliz una larga cura para poner en sus goznes la desvencijada cabeza.

Después de todo esto no es maravilla que haya completamente abortado la manifestación del 11 de marzo. Algunos miles de personas se reunieron ante la obra del Hôtel de Ville y en el espacio conocido con el nombre de Plaza de la Grève. Todos estos sitios gozaban de renombre por su temperatura tempestuosa, cuando nos hallábamos en el período de las revoluciones, y el barrio de San Antonio era la residencia de los trabajadores demócratas, soldados de la libertad, siempre dispuestos al combate y al martirio. Los tiempos han cambiado mucho y el sufragio ha sustituido al fusil. Por consiguiente, las manifestaciones tumultuarias no pueden hallar espacio ni eco en el sitio donde se alza el verdadero santuario de la democracia parisién y entre veteranos de la libertad que saben cuánto cuesta fundar la República y con qué trabajo se salva y se conserva. Empleó el Gobierno muchas fuerzas, expidió patrullas, apostó retenes, sacó de sus alojamientos los guardias republicanos de caballería, encerró la guarnición y supo aparejarla hasta para un combate; mas todo se redujo a una grande reunión de curiosos y a un millar de manifestantes, cansados los unos de ver y los otros de ser vistos, a las tres de la tarde, hora en que todo París volvía de nuevo a su profunda calma.

Pero apuntemos las coincidencias entre la desesperación de los monárquicos y la excesiva esperanza de los radicales, para que se vea cómo son a un tiempo enemigos en ideas políticas y cómplices del mismo crimen social y cooperadores en el mismo desastroso trabajo. M. Cuneo de Ornano escribe proclamas dignas de Luisa Michel, concitando al pueblo contra el Gobierno. El grito de «Al Palacio del Congreso» salió en la manifestación penúltima del pecho de M. Chincholle, redactor del Fígaro. La persona que más llamó la general atención por sus vociferaciones, y que primero cayó en manos de la policía por sus violencias, fue un redactor del Gaulois, antiguo secretario del príncipe Morny. Quien más impulsó las muchedumbres hacia el Elíseo fue sin duda el publicista reaccionario M. Rivière. Y al mismo tiempo el radical Joffrin presenta en el Municipio de París una proposición para que armen al pueblo y desarmen al ejército los gobernantes; y el radical Clemenceau habla de revisar la Constitución republicana, lo cual equivale a tener la República en perdurable fiebre; y el radical Ives Guyot insulta con palabras soeces al Gobierno; y el radical Clovis-Vigne dice que abofeteó a la Cámara el Senado con sus muletas de inválido. Gran maquiavelismo en los monárquicos y demencia suicida en los republicanos.

Mi amistad a Francia y mi amor a la República me inspiran la más vehemente reprobación a todas estas agitaciones gárrulas y estériles. Mas no se limitan al pueblo republicano; invaden todas las naciones y estallan a una en la cima de los mayores imperios. El zar de Rusia remite su coronación, amedrentado por las conjuraciones nihilistas, dos años después del ascenso al trono; el Emperador de Alemania dicta leyes de dura excepción para contener con la fuerza del Estado a los mismos socialistas a quienes alienta con sus doctrinas extrañas acerca del triste socialismo de la cátedra; el Emperador de Austria sostiene improvisados y rápidos combates en las calles de Viena para extinguir las manifestaciones de los trabajadores encrespados; el Imperio británico, el primero y más poderoso y más formidable del mundo, mira con horror cómo estallan las materias explosibles bajo los grandes edificios de Londres y cómo los asesinos, después de haber inmolado al ilustre Cavendish, que representaba la reconciliación y la paz, invaden los jardines regios y atentan, hasta en aquel seguro de la majestad, a las predilectas damas de la Reina. Entre nosotros mismos los crímenes usuales en grandes regiones despobladas, las inquietudes prevenientes de las malas cosechas últimas y de la depreciación de los vinos jerezanos, el descenso de los salarios a consecuencia de mil concausas, la falta del cultivo en pequeño, tan favorable al agricultor y al jornalero, todos estos males de una región andaluza atribúyense, por el sentido común, a confabulaciones internacionales la revolución social y a influjo de los anarquistas europeos.

Respecto a España, y más aún respecto a Francia, creo que la triste agitación jamás pasará de la superficie ni ahondará en la médula de nuestras dos sociedades. El estado de los pueblos latinos, profundamente mejorado por la gran revolución económica, que ha destruido las vinculaciones y que ha desamortizado las tierras en manos muertas retenidas; tal estado hace que la utopía socialista se refugie allá en las muchedumbres de las grandes ciudades, muy ataraceadas por la terrible carestía de todos los objetos indispensable al consumo diario y en las regiones donde la propiedad se acumula, por incidencias independientes de la voluntad del legislador, en pocas manos, y las faenas jornaleras toman la triste angustia que suelen tener en las forjas y en las minas.

Pero no alcanza de ningún modo el movimiento socialista de los pueblos latinos la inmensa gravedad que alcanza ese mismo fenómeno en los pueblos germanos, sajones y moscovitas. Las raíces del feudalismo, aún a flor de tierra en Alemania; la complicidad moral de las clases altas con los ensueños apocalípticos de las clases bajas en Rusia; el carácter amayorazgado de la propiedad en Inglaterra dan mayor pábulo al socialismo en todos estos pueblos que aquí, entre nosotros, donde la división de las propiedades por la igualdad de los hijos ante la herencia y por el gran movimiento económico individualista tienden a nivelar con equidad las varias condiciones y a distribuir con proporción y con medida la riqueza por todo el cuerpo social.

Así, las últimas perturbaciones de París, la manifestación ruidosa y gárrula de los Inválidos y la manifestación abortada del Hôtel de Ville, más bien provienen de accidentes fortuitos y de la debilidad ministerial que de profundas y verdadera corrientes. Al resolverse con decisión el Ministerio por la indispensable resistencia, el orden ha entrado en su verdadera regularidad. Ha bastado que un ministro, el de Justicia, conminara seriamente a los fiscales para que persiguieran los delitos contra la seguridad pública; y otro ministro, el de la Gobernación, recordara que no pueden celebrarse reuniones al aire libre, sino en espacios cerrados y cubiertos; que otro ministro, el de la Guerra, concentrase las guarniciones en la capital, para que todos los elementos, salidos de madre, hayan repentinamente vuelto a su cauce, disipándose la manifestación amenazadora en favor de la comunidad revolucionaria como una engañosa pesadilla.

Más, mucho más hoy embarga mi ánimo y lo apena el movimiento de revisión constitucional, en hora nefasta iniciado por la extrema izquierda republicana, sin comprender cómo quebranta las instituciones nuevas y mantiene una innecesaria perturbación política. Muy pronto el partido republicano ahora olvida que la República se ganó por un voto no más en la Asamblea Constituyente de Versalles, y que la revisión significó por mucho tiempo una tendencia del partido realista y otra tendencia, no menos pronunciada y fuerte, del partido imperial contra la República. Los reaccionarios montaron una constitución frágil, con ánimo de cambiar los poderes electivos por los poderes permanentes y hacer de la nueva forma de gobierno una indefinida e indefinible interinidad. No lo creeríamos si no lo viésemos; no creeríamos que republicanos de abolengo cayeran a una en la red con tanto arte urdida por los monárquicos de convicción bajo sus plantas. Cuando la escuela monárquica sostiene que nuestras instituciones son débiles, nosotros debemos demostrar su solidez y su estabilidad. El ministerio Freycinet, débil bajo otros conceptos, en éste de la revisión constitucional tenía una gran fuerza y estaba en muy firme terreno, porque la resistía de todas veras y la contrastaba con soberano esfuerzo. El ministerio Ferry, para conciliarse los amigos de Gambetta, cuyo error consistió en una revisión relativa, también la invoca y la sostiene, aunque parcial y concreta, y aplazada para dentro de dos o tres años. Error, en mi sentir, también esta promesa increíble, aunque templada por el aplazamiento. En todos los pueblos libres las Constituciones alcanzan una respetable antigüedad. Se pierde allá en la memoria humana el origen de la Constitución británica, formada con ideas de todas las razas y fragmentos de todos los tiempos. La Constitución americana es muy vieja. Del año 48 data la Constitución federal suiza, ligeramente reformada el año 74 en sentido unitario. La Italia independiente, libre, una, cabe dentro del Estatuto de Carlos Alberto. ¿Por qué no había de caber la República francesa dentro de la Constitución de Versalles? Si el partido gobernante no lo comprende así, condena a la República sin remedio a la instabilidad, y condenándola por imprevisión a la instabilidad, fomenta las supersticiones monárquicas y trae la reacción universal.

Muchos republicanos de buena fe comienzan a comprender esta verdad evidente, y a tirar hacia atrás en el camino de perdición que habían emprendido al borde oscuro, del abismo donde abre su tenebrosa boca esa grande incógnita. Monsieur de Clemenceau, en cuyo espíritu late, como en todos los espíritus de alguna superioridad, la idea gubernamental, sigue más bien con aparato retórico que con profunda convicción política, la idea de revisión, pero encerrándola en tales misterios que parece, cosa tan clara y conspicua, un verdadero misterio. Monsieur Anatolio de la Forge, carácter elevado y entero, aunque muy radical en sus ideas, entiende que no puede llegarse hoy al radicalismo práctico; y retrocede y se acoge a la estabilidad constitucional. Idéntico proceder sigue un demócrata honrado y antiguo, M.

Mairic, diputado de Narbona, quien dimite su cargo porque es designado como revisionista en las últimas elecciones, y alcanza todos los peligros de la revisión. Su amor a la patria y a la libertad le ha mostrado que con esas amenazas de cambios indefinidos se corre a la vaguedad política, y que con la vaguedad política se cae pronto en la incertidumbre pública, y que de la incertidumbre pública se pasa más pronto aún al malestar general. No ha nacido un hombre de su temple para mirar más a la tribuna pública que a la propia conciencia, para seguir más al comité de los electores que al conjunto de los franceses, para encerrar sus ideas en el distrito casero y no en el pueblo todo, para destruir ministros y encontrarse luego con que se han destruido ministerios, y con los ministerios todo gobierno, y con todo gobierno la libertad, la democracia, la República, la Francia; porque puestas las sociedades humanas en la terrible alternativa de optar entre la dictadura y la anarquía, optan siempre por la dictadura. Corregid, republicanos franceses, vuestras leyes paulatinamente dentro de la Constitución, pues los periodos constituyentes sin necesidad equivalen a periodos revolucionarios sin fuerza, y los periodos revolucionarios sin fuerza material y sin fuerza creadora traen un desmayo y enflaquecimiento necesarios, a cuyo término se halla la debilidad, que llama la dictadura y el cesarismo para dormir en paz el sueño abrumador de la reacción.

Sí, la revisión constitucional trae consigo toda suerte de riesgos dañosísimos sin compensaciones de ninguna ventaja. Un suicida instinto de perdición tan solo puede aconsejar que, para combatir a todos los pretendientes, se resuciten y evoquen todas las pretensiones. Aquéllos que suspiran por una especie de Asamblea soberana, sin límites en su autoridad y sin contrapesos a su poder, no saben cómo hay una concepción más avanzada todavía dentro de la democracia: el plebiscito, y cómo dentro del plebiscito late por fuerza una amenaza terrible ¡ay! el Imperio. Así que pongáis en tela de juicio la Constitución vigente, producto, como todas las obras duraderas, de transacciones entre lo pasado y lo presente y entre lo presente y lo porvenir, vendrá por fuerza el debate universal sobre lo divino y lo humano, con la triste atomización de las ideas y la guerra feroz entre los ánimos. Vuestra obra de paz y de concordia se habrá venido a tierra. Una discusión a muerte, de las que siembran irreconciliables odios entre los individuos y las familias, traerá una de esas guerras espirituales, si menos cruentas, más largas que las guerras civiles, a cuyo término tendréis que someteros, como todos los pueblos divididos por pasiones implacables, al silencio y sumisión del más exagerado despotismo. Y surgirá la pretensión monárquica cual surgirán las demás pretensiones análogas. Y viviréis en perpetuo aquelarre de ideas confusas, en sábado infernal de teorías políticas. Y aquí surgirá la vieja sociedad, como una de esas horribles apariciones que vomita el purgatorio sobre la campesina gente al toque de ánimas; y allí vendrán de nuevo los doctrinarios, atribuyendo todos los males al sufragio universal y demandando el regreso a las clases medias y el sacrificio de las ideas democráticas, así para salvar un resto de libertad como para traer un seguro a la paz; y más allá se levantará el Imperio, mezcla informe y absurda de Carlomagno y Robespierre, proponiendo la dictadura perpetua para castigar a los gárrulos parlamentarios y cumplir las promesas del redentor socialismo; y más allá vendrán los comunistas de la cátedra ocurriendo con un Estado fuerte al remedio de tantos males como trae la triste agitación y con un procedimiento empírico a la cura de tantas llagas como abre la inquietud general en las fuerzas del infeliz trabajador; y tras todas estas legiones anárquicas y anarquizadoras, el cortejo de insensatos y dementes que hay allá en el hondo seno de los abismos sociales, el nihilista con la fórmula de guerra implacable a todo poder en los labios, y en las manos el siniestro rayo de la revolución cosmopolita.

Y si, al fin y al cabo, los republicanos estuvieran unidos, vaya en gracia. Pero ahí la división será más terrible todavía, y el resultado de tantas controversias y disputas mucho más infausto. Vendrá quien proponga la fortificación del poder ejecutivo, lanzado hoy a la calle, como trasto viejo, por la supremacía parlamentaria; quien arbitre una Constitución como la Constitución americana y suspire por un federalismo como el federalismo helvético; quién suprima el Senado por freno harto fuerte para el movimiento de una República popular; y quien maldiga del Parlamento y de las Cámaras, erigiendo sobre sus ruinas un remedo de Imperio con formas de República, semejante al que idearon los sucesores primeros de César para dorar un poco la ignominiosa esclavitud del pueblo.

No puede, no, darse mayor desventura, para iniciar agitaciones morales, que la triste agitación material, capaz de proponer a los pueblos cansados de fiebres la celebración del triste aniversario de la Comunidad revolucionaria como una verdadera fiesta nacional, cuando la Comunidad lo primero que combatía y que negaba era la nación. El Gobierno ha tenido que ponerse firme sobre sus estribos y que armarse del arma de la ley para contrastar tamaño atentado a la conciencia nacional. En virtud de semejante decisión ha preso a los anarquistas más tumultuarios y ha traído sobre París las guarniciones de los alrededores, proponiéndose contrastar la fuerza desordenada de abajo con la fuerza formidable de arriba. Y efectivamente ha pasado el 18 de marzo, día del aniversario tan temido, y no se ha experimentado en París agitación de ningún género, por tantos aguardada. Los parisienses hanse ido al campo como suelen, y las fiestas idílicas y las églogas han reemplazado a las esperadas explosiones de vívido entusiasmo confundidas con explosiones de dinamita. El campo de Marte, sitio extensísimo, donde se pierden, como en triste llanura de la Mancha, los bordes del horizonte sensible por los inmensos espacios desiertos, no ha visto aparecer ni siquiera un revolucionario. Los curiosos miraban desde las alturas del Trocadero, y solo descubrían los grandes edificios de París envueltos en una especie de cenicienta niebla, parte por un rayo de Sol mustio esclarecidos, y parte asombrados por cenicientas nubes, aunque era el día de los llamados allí hermosos.

Pero si los anarquistas no han podido reunirse al aire libre y en público, hanse desquitado bajo techo y en asambleas particulares o privadas. El barrio latino ha celebrado el aniversario con bien poco entusiasmo. Algunos estudiantes habían querido prestar homenaje al triste recuerdo, sin haber acertado a mover con verdadero afecto ni a decir una palabra elocuente a su edad, tan propia para el idealismo y tan ajena de suyo al desengaño. Nada de provecho; disertaciones y más disertaciones, la mayor parte leídas y, por consiguiente, untosas y olientes al aceite de la vigilia, y poco idóneas para despertar las grandes pasiones, que despiertan con facilidad una palabra inflamada y un gesto imponente. Luego no había en aquel conjunto de innovadores socialistas ninguna unidad, y en cada discurso particular surgía una opinión individual, reñida con las opiniones que antes o después de aquella se proferían y expresaban. Un viejo comunista, individuo de la Comunidad revolucionaria en aquel tempestuoso tiempo, expidió larga disertación sobre su historia, y actor e historiador a un tiempo, no tuvo un acento siquiera que pudiese conmover a su auditorio. Hubiérase cualquiera creído en la Trapa de los cartujos deshabituados del lenguaje y no en la capital ateniense de los oradores ingeniosos, a no salir un tal Delorme con arrebatos enfáticos y originalidades y extravagancias ridículas. El Imperio de los Bonapartes había hecho de Francia una China, y la república de los burgueses ha hecho de Francia una Suiza, decía; por consiguiente, los franceses resultan hoy una mezcla muy curiosa de chinos y helvecios. Después de haber dicho esta gran barbaridad, se levantó, en alas de su entusiasmo profético, a encarecer y alabar los equinoccios. Y como algunos se explicaran este grandísimo entusiasmo de un héroe de la igualdad por la igualación estacional de las noches con los días, él ha dicho que no, que hacía tales encarecimientos por haber venido en un equinoccio, en septiembre, día 4, la República, y en otro equinoccio, en marzo, día 18, el socialismo. Y una carcajada general disolvió esta reunión comunera, en la que brillaba más la llama de los ponches que la llama de los pensamientos.

En otras salas han menudeado los discursos incendiarios y las amenazas de forjar una sociedad nueva en el molde hirviente de una revolución popular. Mas como quiera que faltasen los principales jefes, presos por el Gobierno, y que Luisa Michel, perseguida, hubiera desaparecido, no tuvieron animación los varios congresos anarquistas celebrados a un tiempo en diversos puntos de París. A propósito, Luisa Michel ha encontrado una discípula, quien deja muy atrás a su maestra en exageración y en violencia. Celebrábase una reunión de radicales, y en la reunión de radicales hablaba un regidor del Ayuntamiento parisién, tan avanzado como el demócrata socialista Mr. Ives-Guyot. El socialismo de su conciencia y el temperamento de su ánimo no fueron parte a impedir que conociera cómo las manifestaciones varias al aire libre, ideadas en Paris, eran obra y hechura de la reacción universal, decidida, por la cuenta que le tiene, a desordenar la República, para ver si viene, sobre el oleaje de una grande anarquía, el anhelado Imperio. Aún el orador no acababa de proferir esta justa imputación de las maniobras anarquistas a los partidos reaccionarios, cuando entró numerosa turba comunera y se dirigió a la tribuna, demostrando una vez más, con sus violencias, cómo respeta el partido demagógico la libertad de la palabra y la inviolabilidad del pensamiento. En pocos segundos Ives-Guyot se vio asaltado por una inmensa muchedumbre que le profería en los oídos palabras de muerte y le denostaba con homicidas insultos. Por un movimiento indeliberado de natural defensa, echóse hacia atrás, y al echarse hacia atrás, los energúmenos, poseídos del demonio de la ira, le cogieron a una con violencia y le derribaron sin piedad en tierra. Una vez derribado, echáronse rabiosos, todos en tropel, sobre su cuerpo. Uno le escupió y otro le pisoteó, y aún hubo quien, asestándole una cuchillada tras de la oreja hizo brotar de su cuello humeante sangre. Pues hoy los espectadores cuentan aún más, cuentan que la discípula de Luisa, enardecida por aquel espectáculo, conminó a los comuneros a quienes capitaneaba, con el aire de una Judith o de una Herodiades, para que cercenaran la cabeza en redondo al cuerpo del Holofernes municipal, y le permitieran a ella mostrarla en triunfo por calles y plazas, puesta en la punta de una buena pica, cual pasaba frecuentemente allá en el tiempo épico de la revolucionaria Convención.

Al demonio no se le ocurre celebrar el aniversario de la Comunidad revolucionaria. Todo cuanto desune al partido republicano francés debe relegarse al juicio de la historia y evocar lo que une, ya salvado de los ultrajes del tiempo y ungido por la conciencia universal. Cuantos proponen que las fechas nefastas del desorden y del incendio pasen por estrellas fijas en los horizontes del espíritu y en los anales de la historia, desconocen por completo la naturaleza humana, y olvidan cómo en ella, tarde o temprano, se imponen los sentimientos y las ideas de justicia. La fecha de la Comunidad es una fecha horrible. Solo un pueblo dementado por la fiebre revolucionaria puede cometer un suicidio moral tan espantoso. La República vive y vivirá en Francia, porque la República resulta, después de todo, allí, la combinación mejor entre la estabilidad y el progreso como el mejor antídoto a la utopía y el más seguro preservativo contra la demencia socialista. Que jamás olviden estas verdades los republicanos franceses.

### Capítulo VI. Los demagogos de Francia y los fenianos de Irlanda

La imprudencia de los republicanos intransigentes en la República francesa debe llamarse verdadera temeridad. Ningún asunto sobreviene que no compliquen ellos con sus locas arengas y sus desordenados propósitos. Lo mismo en las medidas tomadas contra los príncipes y pretendientes que en las manifestaciones socialistas del mes último; y lo mismo en las manifestaciones socialistas del mes último que en el movimiento de reforma constitucional, su intervención ruidosa y gárrula cede, sin duda, en bien de la reacción y del Imperio.

No me cansaré de repetirlo: el gran filósofo de la experiencia en los antiguos tiempos, Aristóteles, dijo la mayor de las verdades al decir que la democracia solo podía perecer por la demagogia. Como los sanguíneos tienen que preservarse de las apoplejías, los republicanos tienen que preservarse de los demagogos. Cuando tocan éstos las cuestiones militares, parécenme niños que juegan con fósforos en la mano sobre un montón de pólvora. No habría proceder más reprobable si junto a su torpeza no estallara la perversidad de los monárquicos. Desesperanzados éstos de ganar la opinión por los medios legítimos, apelan a los más pesimistas, y así resultan cómplices de los más desalmados y reos de lesa Francia. Manifestaciones comuneras, clubs rojos, movimiento de subversión constitucional, cuanto sueñan de buena fe los anarquistas convencidos, explótanlo a roso y bello Sol a tontas y a locas, indeliberada e instintivamente, los reaccionarios monárquicos, sabiendo a ciencia cierta, y he ahí su crimen, que juegan con fuego y que puede a sus arteras maniobras arder, no ya la República, su enemiga, sino la Francia, su madre.

Y el caso es que no alcanzan la reacción, acariciada con tanta ilusión y querida con tanto amor; no; porque nuestros tiempos en nada se parecen a los tiempos de la segunda República, tan procelosos, y no existe ya ningún novelista como Sué y ningún argumentador como Proudhon que toque a rebato con aquel estruendo, ni mucho menos ya existe aquel público medroso, y en su inexperiencia creído candorosamente de que bastaba decir en cualquier folleto «la propiedad es un robo» para que todos los propietarios se quedasen a una sin tierras y sin rentas. Hoy se toman todas esas utopías como errores inherentes a la debilidad humana y se mide la distancia inmensa que separa el propósito de su realización y el programa de su cumplimiento. Y a medida que más libertad tienen los vociferadores para decir cuanto les pida el gusto, menos poder tienen también para subvertir las sociedades humanas y volcarlas a su antojo en la reacción, haciendo de cada monárquico egoísta y redomado un salvador providencial. Ningún Enrique V, ningún

Felipe Orleáns, ningún Napoleón Bonaparte salva ya las sociedades, que no se redimen por la intervención de los sicofantas coronados, sino por el ejercicio de sus grandes facultades colectivas consagradas con toda su grandeza en las instituciones modernas erigidas sobre los humanos derechos.

El aspirante a César conoce los medios cesaristas y sabe su confusión sustancial, con los medios demagógicos. Naturalmente, los rojos, los comuneros, los apóstoles de toda indisciplina forman fácilmente, con los sofismas que propalan y los terrores que siembran, el torbellino de átomos cuyas partículas componen a los Césares. Después un golpe de Estado los ciñe de su autoridad omnipotente y los arma de su dictadura vergonzosa. Todavía recuerdo el candor con que uno de los demagogos más célebres del mundo, una especie de ateo y comunista, muy exaltado en ideas y muy vehemente por complexión, me hablaba, no ha mucho tiempo, de su confianza en el príncipe Jerónimo Bonaparte, único capaz de oprimir a los republicanos y parlamentarios, hasta aplastarlos, a guisa de limón estrujado, entre las espaldas del pueblo y las legiones del Imperio.

No es nuevo el método seguramente. Profana Clodio los lares domésticos, y entra, disfrazado de mujer, en casa de los patricios, contra los sacros Cánones de los femeniles ritos; pues el partido de César, con los dineros del opulento Creso, cohechará los jueces, para que absuelvan tal atentado y desacrediten la justicia senatorial; escandaliza el tribuno Celso hasta Bayas, el puerto y bahía de todas las voluptuosidades epicúreas, y se atrae un público escandaloso juicio; pues César lo recibirá con gozo en Ravenna y lo llevará entre su corte y ejército con grandes lisonjas y cuidados a la guerra de España. Muere Catilina en los campos de la hermosa Etruria, dejando tras sí, al morir, partidarios, no tan valerosos como él, y mucho más corrompidos, pues tales partidarios ofrecerán, desnudos y ebrios, en las fiestas lupercales, a las sienes de César la corona de rey: que allí, en la política de aquellos tiempos, los cuales han dado su augusto nombre a los monarcas siguiendo la enseñanza y copiando el ejemplo de quien se decía sucesor de los Gracos, tribuno de los plebeyos, pronto a tener la mayor de las annonas para repartir pan al pueblo, y el mayor de los circos para divertirlo y agasajarlo, allí aprenden los Bonapartes a engañar a las muchedumbres hasta el extremo de hacerlas detestar la República parlamentaria, donde se hallan respetados sus derechos, y servir la dictadura imperial, que las sujeta ¡incautas! para siempre a ignominiosa esclavitud y las pierde y las deshonra con eterna infamia en la humana historia.

Ahora mismo, en este instante, la comedia se reproduce: publícanse manifiestos prometiendo una política más avanzada que la política republicana y un bienestar mayor bajo la tutela cesarista que el bienestar procurado por los propios derechos y el propio trabajo a cada ciudadano; impúlsanse, desde los conciliábulos imperialistas, las manifestaciones demagógicas, que saquean las tahonas y vuelcan los coches en la vía pública; envíanse a cada club vociferadores encargados de vomitar con sus sofismas el terror social por todos los ánimos; y luego se alienta la triste agitación constitucional, que quiere derribar el Código, a cuya sombra la pobre Francia, herida y desgarrada por la invasión que los Napoleones trajeran, se ha repuesto, coronando la igualdad fundamental de su democracia histórica con la más preciada de todas las coronas espirituales, con la santa y preciadísima libertad.

Por ser este bien de la libertad tan grande, hay que tenerlo en mucho y no arriesgarlo con temeridad. Y arriesga la República su movimiento regular y pacífico, disgustando al ejército e hiriendo a sus generales. Ya la cuestión de los príncipes, tan a deshora suscitada en triste arrebato de cólera, pecaba por su complicación aguda con el ejército, y por su tendencia indudable a desconocer lo funesto de toda ingerencia política en filas dònde por fuerza debe reinar una sumisión y disciplina que ganan mucho con fundarse, no solo en las ordenanzas públicas, sino en el asentimiento militar. Pues ha surgido ahora otra cuestión de igual género. Habíanse dispuesto unas operaciones de caballería en el Este y hallábase designado para mandarlas el general Galliffet, quien, además de una indudable competencia, posee una grande propensión a las ideas republicanas, como lo demostró en la crisis del 16 de mayo, donde flaquearon y sucumbieron tantos otros al odio a la República y a sus saludables instituciones. Pues bien, al llegar el plazo de las operaciones, tramaron los intransigentes un desaire a general tan probado, e influyeron para que, bajo los más fútiles pretextos, se suspendiera la operación decretada o se negara su mando al general designado. La intriga tomó proporciones gigantescas, y el Ministro estuvo a punto de caer en la red que los imperialistas habían urdido y los intransigentes llevado al Ministerio de la Guerra. Por fortuna para todos el Consejo de Ministros tomó cartas en el asunto, y resolviendo con grandes medios de concordia aquel conflicto entre un ministro y un general a que habían dado extraordinaria importancia el mal querer de los monárquicos, prestó un servicio a la paz, y prestándoselo a la paz, se lo prestó también a la República.

Francamente, no comprendo la política exterior de Italia. Su inteligencia con los Imperios del Norte, proclamada con tanta elocuencia por el ministro Mancini, paréceme incompatible con la opinión italiana y contraria por completo a los intereses permanentes de la joven y progresiva nación, elevada por el esfuerzo de Occidente y el voto de todos los latinos a su independencia y unidad. Imposible departir con los veteranos del progreso en la península de una reconciliación estrecha con Austria y sus secuaces. Hay recuerdos que llegan a componer como la religión ideal de toda gran causa y como la leyenda poética de todo redimido pueblo. Y los que han visto en el potro a Milán y en el sepulcro a Venecia, los que han habitado aquellos plomos bajo cuyas bóvedas horribles se oía el llanto de las lagunas adriáticas, no pueden comprender cómo la política tiene tan flaca memoria y tan duras entrañas que no reconcilie, a nombre de los intereses italianos, a Italia con sus verdugos, ofreciendo tal holocausto a los manes de las innumerables víctimas transformadas en mártires de la nación por el sentimiento universal. Y la prueba de que Italia entera no comprende la finura diplomática de su Ministro de Relaciones Exteriores se halla en que Italia entera sigue con anhelo a los trentinos, cuando pugnan por volver al regazo de la patria común, y cree que una parte considerable de su antiguo territorio nacional con Trieste a su frente se halla detentado en poder de Austria con la misma violencia e injusticia con que detentara en otros tiempos el Milanesado y el Véneto. A su vez Austria no ha regateado los desaires a su joven aliada meridional. La visita del rey Humberto y su bella esposa, visita imposible de olvidar por accidentada y célebre, no ha sido en Roma devuelta y pagada como querían los italianos. El Emperador de Austria, que ha sancionado con su presencia en Venecia la cesión del territorio veneciano, hase resistido a sancionar con su presencia en Roma la ruina del poder temporal de los Pontífices. Y nunca menos que ahora pagará esa visita, cuya tardanza tanto molesta de suyo a los italianos, pues predominantes allá en todo el Imperio los eslavos sobre los alemanes, predomina con aquéllos, como se ha visto en las leyes sobre la pública enseñanza, el elemento, ultramontano, y el elemento ultramontano austriaco es cruel enemigo de la joven y gibelina Italia. Mejor, mucho mejor que la política exterior de Mancini paréceme la política económica de Magliani, porque acaba con el papel moneda y el tributo de la molienda; porque organiza ingresos y ahorra en lo posible inútiles gastos; porque cierra el presupuesto con sobrantes, los cuales, a pesar de las inundaciones, suben hoy a veinte millones de francos y subirán a cincuenta en el próximo ejercicio. ¡Loor, mucho loor al gran economista!

El Ministerio británico se muestra muy alarmado e inquieto del movimiento anarquista producido por los fenianos de Irlanda, en su lucha implacable y a muerte con la poderosa metrópoli, a que leyes mecánicas de incontrastable fuerza los sujetan, contra toda su voluntad y toda su conciencia. La explosión horrorosa en el palacio de Westminster, al pie de las oficinas ministeriales del Gobierno local, ha provocado medidas tan rigurosas y atentatorias a los principios comunes de la libertad inglesa, que muestran cómo toda guerra trae consigo una suspensión del derecho y cómo toda suspensión del derecho sobrevendrá en las sociedades humanas siempre que la fuerza bruta se sobreponga, por cualquier accidente, a los medios pacíficos, más o menos eficaces, de curar las enfermedades sociales, que dentro de sí contienen hoy todas, sin excepción, las legislaciones modernas. El comercio y expendición de materias explosibles, como la pólvora, la nitroglicerina y otras, se sujeta rigurosamente a una reglamentación digna de cualquier estancado pueblo latino, poco propio para la práctica de los principios sajones; y la perpetración de cualquier atentado se castiga en sus fautores y en sus cómplices de un terrible modo y con penas tan enormes como la enormidad misma dada por el terror universal hoy al punible delito de las espantosas voladuras. En el entretanto las guarniciones se agrupan, las guardias se doblan, los medios preventivos se emplean, la policía se aumenta y todos los ingleses temen a un enemigo tanto más temible, cuanto que parece invisible y disuelto en las ondulaciones del aire, como los miasmas de la peste.

Y hay motivos para ello. Los estadistas angloamericanos, que veían de antiguo un proceloso peligro para su República en el aumento de la población irlandesa, lanzada por la desesperación sobre las costas del Norte de

América, ya tocan sus profecías, palpables en las tristes agitaciones por los emigrados engendradas, las cuales llevan dentro de su seno los gérmenes de una horrible guerra marítima, si no la evitan con sendas medidas conciliadoras el común consejo y la común prudencia de dos naciones por cuyas venas circula una misma sangre y sobre cuyas respectivas historias se dilatan muchos idénticos recuerdos. Los más vehementes entre los fenianos, aquellos de complexión guerrera y de batallador espíritu, los exaltados por todas las conjuraciones, alardean de sus crímenes y amenazan con poner un volcán de dinamita en los cimientos de Londres. Unos dicen, para cohonestar el crimen de Fenix-Park y la inmolación de Cavendish, que los patricios, detentadores de las tierras irlandesas por un despojo, cuya horrorosa eficacia causara la miseria y la deshonra de generaciones enteras, enterradas en los surcos de aquellos infames feudos, no son acreedores ni al respeto humano ni a la divina misericordia. Otros aseguran que urdirán una guerra tan vasta, desde las playas del Nuevo Mundo, contra los poderes del Viejo Imperio, que Inglaterra saltará en pedazos pronto, hasta desvanecerse sus dominios como una lluvia de aerolitos en el cielo y como una tromba de aguas y huracanes en el mar. Y todos concitan los ánimos a reunirse para sumar fuerzas materiales y recursos pecuniarios con que intentar una guerra de verdadera desolación y exterminio.

En efecto, las amenazas no quedaron reducidas, como decían los diplomáticos de allende los mares, apremiados por la diplomacia de aquende, a meras bravatas. Un principio de rápida ejecución material sucedió a los propósitos internos y a las palabras amenazadoras. Cierto conspirador, que llevaba inmenso cajón de nitroglicerina, fue a las pocas noches apresado en el Hôtel Central de Londres, y un depósito de la materia inflamable y explosible, descubierto en las calles más céntricas de Birmingham. Por virtud de aquel apresamiento y sorpresa, cayeron seis conspiradores más en manos de la policía británica, y con ellos muchos papeles y listas, que han dado como un hilo para descubrir el horrible complot amenazador, no solamente al ejercicio tranquilo de los altos poderes ingleses, sino también a la vida y la paz de los más inofensivos ciudadanos. Las cabezas de conspiración pertenecen a todas las clases sociales, pues hay un médico, un comerciante, un abogado, un jornalero, todos irlandeses residentes en el Nuevo Mundo, quienes al presentarse a los tribunales bajo la inculpación de haber querido saltar un barrio de cincuenta mil almas, pues para ello le sobraban elementos en las materias recogidas de sus manos, se han erguido con verdadera soberbia, como si procedieran por los impulsos del más desinteresado heroísmo y presentaran a Dios y al mundo el espejo de una clara y tranquila conciencia, propia de los mártires.

No puede maravillarnos ahora la terrible inculpación dirigida por el antiguo ministro de Irlanda, Forster, en la Cámara de los Comunes al pueblo irlandés y a sus diputados, en los comienzos mismos de la corriente legislatura. A impulsos de su doctrina y de sus ideas radicales, el orador inglés inició las reformas progresivas para Irlanda, y obtuvo en cambio la ingratitud manifiesta de una revolución implacable, sin tregua ni descanso, que ha ensangrentado los parques de Dublín con asesinatos horribles y ha extendido una ponzoñosa nube de terror social por los senos de la poderosa Inglaterra, hasta debilitarla en su constitución interna y en su paz pública, cuando más formidable se ofrecía con su gran poder a todos los pueblos sometidos, y más dilataba su dominación colonial allende los mares por las cinco partes del mundo. Cuentan que desde los tiempos de Cicerón jamás se había oído una catilinaria más tremenda, por lo mismo que coincidía con el descubrimiento de los asesinos de Cavendish, los cuales, según las revelaciones públicas, tramaban una especie de carnicería infernal contra los primeros estadistas de Inglaterra. No cabe dudarlo; el descubrimiento de tales conjuraciones, a cual más terrible, abre abismos insalvables entre la metrópoli de los ingleses y la Erin de los celtas. Cada nuevo prisionero que cae ahora en los horribles calabozos, durante toda esta guerra civil diaria; cada expulso que atraviesa los mares y pide al seno de la grande América el regazo de una patria negada por Inglaterra; cada triste víctima que cuelga de una horca, enciende más la implacable ira entre dos pueblos divididos ya por seculares odios.

Realmente alcanza en Irlanda un extraordinario vigor el partido autonomista. Y el partido autonomista se divide allí en dos grandes partidos. Puede llamarse al uno celto-americano y al otro celto-europeo. Y le llamo al uno celto-americano por hallarse compuesto de los que, cediendo, bien a necesidades propias, bien a enemiga irreconciliable con los ingleses, emigran y se domicilian en los Estados Unidos, y le llamo al otro celto-europeo por hallarse compuesto de los que, resignándose más fácilmente al yugo británico, bien por complexión propia, bien por convencimiento político, se quedan tranquilos en Europa y trabajan por el progreso más o menos violento de su patria, en los comicios y en las Cámaras. Los primeros no quieren oír hablar sino de la revolución dinamítica como medio, de la independencia irlandesa como fin, de una República democrática como forma del gobierno y de una ley agraria radicalísima como indispensable trasformación social, que lance a los lores terratenientes de aquellos sus dominios, conseguidos por la conquista, y devuelva de nuevo a los despojados hace tantos siglos, con el goce de una patria redimida, el goce de una tierra en común. Se necesita leer los periódicos y hojas que publican allá en América, para comprender todo el odio que guardan a la primer potencia de Europa. Cada palabra es como una bala de plomo ardiente, desde allí expedida con furor al pecho de la reina Victoria y de su primer ministro. Cada sencillo artículo es una carga de dinamita. ¡Con qué rabia invocan los recuerdos históricos! Diríase que aún están hoy en la duodécima centuria de nuestra Era, cuando un papa de sangre inglesa, como Adriano IV, cedía el territorio irlandés a un rey de Inglaterra, como Enrique II. Hablan del rey feudal de Leinster, que llevó las armas de allende San Jorge a la hermosa Erin, como pudieran hablar los españoles católicos en la Edad Media del conde don Julián, del obispo don Oppas, de los hijos de Witiza. Todas las grandes figuras históricas de Inglaterra, Eduardo III, el vencedor de Creey; Enrique VIII, el rey de la revolución religiosa; Isabel I, la fundadora del poder inglés en los mares; Oliverio Cromwell, con todas sus grandezas morales y políticas, aparecen a los ojos de tales irlandeses como apocalípticos genios de la desolación y el exterminio, llevando en sus manos una guadaña para segar cabezas celtas y apilarlas, y levantar sobre sus montones, como sobre nefastos cimientos, el propio poder y la dominación de su avasalladora patria. Los que así piensan, los que hablan así, han armado todas las confabulaciones cuyo triste objeto ha sido recabar con nefastos crímenes el progreso de su patria, solo asequible por medios justos y legítimos; que las mejores causas se pierden y malogran por los malos procedimientos. Estos alucinados envían máquinas infernales a Inglaterra, como las encontradas hace dos años en Liverpool; urden asesinatos tan horribles, y a la causa

**114**

de Irlanda tan dañosos, como el asesinato de Cavendish; ponen las materias explosibles a la puerta del palacio de los Ministerios; allegan la dinamita últimamente hallada en Birmingham, sin comprender que ir al bien por los caminos del mal es como si para ir al cielo tomáramos los rumbos del infierno. El célebre Odonovan-Rosa es jefe natural de los irlandeses irreconciliables.

Parnell, el diputado Parnell, al contrario, es jefe de los irlandeses que mantienen la autonomía de su isla, consistente tan solo en un Congreso aparte, bajo la misma bandera para el exterior y la misma corona para el interior, como sucede hoy entre Hungría y Austria. Este diputado comprende que la incorporación del pueblo irlandés al pueblo inglés en el año primero de nuestro siglo por la inevitable abrogación del Parlamento nacional, tiene tanta fuerza como una ley de la naturaleza, y que ponerse los irlandeses a separar su nación particular de la nación metropolitana es como ponerse a separar en geografía la isla materialmente del archipiélago británico, llevándosela con esfuerzos y sacrificios a otros mares y a otros cielos distintos. La estrella de Irlanda resultó en tal modo enemiga e infausta, que las promesas de respeto a la conciencia católica, dadas por Pitt en el acta de unión entre los dos Estados, no pudieron cumplirse, por invencible resistencia del célebre tercer Jorge de Inglaterra. Se necesitó el esfuerzo de O'Connell para lograr la emancipación de los católicos, esfuerzo prodigioso, movido por una elocuencia semirrural unas veces, y otras veces semisublime, pero siempre contenida dentro de la legalidad y consagrada de suyo al logro verdaderamente positivo y en serie como cumple al íntimo ser y naturaleza de toda obra política. La continuación del trabajo de O'Connell debe resultar el verdadero compromiso de Parnell, si quiere seguir una política fecunda. El furor de los irlandeses americanos mancha el seno de la verde Irlanda, sin conmover ni herir a la poderosa Inglaterra. Gladstonne mismo ha expuesto, con su elocuencia maravillosa, los resultados de la predicación de O'Connell ante los ojos de aquellos que continúan su obra, tendiendo con toda suerte de maravillosos esfuerzos a rematar, dentro de las leyes de la unidad nacional, esa indispensable autonomía de Irlanda, por la cual han peleado tantos héroes y muerto tantos mártires en la sucesión de los siglos. Yo sé muy bien que llega el partido intransigente hoy en su furor hasta maldecir del gran tribuno irlandés en su sepulcro. ¡Ay! Olvídanse de los días en que levantaba con el viento de su palabra un océano de ideas en la conciencia nacional y conseguía, con el esfuerzo de su perseverante voluntad en la Cámara de los Comunes, la indispensable abrogación del juramento anglicano para los diputados irlandeses uno de los mayores triunfos de la libertad religiosa en este nuestro siglo; y porque odiaba la revolución y sus violencias, le presentan a la posteridad y a sus juicios como un gárrulo vulgar, lleno de supersticiones ultramontanas, con más énfasis que verdadera elocuencia, cobrando un tributo a sus compatriotas por monarca de la palabra, cual pudieran cobrarlo en su tiranía los monarcas de Inglaterra; muy exaltado en las asambleas al aire libre y muy tímido en la Cámara de los Comunes; grande adormecedor del pueblo con promesas vanas y plegarias místicas: injurias y calumnias, que, sin disminuirlo a él, manchaban la historia nacional y oscurecían las cimas intelectuales y morales del espíritu irlandés. Sea de todo esto lo que quiera, el método legal señalado por O'Connell y mantenido por Parnell es el único método porque puede prosperar Irlanda, mientras las voladuras de dinamita y los asesinatos solo pueden detener una obra de justicia y deshonrará un pueblo infeliz, haciéndolo reo de crímenes condenables y víctima de la indignación universal.

La política pesimista concluirá por aliar los irlandeses en el Parlamento con los conservadores; y la triste alianza de los irlandeses con los conservadores concluirá por traer una política de reacción contra Irlanda en el Gobierno inglés, nefasta para todos, y muy especialmente para los que la hayan procurado y traído con su reprobable despecho. Y ya que hablamos de todo esto, hablemos también de lo descompuesto y maltrecho que se halla hoy el partido conservador inglés, tan fuerte y valeroso en otro tiempo. Suelen los gárrulos y vulgares políticos de nuestra patria maldecir de los jefes de partido y condenarlos como inútiles, a reserva de pedirles luego responsabilidad por hechos en que no han tenido ninguna parte o que se han consumado contra su consejo y contra su voluntad. La muerte de Disraelli ha descabezado al partido conservador inglés; y el descabezamiento lo ha detenido en su desarrollo y lo ha fraccionado en moléculas. Lord Curchill acaba de publicar una carta, en la que habla del estado de postración irremediable a que los conservadores han llegado y de su tristeza y desesperanza. La parálisis ha sobrecogido todo su cuerpo y la indiferencia helado todo su espíritu. Las próximas elecciones solamente le reservan un gran desengaño, y hasta en el caso de una retirada, más o menos probable, del actual primer ministro, no podría sustituirlo. Para Churchill toda esta debilidad proviene de que no tiene su partido jefe verdadero en la Cámara de los Comunes, como lo tiene, por las prendas de lord Salisbury, en la Cámara de los Lores. Sir Norcorthe, que hoy lleva la dirección oficial entre los diputados, no tiene para el gentilhombre conservador las cualidades requeridas, a causa de sus complacencias serviles con el Ministerio y de su excesiva blandura en el combate. Ya lo dijimos a la muerte de Disraelli: su jefatura es verdaderamente irremplazable, pues no basta para dirigir los partidos el voto de sus individuos, se necesitan méritos propios reconocidos y aclamados por el consentimiento universal. Aproveche, pues, el radicalismo británico la tregua que le dan por necesidad los conservadores, para continuar con mayor celeridad su saludable obra de progreso.

El estado de Alemania interesa tanto como el estado de Inglaterra. En la situación del mundo rige Inglaterra hoy los mares con su tridente, y Alemania los gobiernos con su cetro. El príncipe de Bismarck ha cumplido sesenta y ocho años. A pesar de tal solemnidad, el malestar de los nervios, que le condena irremisiblemente a continuas neuralgias, le ha impedido recibir a ningún visitante, que no fuera el Príncipe Imperial, para quien guarda lo porvenir la herencia del Imperio, y cuya visita dice cuanto más duran que reyes y emperadores, en estos tiempos de monárquica decadencia, los primeros ministros. Aún los mayores enemigos que la política de Bismarck tiene a la izquierda se han holgado en festejar el cumpleaños y decir al Canciller como jamás olvidarán cuanto ha hecho, en una vida ya larga y provecta, por la unidad germánica, no deslustrada ciertamente, ni por su inhábil política interior, ni por su socialista económica política. No así los ultramontanos, que le han recordado sus enfermedades y le han dicho cuánto podría convenirle a su salud temporal y a su salud eterna una reconciliación estrecha con el Papa.

Los ojos escudriñadores del Canciller se vuelven al Oriente de la tierra en el ocaso de la vida. Tras tantos combates homéricos dice Bismarck lo que decía César: «Solo se puede trabajar en Asia». De aquí su celo atento a las crisis del Imperio turco; sus estrechas relaciones con rumanos y servios; su excitación a la ingratitud de los búlgaros hacia Rusia; sus luchas con los eslavos del Imperio austriaco, enemigos irreconciliables de la raza germánica; su empeño en que Austria se dilate por la península de los Balcanes y llegue hasta Salónica, para presidir una grande confederación de razas, por igual emancipadas del vasallaje a la Puerta y del agradecimiento a la Moscovia, pudiendo así Alemania, por anexiones sucesivas, quedarse con el Tirol, Pola y Trieste, para vivir en el mar de la luz y de las ideas, en el Mediterráneo, y preparar una gran campaña mercantil y diplomática en las tierras del Asia Menor y en el magnífico Imperio de Persia.

Un suceso pasa inadvertido, que tiene trascendental importancia: el príncipe Federico Carlos se pasea por los desiertos de Palestina. Todo alemán, aún esos férreos soldados de las campañas últimas, tienen algo de poetas, y no es de maravillar a nadie su peregrinación, consagrada por la poesía del sentimiento y del recuerdo. Todos querríamos beber los manantiales del Cedrón, bañarnos en las aguas del Jordán, meditar en el desierto donde meditaron los Profetas, ver en el portal de Belén la cuna de nuestra fe, y en el valle de Josafat la tierra de nuestra resurrección; porque, al contacto de todos estos sitios, el alma, educada en las enseñanzas que guardan, debe casi desceñirse del cuerpo y absorberse, libre y etérea, en la contemplación de los ideales eternos. Pero nos engañaríamos, y mucho, si creyésemos que iba el Príncipe a Palestina con estos desinteresados propósitos. Al verlo, circuido de tanta pompa en Jerusalén, ostentando el antiguo traje que llevaban los caballeros de la orden teutónica, hermanos de los caballeros de la orden templaria, dirigirse, como un cruzado de los Barbarojas o de los Suabias, al Santo Sepulcro y orar allí, a guisa de un militar de la Edad Media, todavía católico, sediento de indulgencias, bajo aquel cielo de milagros, no atribuyáis todo eso a puro amor arqueológico de las grandes ruinas sagradas y de los sacros recuerdos religiosos, atribuidlo más bien a un vasto plan político, ideado en las soledades augustas de Varzin por el Canciller alemán, y cuyos primeros ensayos comienzan por todas esas deslumbradoras escenas, propias de una épica leyenda, las cuales ocultan sabiamente un fin y objeto de práctica y perdurable utilidad. Lo cierto es que Federico Carlos ha tomado posesión de una vasta ruina, Cesárea, sita entre Jerusalén y el mar, para establecimiento allí de una piadosa colonia mercantil. Y la política, la religión y la economía se han juntado en estas peregrinaciones, que deben despertar de su indiferencia punible a las naciones latinas, tan grandemente interesadas en la suerte de aquellos sacros territorios.

## Capítulo VII. Las dos naciones ibéricas

Nuestro espíritu, inquieto de suyo, por lo mismo que lleva en sus senos la idea de lo infinito, no puede resignarse a llevar, como el prisionero su cadena, la tierra tan solo consigo; y ambicioso de dilatarse y extenderse, abre sus dos alas angélicas de la razón y de la fantasía, vuela por la etérea inmensidad, devora los espacios inconmensurables, trasforma en eterno el tiempo, y no se para, después de tan vertiginosa carrera por lo ilimitado y lo indefinido, hasta mirar frente a frente, como al disco del Sol deslumbrador la serena retina del águila caudal, aquellos ideales de perfección absoluta, arquetipos humanos de las ideas y de las cosas, perpetuamente contenidos en la esencia misma del Eterno. Nada tan abstracto como aquello que parece más real; nada tan fantástico como aquello que parece más tangible, a saber, el individuo solo, entregado a sí propio y reducido a vivir en las entrañas de la naturaleza material, como el feto en las entrañas de la madre. Con razón ha dicho el mayor de los filósofos modernos, Hegel, que al afirmar de una entidad cualquiera tan solo que es, afirmamos tan poco de toda ella, que casi esta simple afirmación del ser primero se confunde con la nada; porque no es grandioso el ser, ni pleno, ni perfecto, sino cuando, tras largo desarrollo, con multiplicidad innumerable de objetos a que dirigir y enderezar sus facultades, vive vida inmensa en numerosas manifestaciones de una variedad infinita. Despojad al hombre del hogar en que habita, necesario a su cuerpo como la vital atmósfera; de la familia, en que se dilata su corazón y sus primeros afectos se emplean y ejercitan; del amor, que le conduce, con su dulcísimo imperio, a salir fuera de sí mismo para mezclar su vida con otra vida, perpetuando la especie; del noble sentimiento llamado amistad, por cuya virtud funda espirituales asociaciones, indispensables a su dilatación y crecimiento; del municipio, en que halla hogar mayor que su hogar propio; de la provincia misma, que no constituye una entidad arbitraria creada por una burocracia mas o menos previsora, sino un organismo natural, correspondiente a las regiones y su diversidad; del Estado, en quien libra la justicia y pone como el seguro a sus naturales derechos; de la Iglesia, en que cree su conciencia; de la nación, a que su alma está como adherida; del arte, por cuya virtud siente, y de la ciencia, por cuya virtud piensa las ideas; despojadlo de todo esto, cuyo conjunto constituye la plenitud absoluta de la existencia humana, y decidme si no llegáis a convertirlo en el salvaje de las abstracciones y utopías naturalistas, mucho más débil y mucho más desgraciado que todas las alimañas en los espacios de esta naturaleza, la cual a los demás seres se les entrega de grado, y no se rinde al hombre como no la venza y sujete por los esfuerzos del pensamiento y del trabajo.

Por mucho que los egoísmos, a veces benditos, del hogar y de la cuna quieran detenernos bajo el paterno techo, la vida verdadera no se detiene solo en límites tan reducidos, no, se dilata en más amplios espacios. Todas las almas verdaderamente cultivadas saben que pertenecen por unas relaciones a su pueblo, por otras a su nación y por otras aún mayores a su raza y a la humanidad, en que individuos, familias, razas y naciones a una se identifican y confunden. No, yo no pertenezco solamente a la extensión reducida en que vi la luz primera. Una revelación misteriosa, como todas las revelaciones, y cuya divina llegada indecible al seno de mi alma no podría señalar con fijeza, díjome cómo allende las montañas circundadoras de mi valle había tierras y tierras, las cuales se juntaban para formar una sola patria bajo una sola bandera. Y amé a esa patria como amé a mi madre, con el mismo santo y desinteresado y fervoroso amor. Y no pregunté para quererla, no, si Dios o la naturaleza habían levantado sus límites y sus fronteras; si la conquista o la casualidad habían en el mismo haz unido y apretado a sus hijos; si la cruzada de tal tiempo y el casamiento de tal monarca habían sumado sus regiones y reducídolas a perfecta unidad: nada de todo eso yo sabía; pero indeliberadamente, con la inconsciencia propia, de los misterios y de los secretos del alma, envanecíame de hablar una lengua tan sonora y majestuosa como la nuestra; holgábame oyendo las canciones populares que vuelan de boca en boca en alas de nuestros puros aires y murmurando los versos de nuestros poetas; inclinábame a escuchar las hazañas de nuestros héroes, que se confundían allá en mis sueños de niño con los ángeles del cielo, y tras la figura patriarcal de mi abuela, sentada bajo la campana de la grande chimenea, donde me refería las hazañas de nuestra guerra de la Independencia, vislumbraban mis ojos la imagen de mi España idolatrada, desde los balbuceos de mis primeras palabras y desde los latidos de mis primeros sentimientos, como se idolatra en este mundo por todos los bien nacidos a la madre patria.

Y luego vi, ya en años más crecido y maduro, que no solo tenemos las afinidades misteriosas con nuestros conciudadanos, hijos como nosotros de la misma nación, sino que tenemos además las afinidades con otras gentes más cercanas a nuestro modo y manera de hablar, de sentir, de pensar, que todo el resto de las familias y de las naciones terrestres. No preguntéis a la Historia si estas afinidades de raza que ahora expongo provienen de la naturaleza, de la geografía, de la política o de otros elementos vitales, más o menos fuertes; básteos saber a conciencia que tales afinidades existen, y apercibíos a estimarlas en todo su valor, porque las razas formarán más o menos tarde, no muy tarde quizás, nuevas nacionalidades en grandes confederaciones. Decidme por qué se parecen tanto Provenza y Cataluña; por qué influye Francia en España con tal influjo y España en Francia; indicadme las razones varias para que Génova sea una ciudad tan española como Sevilla y Valencia sea una ciudad tan italiana como Palermo; contadme las causas varias que han determinado esa unión de los marineros del Mediterráneo y que han hecho de las lenguas neolatinas un solo idioma casi, expresivo de un solo y mismo espíritu. ¡Ah! Como existen las afinidades afectivas o individuales que forman las familias; como existen las afinidades mayores y más colectivas que forman las naciones, existen las afinidades que forman las razas, siquier no puedan hallarse sus leyes como se han hallado las leyes de las cristalizaciones químicas y las leyes de la gravedad y de la gravitación universal, porque las libertades humanas, en su infinita riqueza y en su poderoso albedrío, no pueden reducirse a fórmulas semejantes, por su sencillez y exactitud, a las fórmulas explicativas de la mecánica y la dinámica y la matemática del uniforme material Universo.

Pues debiendo interesarnos por nuestra gran familia, la raza latina, como se interesa el heleno del Ática por el heleno de la Macedonia; como se interesa el eslavo de Bohemia por el eslavo de Montenegro; como se interesa el latino de Rumanía por el latino de Córdoba y Mérida; como se interesa el germano de la Pomerania por el germano de la Turingia o de la Suabia,

¡cuánto más no debemos interesarnos por aquellos de nuestros hermanos que se nutren de la misma tierra y se alumbran y vivifican a la luz y al calor del mismo cielo, cual una familia que se calienta al mismo hogar, se mantiene a la misma mesa y vive bajo el mismo techo! Así yo he sostenido siempre, y sostengo ahora más que nunca, la identidad en la Península de Portugal con España, y la identidad de España y Portugal con las diversas naciones ibéricas que se alzan a una en el Nuevo Mundo. No basta para constituir nacionalidades varias y diversas que se aparten los pueblos por líneas de fronteras más o menos arbitrarias por colores de pabellones más o menos vistosos, por legiones de ejércitos mejor o peor uniformados, cuando los ríos mezclan sus aguas, las tierras sus átomos, los cielos sus horizontes, las montañas sus cordilleras, los pueblos su sangre, las historias sus recuerdos, las almas su religión, sus ideas y su palabra. Si creéis que basta un rey en el trono de Portugal y otro rey en el trono de Castilla para separar lo que juntan la naturaleza, la sociedad, la tradición, el arte, los tiempos y Dios, miserablemente os engañáis. Legislarán cuatro cámaras en la Península; existirán mayor o menor número de carabineros en la frontera; celarán, arma al brazo, sendos centinelas nuestros límites respectivos; pero no podrán impedir que las cordilleras lusitanas formen una sola línea con las cordilleras españolas y sean como la espina dorsal y el esqueleto de un solo y mismo cuerpo; que las aguas del Tajo lleguen a Lisboa con los retratos de las torres de Toledo y de las florestas de Aranjuez en la superficie de sus cristales, como con los acentos del Romancero y de Garcilaso en los susurros de sus ondas; que Soria, Zamora y Oporto se asienten a las orillas del mismo río y nutran sus almas con el relato de los mismos recuerdos; que no haya entre las bienhadadas tierras galaicas y las hermosas tierras lusitanas separación alguna geográfica, sino llanuras y ríos para juntarlas y confundirlas; que las mismas familias de pueblos resplandezcan a una en las genealogías lusitanas y en las genealogías españolas; que adoremos al mismo Dios en altares idénticos, y para dirigirnos a él y a los hombres tengamos el mismo idioma, el verbo de la idea en maravillosa lengua; porque bajo nuestras frentes late un solo espíritu, como sobre nuestras frentes se dilata un solo cielo.

Yo sé muy bien que las egoístas supersticiones de un patriotismo estrecho, empeñadas en separarnos, invocan a cada paso recuerdos enemigos, como la batalla de Aljubarrota o la batalla de Toro, come el nombre del prior de Aviz o el nombre del duque de Olivares. Mas yo pregunto cuál de las nacionalidades constituidas hoy no ha tenido entre sus diversas regiones más guerras, muchas más guerras que Portugal y España. Traidor llamaban los castellanos de la Edad Media, en acerbos apóstrofes, al río Ebro, que ha tenido el privilegio de dar su nombre a toda la Península, porque regaba la tierra de Aragón y sus campos con el agua recogida en tierra y campos de Castilla. No se pueden abrir las historias sin hallar a cada paso luchas abiertas de Castilla con León, de León con Galicia, de Galicia con Asturias, de Asturias con Cantabria, de Cantabria con Vasconia, de Vasconia con Navarra, de Navarra con Aragón y de Aragón con todo el mundo. El rey don Sancho muere asesinado en el cerco de Zamora, y la superstición atribuye aquel asesinato al propio hermano del rey, al gran Alonso VI. El gran batallador Alonso I de Aragón rompía en guerra diariamente por Castilla. Don Juan II peleaba, cayendo como un alud, desde las montañas navarras, con castellanos y con catalanes, cuando el cielo había destinado a su hijo y heredero para fundar la unidad perdurable de la nación española. Quizá las calles mismas, las casas de nuestras ciudades clásicas han tenido más guerras entre sí que Portugal y España. Las competencias guerreras fueron de antiguo como leyes de la vida. Túvolas esa Francia, hoy tan una con la Borgoña, con la Provenza, con la Gironda, con las regiones que más se gozan y recrean y envanecen hoy con formar y constituir la Francia una y sola. No hablemos de Italia. Milán combate a Pavía, Pavía combate a Rávena, Rávena combate a Ferrara, Ferrara combate a Venecia, Venecia combate a Padua, Padua conspira contra Florencia, Florencia aborrece a Siena y a Pisa, Pisa prefiere que se la traguen el mar y el Arno a juntarse con el resto de Toscana, como Génova recibe la tutela de los españoles y no la tutela de sus hermanos los piamonteses, como Palermo proclama la dinastía de los reyes de Aragón frente a la dinastía de los pontífices de Roma. Los portugueses y los españoles no se han tratado jamás entre sí como los güelfos y los gibelinos de Italia. Aquel conde Ugolino encerrado en la torre de Pisa, entre tinieblas como las aves nocturnas, y constreñido por el hambre a comerse sus propias carnes en las personas de sus hijos; que solo quita los labios y los dientes de los cráneos recién roídos y solo con las cabelleras muertas se limpia la sangre de sus labios humeantes como el hocico de las fieras para maldecir a sus enemigos con maldiciones propias de los rugidos que dan los condenados en los infiernos; aquel conde antropófago, la más trágica de todas las figuras en el más trágico de todos los poemas, ¡ay! es la imagen viva de las guerras interiores y civiles de esa Italia, tan unida hoy, que forma con el coro de sus ciudades enlazadas entre sí a la sombra del antiguo Capitolio, la más bella y más melodiosa armonía que pueden escuchar los humanos oídos en el mundo.

Las naciones se forman, no por los sellos de sus cancilleres o por la heráldica de sus monarquías, sino por la identidad de complexión nacional entre todos sus pueblos y por la identidad de destinos sociales en toda la historia. Dos naciones elaboran la misma idea; y al sustentarse con ella el espíritu humano pocas veces pregunta si esa idea se ha elaborado en esta u en otra región diversa, como no preguntáis nunca si la miel, que aroma y endulza vuestro paladar cuando la extraéis del panal, se ha elaborado por tal o cual abeja. Nada más diverso en apariencia que las ciudades griegas, con sus dialectos varios, con sus géneros de arquitectura diversos, con sus poesías y letras respectivas, con sus legislaciones opuestas, con sus guerras civiles que han manchado los campos del Peloponeso así como las aguas del Egeo; y sin embargo, el arte griego, el pensamiento griego, el tipo griego, han pasado a la historia como la obra de un solo espíritu y han constituido una divina religión que se llama hoy el helenismo. Están destinados a formar un solo pueblo aquellos territorios y aquellos ciudadanos que, divididos en Estados a veces contrarios, elaboran una misma idea, porque la idea es lo sustancial en la vida y en la historia. Se caracteriza la moderna Alemania por haber llevado a la religión cristiana el individualismo de la Alemania antigua; se conoce la moderna Italia por haber traído al seno de nuestra Europa el arte y el derecho de la Grecia y de la Italia clásicas; se distingue la moderna Francia por haber traído a nuestra existencia el ingenio, la gracia, la oratoria y el espíritu comunicativo de los antiguos galos; se define la moderna Inglaterra por la independencia personal, por el hogar inviolable, por el juicio de los iguales, por el temperamento indócil y aventurero que corresponden a la navegación y al comercio, por el gobierno parlamentario, por todo cuanto señala profundamente a sus dos fundamentales pueblos, los sajones y los normandos. Pues bien; no hay sino detenerse a reflexionar un poco sobre la vida histórica de Portugal y de España, para comprender que tienen la misma complexión, que producen y elaboran la misma idea, que forman la misma santa patria.

Por mucho que os empeñéis no halláis diferencias esenciales entre la región portuguesa y la región española; y cuando no hay diferencias esenciales entre las regiones, se suman como las cantidades homogéneas. Si tal es su gusto, pueden darse la satisfacción de tener y gozar gobiernos aparte, presupuestos aparte, administraciones aparte, armadas y ejércitos aparte; nadie menos que yo les disputa y regatea semejantes derechos, como republicano de abolengo y observador escrupuloso, por consiguiente, del respeto debido a la voluntad de las naciones. Mas no hay que olvidarlo, el equilibrio de las sociedades se funda en la conciliación y armonía de opuestos elementos, como en la armonía de fuerzas contrarias la mecánica celeste, como en la coexistencia y correlación de humores enemigos el cuerpo humano, como en síntesis y series de ideas a primera vista contradictorias las síntesis de nuestra razón y las bases de nuestra ciencia. De igual suerte que hay en la naturaleza un elemento generador de lo general y de lo universal coexistente con otro elemento generador de lo individual y de lo particular; un elemento que compone la aglomeración y colectividad de las especies junto a otro elemento que compone la expansión y particularidad de los individuos, correspondiendo a los dos principios esenciales de unidad y de variedad, hay en las sociedades impulsos de repulsión que tienden a diversificar los pueblos y aislarlos en su autonomía y en su independencia junto a impulsos de atracción que tienden a confundirlos e identificarlos bajo la misma superior unidad. Así como es de una dificultad inmensa, y a veces insuperable, juntar pueblos nacidos para componer nacionalidades diversas, como los croatas y los húngaros, como los alemanes y los latinos, como los helenos y los turcos; es de inmensa dificultad también separar por las leyes humanas o escritas los pueblos varios que han juntado en apretadísimo haz leyes naturales o divinas. El déspota, que suma y aglomera pueblos, lanzándolos con los chasquidos de sus fustas en la misma negra ergástula, tendrá que mantenerlos por fuerza en los senos de la monstruosa prisión, como hacen los zares con tantas naciones sometidas por su férreo cetro a una imposible unidad; pero

**125**

el hijo, el hermano, el padre, que se va del seno de la familia natural, como se han ido, por ejemplo, los pueblos del centro en América, por su lado cada cual, volverán tarde o temprano, cuando generaciones más progresivas e iluminadas sucedan a las generaciones supersticiosas; volverán, sí, por propio impulso, por voluntad propia, por móviles más o menos reflexivos, al común techo del patrio respetable hogar.

Nadie puede romper las leyes naturales de la variedad, pero nadie puede romper las leyes naturales de la unidad. El macedonio de los Balcanes y el mongol venido desde la Tartaria al Ponto no podrán estar mucho tiempo unidos, aunque lo mande la conquista y lo necesite la diplomacia, mientras no pueden estar separados los españoles y los portugueses, aunque tengan dos gobiernos distintos y formen dos Estados diversos, porque los juntan y confunden de consuno Dios, la naturaleza y la historia.

¡Oh! ¡Cuántas mayores diferencias entre los pueblos de la península italiana que entre los pueblos de la península ibérica! Los que han unido las regiones itálicas, los fundadores de la nueva nacionalidad, hablan francés más bien que italiano. Cavour era de Saboya, Garibaldi era de Niza, y Víctor Manuel de aquella dinastía, extranjera siempre a los negocios italianos, y suspensa por largo tiempo entre la influencia española y la influencia francesa. El Véneto, libertado de las irrupciones bárbaras en las lagunas de San Marcos, apenas tiene cosa que ver con el bizantino sustentador de la autoridad imperial de Constantinopla bajo los exarcas de Rávena; el etrusco de Toscana se diferencia mucho del sabino que puebla las montañas del Lacio; como el griego de Nápoles se diferencia del árabe de Palermo, y el árabe de Palermo, a su vez, del celta y del ibero que habita las cordilleras del Piamonte o las costas de Liguria. Pero si nosotros dejamos aparte los vascos, raza de suyo autóctona y antigua, ¿qué diferencia encontraréis entre cántabros, galaicos, lusitanos, pertenecientes todos a la misma familia, y modificados todos por los mismos accidentes históricos? Habrá podido el normando en sus irrupciones dejar por las costas de Galicia huellas que no ha dejado por las costas de Andalucía; podrán el fenicio, el cartaginés, el griego, tener en los pueblos del Mediterráneo descendencia desconocida en los pueblos de Portugal; pero el fondo celta e ibero, médula de nuestros huesos, y la sobreposición latina y árabe, obra de duradera conquista, permanece y permanecerá en toda nuestra nacionalidad, como en nuestro físico la complexión y como en nuestro moral la conciencia. Somos, pues, los iberos un solo y mismo cuerpo.

Así elaboramos la misma historia. Componemos tribus varias de pueblos, hasta que viene a darnos su disciplina y unidad la legión romana. El elemento germánico se dilata de igual manera en una y otra orilla del Tajo. Los Concilios de Braga compiten con los Concilios de Toledo. La civilización gótica de Portugal se asemeja en todo a la civilización gótica del resto de España. La misma sobreposición en los godos del bizantinismo, absorbido al rápido paso por Grecia; la misma facilidad de cambiar la religión indígena por el arrianismo oriental, y el arrianismo oriental por el símbolo de Nicea en todos aquellos pueblos varios; el mismo respeto a la cultura y civilización romana y el mismo combate cruel entre los elementos teocráticos y los elementos militares; idénticos caracteres de civilización fundamental en unas y otras regiones. Pues así como no advertís diferencias en el paso de Extremadura a Portugal, ni diferencias en las dos orillas del Duero y del Miño y del Tajo, menos diferencias advertís todavía en las líneas del tiempo y en los periodos de la historia. Cuando se quiebra el cetro de los godos en las orillas del Guadalete, y rápido como el viento, llega el árabe al sitio de Mérida, cuyos monumentos le inspiran admiración tan grande, Portugal cae bajo el yugo mahometano como cayera España. Y desde que cae bajo el yugo mahometano, es decir, desde el siglo viii, las armas cristianas, entradas allí, cuando las dirigen reyes, están dirigidas por reyes de Castilla o de León, únicos soberanos católicos que Portugal conoce hasta la época de su separación, hasta el siglo XII. Por consiguiente, la identidad es completa en toda la historia antigua, y nada menos que en once siglos seguidos de la moderna historia. ¿Existen muchos pueblos en el mundo que alcancen esta fundamental identidad de recuerdos?

Unidos antes, nos separamos en el siglo XII por la fuerza incontrastable del elemento feudal; y vueltos a unir en la segunda mitad del siglo XVI, nos volvimos a separar en la segunda mitad del siglo XVII por la influencia nefasta del elemento jesuítico. Pero separados y todo, cumplimos igual fin humano en la historia y en la tierra, pasamos por las mismas fases en el espacio y en el tiempo, como un pueblo solo que somos, animado de igual, idéntico espíritu. Pudo Alonso VI en su grandeza perpetuar el triste principio de la patrimonialidad de los reinos, traído de allende por Sancho el Mayor de Navarra; y después de haberse opuesto con tanta pujanza y esfuerzo a la división feudal hecha por su padre, el primer Fernando, oposición que le costó largo destierro entre los árabes; y después de haber extendido Castilla y dádole una capitalidad como Toledo, que compitiera con Burgos y con León y señalara el camino de Andalucía y de Valencia, pudo dividir y rasgar el patrio suelo, legando a uno de sus yernos Portugal en feudo; pero no pudo rasgar la unidad natural de ambos pueblos y legar en feudo, por regio testamento, el alma una de la patria. Pueden las ligerezas y livianidades increíbles de doña Urraca de Castilla y de doña Teresa de Portugal sembrar discordias dentro de las regias familias castellanas y elevar estas discordias, engendradas muchas veces en los tálamos del adulterio, a grandes batallas guerreras y políticas; pueden aquellos extraños príncipes de Borgoña, raza extranjera y feudal, mirar antes a la propia medra que a la grande nación donde los había llevado el más funesto de los principios monárquicos, el principio hereditario, personificado en las dos hijas del gran Alfonso VI; pueden, a su antojo, partir en aerolitos informes el majestuoso astro de Castilla, que se levantaba en los espacios como un Sol deslumbrador; pueden las múltiples discordias que traían entre sí los Gelmírez, los Traleas, los nobles de Galicia y los nobles de Portugal, los obispos en armas y los privados y favoritos de corte, quebrantarnos y dividirnos; pero no pueden impedir que Alonso Enríquez y Alonso Raimúndez, primer rey aquél de Portugal y primer emperador cristiano éste de España, cumplan el mismo destino y combatan a los árabes con la misma pujanza, como si fueran una sola personalidad, la personalidad total de la nación. Sí, la nación permanece una y total, aunque sus gobiernos sean varios y diversos. Leed los volúmenes tercero y cuarto de la monumental historia que ha consagrado Herculano a su patria, y decidme si halláis diferencias muy esenciales con Galicia, León y Castilla en las constituciones varias y en los organismos complicados de la política y administración general. La propiedad se constituye como en Castilla; los realengos se diferencian de los señoríos como en Castilla; los propios tienen igual influencia que entre nosotros, en la condición de los siervos; se generan y robustecen los municipios bajo las mismas leyes generales; y se juntan las Cortes en virtud del mismo principio y para satisfacer una misma necesidad.

Y continúa la identidad. El siglo XIII es en Portugal, como en Castilla, el siglo de las épicas victorias sobre los árabes y de la rápida extensión de los Municipios en la sociedad. A comienzos de tan grande siglo, los portugueses contribuyen a la victoria sobre los almohades en las Navas, como habían contribuido en el siglo XII al combate con los almorávides en Extremadura y contribuirán en el siglo XIV a la rota de los benimerines en las orillas del Salado. E igual identidad, igual, durante la centuria que sigue a la centuria decimatercia. El rey don Pedro de Portugal es el mismo rey don Pedro de Castilla, como don Pedro de Castilla es el mismo rey don Pedro de Aragón. Los tres representan la supremacía del Estado central sobre los Estadillos feudatarios; los tres sirven a la unidad monárquica; los tres combaten con sus respectivas aristocracias; los tres representan el terror de una revolución radical contra el feudalismo histórico; y, por tanto, los tres recurren con igual empeño a la crueldad y a la perfidia. Después de todo esto, nada significa, pero absolutamente nada, que Castilla y Portugal tuvieran diferencias, terminadas por la batalla de Aljubarrota, cuando acababan de combatir, en porfías diversas, Castilla y León, Cataluña y Mallorca, destinadas a formar una sola nacionalidad, que ha de permanecer íntegra y una por siglos de siglos en el espacio y en el tiempo.

Pero donde la identidad más se revela es en el siglo de los descubrimientos. El infante don Enrique de Portugal, presidiendo las huestes cristianas desde Lisboa a Ceuta, e internándose por los desiertos africanos, con la fe viva en Dios y la esperanza de dilatar la patria, no busca tanto como él creía un camino que le lleve hacia el Oriente y sus soñados imperios, no; busca el desquite de toda la raza ibera, y abre frente a frente de los últimos términos, donde la Europa se acaba y el Sol se pone, las puertas del África, inscribiendo en ellas de antemano, y con las previsiones proféticas del genio, los enigmas de un ministerio histórico y social que trataran de cumplir Cisneros y Carlos V, como don Enrique, don Fernando y don Sebastián de Portugal: prueba del pensamiento común y de la común voluntad que animan a toda nuestra raza. ¡Oh! aquel príncipe constante, martirizado en los desiertos africanos, y al cual consagrara Calderón uno de sus inmortales dramas, representa todavía, con la fijeza dada por el arte a todos sus prototipos, la paciencia y la tenacidad que ha de tener nuestra raza y emplear en su futura obra de civilizar el Imperio marroquí y extender la cultura ibérica por el norte de África. Yo he oído a los pilotos de nuestras naves, a los cronistas de nuestro ejército, a cuantos acompañaron las españolas huestes por los desfiladeros de Sierra-Bullones, por las campiñas de Tetuán, por los arenales de Vad-Ras, cómo todavía, en los arreboles formados por los rebotes del Sol sobre las áureas arenas del desierto y en las orillas recamadas por las azules ondas mediterráneas y sombreadas por las palmeras orientales, ven los ojos cristianos, exaltados por la fiebre que den aquellos climas y aquellos recuerdos, la imagen del rey don Sebastián señalando, como los ángeles batalladores en los cuadros de los combates religiosos, con su cetro de oro y su espada de fuego el camino sembrado con los huesos de sus legiones de mártires, por dónde hay que ir al común logro de nuestro pensamiento nacional.

Pero ¿qué más? Cuando Constantinopla cae y América surge; a la hora de las grandes revelaciones, en que Polonia, por medio de sus astrónomos, fija nuestro Sol en el foco de las elipses planetarias, y Alemania, por medio de sus doctores, fija la conciencia libre en los senos del alma emancipada, e Italia, por medio de sus artistas, levanta las estatuas antiguas, dobla la historia europea, trasfigura en los Tabores de sus artes al hombre moderno; el indio histórico, creador de los dioses arias, oráculo y origen del paganismo griego, cargado con toda la joyería de los primeros tiempos de las castas, llega bajo la mano de Gama, en aquellas naves que han vencido mil tormentas y que han descubierto mil enigmas, a los muelles de Lisboa, casi al mismo tiempo que llegan a os muelles de Barcelona, bajo la mano de Colón, los indios de la joven América, trayendo los unos la tierra oriental, el mundo de lo pasado, y trayendo los otros la tierra occidental, el mundo de lo porvenir; expediciones en las cuales no solo se recogen las perlas y esmeraldas que van a coronar las sienes del Renacimiento, los aromas de olorosas especias que van a embriagar los sentidos y encender la sangre, los coros de islas y el número de continentes que van a extender nuestro nombre y a esparcir naciones de nuestra estirpe ilustre por todos los senos del mar y de la tierra, si no como vías lácteas de ideas que han de iluminar al planeta, como provenientes de un genio para el cual no habrá, como para su Sol no hay ocaso en el cielo, eclipse ni ocaso en la Historia. ¡Oh! Realizamos una obra común españoles y portugueses. Os atrevisteis vosotros a llamar al cabo de las tormentas tórridas el cabo de la Buena Esperanza, para que ningún barco explorador se detuviera, como nos atrevimos nosotros a pasar la nefasta línea ecuatorial para que ningún pueblo quedara oculto a la humana vista; fuisteis vosotros, con vuestros Alburquerques y Almeidas y Vascos, al mar Rojo, a la isla de Ceilán, que os ofreció los tributos de su vida exuberante, al canal de Mozambique, a la misteriosa Etiopia y a la fecunda India, entrando en aquellas ciudades antiguas que os revelaban sus secretos, a guisa de templos profanados, como fuimos nosotros por los Andes, por el Imperio inca y azteca, por las Antillas, apercibiendo tierras nuevas al nuevo espíritu; y luego, unidos con Magallanes y El Cano, pasamos de Europa al Asia por un estrecho que parecía en el Nuevo Mundo abierto a nuestros milagrosos conjuros, circunvalamos por vez primera la tierra, dejando toda su esfera ceñida con tal zodíaco de glorias lusitanas y españolas, que brillarán en la memoria tanto tiempo como puedan brillar las varias constelaciones en la inmensidad de los cielos. Si Alemania fue la reveladora de la conciencia, Italia la reveladora del arte, Portugal y España han sido las reveladoras de la Naturaleza.

No quiero continuar buscando igual identidad en la historia de nuestra servidumbre y de nuestra desgracia. Olvido cuanto hiciera la Inquisición por abrasar la sangre de nuestras venas y el jesuitismo por extinguir las ideas de nuestro espíritu. Callo la identidad de nuestra suerte, no solo bajo el cetro de los dos Austrias, sino después de haberse apartado ambas naciones, más por la torpeza de Felipe IV y su valido que por la voluntad y el deseo de Portugal y los portugueses. Cuando vosotros llorabais por calles y plazas la muerte del primogénito de don Juan II, en cuyas sienes se veía resplandecer, por combinaciones dinásticas, la corona de España, llorabais vuestra separación de nuestra patria, como nosotros, cuando vamos al monasterio de los dominicos de Ávila y vemos en el crucero la tumba gótica del príncipe destinado en el pensamiento de los Reyes Católicos a recoger las dos diademas y fundirlas en una sola, nos entristecemos al recordarlo malogrado en su mocedad, por nuestra separación de Portugal. Separados y todo, vuestro siglo XVIII es idéntico a nuestro siglo XVIII, y vuestro siglo XIX idéntico a nuestro siglo XIX. Tenéis que recabar como nosotros la independencia patria, herida por la triste ambición de los Napoleónidas; y tenéis, como nosotros, que recabar las libertades modernas en revoluciones audaces contra los conjuros y los esfuerzos de la reacción universal. Por consiguiente, fuimos unos ayer, somos unos hoy, seremos unos más todavía mañana.

Las instituciones modernas tienen de bueno que no se dejan limitar, cuando así conviene a los intereses generales, por antiguas potestades históricas más o menos valiosas. Dentro de la política contemporánea, y de sus combinaciones, sobran recursos para estatuir formas y maneras de vida, que prestándonos la fuerza propia de todas las grandes unidades sociales, no mengüen para nada nuestras respectivas autonomías y nuestra mutua indispensable independencia. Antes de llegar a donde llegarán, digan lo que quieran las generaciones presentes, a donde llegarán, repito, las generaciones venideras, a una confederación, hay que preparar muchos caminos, y hay que hacer muchos pactos, así mercantiles como diplomáticos, así literarios como económicos, a fin de obligar a confluir nuestras vidas en los mismos cauces como confluyen nuestros ríos. Discusiones célebres en Cámaras extranjeras han mostrado a nuestros vecinos en cuanto los estiman aquellos que los protegen. Las palabras de Brigth aún pueden atribuirse a la improvisación parlamentaria de las ideas falsas, que todos los protestantes puritanos y cuáqueros suelen tener de los pueblos católicos; pero si los ojos de nuestros vecinos se han fijado en el célebre volumen de Sir Teodoro Martin, a quien atribuye la vulgar opinión origen altísimo, por tratarse de la vida íntima del príncipe Alberto, verán allí el concepto en que los tienen y las palabras que les aplican sus grandes y poderosos aliados, palabras que no repetiré yo aquí, primero, por no creerlas justas, y después, por no turbar con recuerdos tristísimos estas líneas de paz y de concordia. Por lo mismo doy de mano al recuerdo de aquel día en que un extranjero buque se presentó en vuestros puertos a violarlos; y doy aún más de mano a la consideración de lo que os ha pasado a vosotros en el Congo y a nosotros en Borneo para no avivar con palabras imprudentes pasiones imposibles de satisfacer hoy sin perpetrar una temeridad que rayaría en la demencia del suicidio. Pero sí quiero deciros que la industria cumple sus fines providenciales, completando las fuerzas del Universo; que hilos telegráficos y líneas férreas acercan cada día más uno a otro nuestros respectivos territorios; que las colonias nuestras y vuestras exigen el amparo de una gran fuerza, pues ya va diciendo quien sabe y puede, como no deben consentirse colonizaciones a quien carece de medios para mantenerlas e ilustrarlas; que las razas del Norte han fundado en el centro de Europa esa grande Confederación germánica, dentro de la cual caerá definitivamente el Austria, como han caído tantos otros pueblos; que la fraternidad eslava se dibuja en el Oriente y no es dado resistir a estas tendencias generales sin precipitarse abrumados por la fatalidad en triste decaimiento; que una patria ideal de todos los iberos se va formando por la condensación de grandes pensamientos emanados de las inteligencias mayores de uno y otro pueblo, y a esos idealismos, aunque parezcan vagos y etéreos, no se resiste mucho tiempo, pues, como el oxígeno universal, encienden la vida y transforman los objetos. Sí, la patria ideal, en que todos pensamos, y que todos queremos, es hoy una soñada utopía, pero será mañana una viviente realidad.

## Capítulo VIII. El mes de mayo con sus muertos y con sus problemas

Cuando las yemas de los árboles reverdecen y el arpegio de las avecillas resuena en el florecimiento hermosísimo de la estación primaveral, debía la muerte suspender su terrible ministerio, y no asomar la hueca y huesosa calavera, la fría y triste segur, entre las ramas olientes, y los nidos poblados, y las mariposas multicolores y los coros alegres y la exuberancia de vida, que rebosan los pechos ubérrimos de la próvida Naturaleza. Mas ¡ay! mientras por los clarísimos bordes del horizonte llegan las viajeras golondrinas, por los negros bordes del sepulcro parten los amados amigos. Ninguno de aquellos a quienes lanzó de nuestra patria la reacción borbónica el año 66, y que, refugiados en París, hallaron a sus dolores dulce consuelo y en su destierro segura hospitalidad por las orillas del Sena; bajo la sombra de los altos árboles, entre los cuales se destacaban las torres de góticas iglesias y los áticos de regios palacios, en los bosques de Saint-Cloud, habrán olvidado la casa museo de Arosa, que nos mostraba por sus ventanas la inmensa extensión de la capital de Francia, sin límites en el horizonte sensible como las superficies el mar, y nos retenía en sus salones con la variedad riquísima de los objetos artísticos, pertenecientes a épocas y a razas diversas, que, colocados por mano experta y divididos y clasificados por consumada inteligencia, hacíannos palpar en aquella historia tangible la impalpable idealidad.

¿Quién habrá, después de tratarle, desechado de su memoria el recuerdo de aquel Gustavo, según familiarmente le llamábamos, artista de primer orden, consagrado como un sacerdote al culto religioso de la belleza en su manifestación más ideal y más divina, en su manifestación artística? Hijo de un español, emigrado liberal del veintitrés, quien hablaba su lengua castellana tras sesenta años de residencia en Francia, como los hidalgos más castizos de la vieja Castilla, doctores y maestros en analogía y en construcción, había heredado Arosa de sus abuelos paternos el romanticismo natural a nuestro genio, como había recibido de su cuna y crianza parisienses la gracia de frase y la claridad de inteligencia, verdaderamente áticas, por lo esculturales y lo armoniosas. Mi amigo Julio Claretie ha llorado su muerte y descrito su ingenio en las columnas de El Tiempo. Casi todos los hombres ilustres de la capital francesa lo trataban y lo querían. A cada paso y a cada instante tropezábamos a su lado con Doré, Cliampflcury, Gounod y otros innumerables, los cuales iban a una en demanda de historias, erudición, arqueología, indumentaria y otros ramos del saber, prodigados por quien pasaba su vida entre las copias de Velázquez y de Goya, cuyo realismo le recordaba la patria de sus progenitores; en casa, donde las paredes relumbraban a los toques metálicos de las fuentes hispanoarábigas y a los relieves mágicos de nuestros antiguos bargueños; con los versos de Racine y de Lope a la continua en los labios; ora dibujando los bajorrelieves de la columna troyana, ora componiendo las porciones maltrechas de un mueble viejo; dado a las letras y a las artes en aquel museo regocijante, como un sultán oriental en el harem se da entre las esencias de sus pebeteros a los ensueños de su amor; despidiendo a torrentes, de sus labios inagotables, las ideal nuevas, y perfeccionando con sus manos diestras y habilísimas los varios objetos, en los cuales se cristalizara de cualquier modo una hermosa y verdadera inspiración.

Gustavo prefería entre los antiguos poetas a Lope, Calderón y Shakespeare, como entre los modernos a Victor Hugo y a Zorrilla; pero, a fuer de buen francés, tras la guerra francoprusiana borró al gran poeta sajón de su calendario, diciendo que los triunfos y predominios de las razas germánicas eran debidos al continuo loor sin tasa prodigado a sus obras, aún la más imperfecta, por los heleno-latinos, verdaderos dispensadores de la inmortalidad, y llevado a ciegas de tal sentimiento patriótico, ponía las correctas, pero artificiosas tragedias romanas de Racine, como Germánico, sobre las profundísimas de Shakespeare que han resucitado a César, Antonio y Cleopatra. Bien es verdad que la guerra de los alemanes ha divorciado hasta las almas después de haber dividido a los pueblos aquende y allende las orillas del Rin. Iba yo cierta mañana, en Normandía, por las dunas del austero Etretat, hablando con el célebre filósofo Vacherot de las cosas del alma, y no pude contener mi asombro al oírle decir que antes de la guerra francoprusiana pertenecía por completo a la escuela de Hegel, y después de la guerra francoprusiana pertenece a la escuela de Spencer. Por involuntario movimiento de mi espíritu pedí a Dios que no hubiera bélica ruptura entre Inglaterra y Francia, pues faltaría entonces asilo y refugio en el mundo al pensamiento de un filósofo. Mas Gustavo era un artista excepcional, y debía dirigirse por sentimientos y no por reflexiones o raciocinios. Y ningún sentimiento en su corazón estaba tan vivo como el patriotismo. Amaba la Francia de su cuna y de su educación ¡ah! con la ceguera propia del verdadero amor. Esta ceguera, sugerida por los llamamientos del corazón al cerebro, inspirábale, ya en su madurez, aquella derogación parcial de las ideas profesadas en toda su juventud. Mas, aparte tal honrada inconsecuencia, Gustavo Arosa permaneció fiel siempre al romanticismo y a la República. Eran de oír sus temeridades continuas de palabra contra el Imperio cuando decirlas costaba muchas veces y a muchos republicanos incómodo viaje a Cayena. Eran de atender los recuerdos de sus batallas literarias en favor de los románticos franceses contra los académicos y en favor de los librepensadores contra los jesuitas. En la grande alma de Gustavo se confundían el amor al arte con el amor a la libertad, y juzgaba incapaces de amar la belleza verdaderamente artística a los incapacitados de sentir las grandezas del gobierno republicano y del elemento democrático, los cuales deben ser queridos como los querían los más cultos de los hombres, los atenienses en los antiguos tiempos y los florentinos en los tiempos modernos.

Parece que le veo todavía en su estudio de Saint-Cloud, allá, por un desván de pintor, desde cuyos ventanones descubríanse, destacándose, como engarzados en el Sena, y a guisa de joyas en su montura, precedidos por grandes bosques y jardines que combinaban la naturaleza con el arte, los monumentos artísticos de París, el Arco de Triunfo romano, el Panteón helénico, las torres góticas de Nuestra Señora y de la Santa Capilla, bogando en las brumas del horizonte como naves que conducen almas por la inmensa idealidad, y alzándose a una erguidos sobre los pesados paredones y el triste conjunto de las vulgares casas, como se alzan, erguidas sobre los intereses vulgares, las inspiraciones y las ideas, esas cimas eternas de lo ideal y de lo artístico. Aquí un caballete, con cuadro a medio terminar trazado por la diestra mano de su hija Margarita; más allá un volumen in folio, donde se acababa de buscar la noticia necesaria para cualquier memoria o libro; en los pavimentos la oscura alfombra persa unida con la vistosa y multicolor árabe; por las paredes, junto al macetón de flores, la estatuilla de Sajonia, la jarra de Talavera, el plato de Sèvres, la bandeja esculpida por los artistas del Renacimiento, el bote de Alcora, el porrón de Cataluña, el vidriado de antigua Venecia, parecido a piedras preciosas, el joyel mudéjar, las grandes riquezas del anticuario, comentadas por fotografías, acuarelas, copias, dibujos, que reproducían las primeras bellezas artísticas del mundo y os llevaban, como a un viaje de circunnavegación ideal, en torno de la historia.

Yo iba mucho a su casa, por mi amistoso afecto a su hija primogénita María, parisiense y española como su padre, joven distinguidísima por la hermosura y por el ingenio, a quien todo Madrid conoce, como mujer que es de nuestro compatriota Calzado, cuyo hogar, lleno de niños preciosos, españoles todos, puede llamarse allá en París templo erigido a la patria, donde siempre se guarda una capilla de consagración a mi ardiente y exaltado patriotismo. Así, cuando en las noches del invierno de nuestro destierro, tras largos días sin Sol, llegábamos al palacio de Saint-Cloud, después de haber respirado tanta niebla, lo primero que nos recibía era el cuadro de Velázquez, por cuyo plano cabalga el príncipe don Baltasar, esclarecidos el damasquinado de sus adornos y el color claro de su banda a la luz vivísima de Madrid, la cual, rebotando en la nieves del Guadarrama, tiende su manto áureo sobre los paisajes luminosos del Pardo y la Moncloa. ¡Oh! Después que habíamos contemplado esta obra maestra y recibido por todos nuestros poros, como un baño fortificante, aquel éter que los nervios recogían del efluvio misterioso esparcido por las irradiaciones del arte, nos sentábamos a la provista mesa, departiendo en la lengua materna sobre las cosas y las noticias de España. Una noche de esas en que los horizontes se oscurecen y cierran al emigrado, pareciéndole que no volverá jamás a ver la patria y su cielo, el hogar y los suyos, la tumba de los antepasados, las aras del parentesco y amistad natales, recitaba yo de memoria el inmortal romance de Góngora Oh sagrado mar de España, y conforme iba en su recitación subiendo, anudábase la voz en mi garganta, y lágrimas, mal reprimidas, caían de los ojos asombrados por amargo desconsuelo. ¡Ay! Jamás olvidaré las reflexiones, en aquella noche y en aquel dolor, de nuestro Gustavo, cuya grande alma, henchida de inspiración, habrá visto allá en el cielo, frente a frente, los sublimes ideales por los que ha sentido religioso culto siempre aquí en la tierra.

Otro muerto ilustre lloran hoy las letras y las ciencias, Eduardo Laboulaye. Quien, llamándose demócrata en los tiempos nefastos del Imperio, cuando Francia yacía envuelta en la mortaja del cesarismo, y la prensa dirigida por los fruncimientos del entrecejo de César, y la tribuna vacía bajo la neumática reglamentación imperial, nos leyera y saboreara el París en América, libro popular sugerido por el numen de la libertad y consagrado a la difusión luminosa del pensamiento republicano y parlamentario, en oposición al bonapartismo y su dictadura; quien, llamándose demócrata, repito, por aquella sazón y oportunidad, no admirara tan oportuno libro, debía dejarse de servir la causa del pueblo e irse de grado a incorporar con los lictores y custodios de la omnipotente dictadura, tan adversa de suyo a la conciencia y a la libertad. El París en América nos movía, con sus animados diálogos, con su interesante dramática, con sus varias noticias, con sus sabias reflexiones, al entusiasmo por el individualismo, por el derecho personal, por el Parlamento moderno, por el régimen democrático, por la República, y como todos los libros correspondientes a incontrastables necesidades del alma, se difundía por millones de ejemplares, llevando a las inteligencias luz y a los ánimos calor, en aquella terrible desolación, fe y esperanza. El escritor ilustre no podía, dadas sus cualidades, aspirar al coro inmortal donde se hallan los grandes pensadores como Conte y Bernardh; los grandes artistas como Hugo, Michelet y Renan; pero nadie le ha igualado en el arte dificilísimo de propagar las ideas nuevas y ejercer un verdadero apostolado en sabia y constante propaganda, la cual penetraba, como aire y luz del espíritu, en los abismos donde yace dormido el pensamiento de las esclavizadas muchedumbres. Penetrado de un liberalismo sistemático, sin excepciones ni distingos, Laboulaye no ejerció la influencia propia de su talento por el error, hoy tan divulgado entre nosotros, de la indiferencia respecto a las formas de gobierno, cuyo error condújole, como de la mano, a transigir como transigiera Ollivier en tan mal hora, y a olvidar que toda monarquía, y especialmente la monarquía imperial, es incompatible con la libertad en toda su extensión y la democracia en toda su pureza. Tamaño error le arrebató su popularidad cuando más la necesitaba y cuando mayores servicios pudo prestar con su pluma y con su palabra en días bien tristes y nefastos a la causa inmortal a que consagrara una inteligencia sin sombras y una vida sin mancha.

Otro escritor francés, Julio Sandeau, acaba de morir, escritor todo él candidez y dulzura, que la muerte no perdona, en su implacable igualdad, a nadie, y no se deja desarmar por las violencias de los fuertes ni por los reclamos de los débiles, guardando avara, sobre todos, su omnipotente autoridad y su incontrastable imperio. El escritor que acaba de morir a los setenta y dos años en el retiro de su biblioteca y en el apartamiento de su hogar, llamábase Julio Sandeau y era un verdadero miniaturista de la novela, seguramente atractivo por la nimiedad del dibujo y por la reducción de los personajes a las menores dimensiones posibles, pareciéndose así todas sus obras a esas modestísimas joyas que las matronas de cierto recato y retiro se ponen al pecho sin ostentación, como una sencilla reliquia de familia o un recuerdo de dulce y perdurable amistad.

Sin embargo, escritor tan modesto y apocado tuvo amistad con un gran genio, con Honorato Balzac, y amor con otro gran genio, con la célebre Dudevant. Esta mujer extraordinaria le tomó las primeras letras de su apellido y se llamó en el mundo, y se llamará por siempre ante la Historia, Jorge Sand. Un año escribieron juntos. Algunas obras resultaron de la unión de sus dos almas. Estas obras apenas eran leídas, ni mucho menos compradas, tanto, que la pobre joven debía cooperar a la manutención de los dos colorando con pincelitos mojados en pastillas flores grabadas, no tan olientes ni tan hermosas como las que tenía en germen o en capullo por los campos inmensos de su nativa y creadora fantasía. En tales obras de dos, toda la parte dulce y tierna, que hubiérase dicho pertenecer a la mujer, pertenecía de suyo al hombre; y toda la parte audaz y fuerte, que hubiérase dicho pertenecer al hombre, pertenecía de suyo a la mujer. Separados al poco tiempo, quizás porque ni sus inteligencias se comprendían mutuamente ni se completaban sus complexiones opuestas y contradictorias, Julio Sandeau se preservó él mismo y preservó a su amante de los escándalos que diera, por igual motivo y por la misma mujer, Musset, con sus celos, con sus caprichos, con sus embriagueces de cólera expansiva, con sus inmortales quejas de genio delirante y desgraciado. Recluido en la Biblioteca Mazarina, escribió libros que parecían copias de los hogares y las familias de clase media en que naciera y se criara, o dramas que parecían copias de sus novelas, escritas todas con exquisito gusto, en claro estilo y desarrolladas con método y medida, como cumpliera naturalmente a quien esquivaba discurrir por las cerúleas regiones, temeroso de no poder a sus anchas respirar allí donde solamente respiran las águilas verdaderas de la literatura y del arte. Yo le hablé mucho en casa de Legouvé, durante una velada literaria que diera éste en honor mío; y no podía creer a mis ojos, cuando me trasladaban a la mente aquel escritor, célebre por los primeros amores que inspirara, colocado en tan diverso lugar por mis ideas y por mis recuerdos. Un gran dolor moral ha precedido a los dolores materiales que han acabado con su vida, la muerte de un hijo, brillante oficial en la marina francesa. Desde este golpe no ha vuelto a levantar cabeza, muriendo de afectos puros e íntimos, como los que tratara por espacio de medio siglo en sus preciosas novelas. ¡Que haya encontrado en otra vida mejor la paz negada por el destino a los mortales en esta triste vida!

Dejemos a los muertos en su paz y vamos a los vivos en sus guerras. El Imperio alemán ha entrado, al fin y al cabo, como todos los Imperios, en pleno socialismo. Yo he creído siempre las instituciones imperiales más propensas a la utopía socialista que las instituciones republicanas. Si alguna duda cupiera respecto a tan evidente verdad, ahuyentárala el rescripto postrero de autorizado escritor imperial, del Emperador de Alemania, que, no contento con haber querido amortizar en poder del Estado un monopolio tan importante como el monopolio de los tabacos, allí desestancados y libres, ha querido fundar, bajo su alta protección, cajas de socorro para los trabajadores inutilizados, como si el trabajo fuere una profesión militar y consintiese su naturaleza verdaderamente social y su innegable universalidad asimilarlo a instituciones puramente del organismo gubernamental y del Estado, como el ejército y sus escasos inválidos. El trabajo, como el cambio, es una función esencialmente social, y no cabe dentro de las reglamentaciones burocráticas, gravosas al trabajador en último término, por lo mucho que aumentan el presupuesto y embarazan a un mismo tiempo la producción y el consumo. Digo del socorro gubernamental a los trabajadores pobres, inscrito en el presupuesto y regulado por la Administración, lo que del crédito gratuito, tentador de suyo para la miseria, y puesto ante los ojos del trabajador como una engañosa esperanza por los comunistas de abolengo. El crédito gratuito no se puede conceder a unos y negar a otros, hay que abrirlo para todos, pues de lo contrario, creándose privilegios absurdos, derogaríanse a una los principios de igualdad política encerrados en las Constituciones modernas. Pues si hay que abrirlo a todos, calculad el incalculable presupuesto necesario para tal operación, los empleados que habríais de mantener para emprenderla y cumplirla, las reglamentaciones que habríais de urdir para facilitarla, el influjo permitido por tales larguezas al Estado y a sus representantes, la disminución y aminoramiento del trabajo y sus productos, al lado de una burocracia y sus agentes que llegarían a verdadera omnipotencia y dispondrían de las elecciones como dispusieron los Césares en Roma, quienes se guardaron muy bien de abrogar las instituciones electivas, corrompiéronlas, ofreciendo a los electores las tierras públicas y su rendimiento, las anonas oficiales y su trigo. La carta del Emperador de Alemania es una copia servil de las conferencias de esos socialistas de la cátedra, para quienes hoy no tienen ningún valor la ciencia económica de la libertad, revelada en los comienzos de nuestro siglo al mundo, y mantenida por los espíritus superiores en todo el curso de nuestra gloriosísima centuria. Derogando las leyes naturales de la sociedad, sustitúyenlas con arbitrarias concepciones de secta y escuela que tientan a los fuertes y les dan medios de seducir, para mejor avasallar, a los débiles. Pero es el caso que los trabajadores ya se hallan muy advertidos de todo cuanto contiene el socialismo de arriba y dispuestos a rechazarlo, sabiendo que tira, con pérfidos medios, más que a enriquecer su peculio y aumentar su derecho, a enriquecer el presupuesto y aumentar el poder de la incontrastable autoridad imperial.

Está visto, como tras el Emperador aparece a la continua el Canciller, está visto que sueña el Canciller con la utopía. Autor de obras milagrosas que parecían desmentir las leyes de la naturaleza y de la historia, todo lo juzga posible a su poder, con solo ambicionarlo en su voluntad. Si el mísero feudo cedido en lote a la orden teutónica, confinante con las tierras eslavas, apartado de aquella Suabia que diera sus privilegiados hijos al mundo germánico, hase, a guisa de grandiosa y henchida nube, por todos los horizontes de Alemania extendido, llegando a formar el núcleo de la poderosa nacionalidad nueva, no indica tanta fortuna increíble, tal resultado maravilloso, consecuencias ni siquiera sospechadas antes por el vulgo, que logre la sublime autoridad imperial, fautora de tal obra, romper las leyes naturales de la economía y distribuir por medios artificiosos los productos del capital y del trabajo, enriqueciendo a los pobres sin desdorar y empobrecer a los ricos.

Parece imposible; mas el pueblo germánico, autor del moderno individualismo, está, como pocos pueblos, tocado y enfermo de inclinaciones socialistas. Una parte considerable de su cuerpo docente ha fundado el socialismo de la cátedra, y otra parte considerable de su clerecía oficial ha fundado el socialismo de la Iglesia. Los catedráticos más conservadores hablan de la propiedad en el fraseo propio de los clubs más rojos, y los pastores más pietistas hablan de la pobreza y del pobre como los más exaltados reveladores de sistemas utópicos. Nosotros nada tendríamos que oponer a esto, si el socialismo de la imperial autoridad no se derivase inmediatamente del socialismo de la cátedra y de la Iglesia, que, aparentando endulzar la suerte de los pobres, extendió la autoridad de los reyes. Imposible parece la uniforme monotonía con que la historia se repite, y se reproduce, y a sí misma se copia de siglo en siglo y de gente en gente. La imperial autoridad de Germania en pleno siglo XIX ha menester, como la cesárea autoridad de Roma en los pasados siglos, de numeroso ejército y de rendida plebe. La utopía socialista de Bismarck no es otra cosa más que la llama en cuyo ardor se dora la diadema del Imperio, para que parezca de oro esplendente y luminoso, cuando es de frío y pesado hierro.

No contento con la carta del Emperador ha reconvenido Bismarck a las Cámaras por su pereza en controvertir y resolver los problemas sociales, como si las facultades del poder ejecutivo pudiesen llegar hasta inmiscuirse, con oficial y pública censura, en los actos del poder legislativo y parlamentario. Mas de antiguo ha contraído tal manía y no tienen medio los diputados de conjurarla. Nuevas incidencias y nuevas reconvenciones han mostrado con irrefragable demostración de que naturaleza es el socialismo de la cátedra, puesto en boga por las autoridades del Imperio. Dada la copia del poderoso ejército que Alemania tiene para conservar su predominio político en Europa, necesita distribuirlo en muchas regiones; y dada esta distribución, alojarlo en grandes cuarteles; y dados estos cuarteles, asistirlos y proveerlos con todos los recursos indispensables a la colmena de tan grande y numeroso enjambre. Así, hay en todos estos cuarteles muy bien provistas cantinas, y en todas estas cantinas el vino, libre de las gabelas gravosas al general consumo, expéndese muy barato, arruinando a la industria y al comercio de los particulares, incapacitados para vencer y contrastar tan formidable concurrencia.

El diputado progresista Rischter hase creído en el deber de levantar su voz contra tamaño abuso, y ha vuelto por los derechos universales del ciudadano desconocidos en los fueros burocráticos del cuartel. Ya se ve, para todo buen socialista la ley de la libre concurrencia es tan odiosa como para todo buen vividor la ley durísima de la muerte. Pero así como ha querido la naturaleza implacable que las almas de las generaciones nuevas se monten y engarcen por necesidad en el sepulcro de las generaciones muertas, ha querido también que provengan las obras humanas y su gradual perfeccionamiento de la emulación y de la competencia. Quitadlas y destruidlas, como quiere la mayor parte de los utopistas modernos; gremiad los trabajadores por fuerza; imponedles imperialmente las horas de trabajo y el organismo de su oficio; disciplinadlos como disciplinaríais un regimiento; mandadles así las vocaciones respectivas como el respectivo límite de sus facultades; y veréis cuán pronto habéis convertido la sociedad moderna en triste y solitario convento, sobre cuyos claustros se alce un despotismo, natural y lógico, doquier muere la libertad individual, con su más inmediato y útil resultado, la libre concurrencia.

Vamos a ver el estado y desarrollo de la política en Oriente. Una ceremonia solemne acaba de celebrarse allá en las aguas del Bósforo. Los cañones de los fuertes han retumbado, como si aún los hiciera tronar la mecha de los grandes conquistadores; y las barcas del serrallo han salido, en guisa de cisnes áureos que discurrieran, airosos y erguidos, por los celestes cristalinos lagos, donde se miran las riberas del Asia y de la Europa. Desplegábase tanto lujo en aquel escenario incomparable por haber llegado a la capitalidad antigua de la cristiandad el nominal vasallo de Turquía, que hoy dirige los destinos de un pueblo recién desprendido de la dominación turca, el pueblo de Bulgaria. Pretendía pasar por aquel sitio sin rendir homenaje al Sultán, su archisoberano; y el Sultán, que por tal descuido le ahorcara en otros días, o por lo menos le remitiera el dogal para que se ahorcase, hoy le invita con solicitud y le agasaja con esplendidez, seguro de que a todos, sin excepción, se revela por miles de revelaciones diversas la triste irremediable decadencia de su antiguo Imperio. El Príncipe de Bulgaria es vasallo meramente honorario del Sultán de Constantinopla y vasallo real del zar de todas las Rusias. Y lo es en tanto grado, que Rusia le nombró hace tiempo un Ministerio, por cierto a sus gustos e inclinaciones muy repulsivo, y ha de sostenerlo durante dos años enteros, si quiere conservar su corona en las sienes amenazadas por fulminante rayo, y su apellido entre los soberanos más o menos irrisorios, de la nueva Europa. Nada tan curioso como el combate que sostienen estos principillos eslavos con el soberano impuesto por los arreglos diplomáticos, a quienes prestan acatamiento ilusorio, y el soberano impuesto por las necesidades políticas, a quien prestan ineludible obediencia. Contra el primero, puramente nominal, recaban la concesión de condecoraciones y la firma de títulos nobiliarios y el envío de agentes diplomáticos y la ostentación de otras zarandajas más o menos baladíes, mientras tienen que recabar contra los otros, que los rodean de ministros y empleados suyos, la efectividad del supremo poder. Habrá visto el Sultán a su vasallo so el amparo de propio pabellón, y en el pavés de autoridad soberana; mas al verlo, debería recordar por qué caminos agrios y escabrosos suelen perderse los Imperios que rinden culto al fatalismo y no saben renovarse por la creadora virtud de una verdadera libertad.

El príncipe Alejandro habrá reconocido aquellos lugares por la poesía clásica esmaltados; habrá visto el sitio donde la ninfa lo esquivaba los celos de Juno, y el sitio donde plantaba Medea su laurel ponzoñoso, y el sitio donde morían de amor Hero y Leandro, habrá observado todas estas maravillas; y al ver las aguas en cuyo seno va disuelta la luz oriental y las montañas en cuyas cumbres olímpicas están como dibujados los dioses helénicos; entre las costas de Asia y Europa, que parecen abrazar y adormecer a los mares, en cuyos cristales clarísimos los palacios de mármol, las rotondas de oro, los kioscos multicolores, los jardines poéticos, los intercolumnios festoneados de rosas y jazmines se retratan como recreándose a una en contemplar las velas que van por las corrientes y las aves que van por las alturas; habrá comprendido cómo se deseará poseer todo aquello desde las áridas estepas del Norte, desde las petrificadas olas del Báltico, desde las oscuras orillas del Volga, y comprenderá que sus protectores le han dado cetro y corona para que represente la vanguardia del ejército de cruzados moscovitas, que, creyéndose dirigidos por los ángeles de Constantino, juran redimirá Santa Sofía, relegada impíamente a los harenes del turco, y hacen de Constantinopla la capitalidad inmortal de un Imperio grecoeslavo, apercibido por el cielo a bautizar y a evangelizar todo el Oriente.

La verdad es que Turquía se desvanece cada vez más en los aires como una gran pesadilla. El hombre aquel, en quien pusiera tantas esperanzas, el buen Arabi-Bajá, que había desplegado la verde bandera del Profeta y esgrimido el cortante alfanje de Ostman, hállase ahora en la isla de Ceilán, donde los mahometanos creyeron que había surgido Adán, y donde se cruzan innumerables tradiciones islamitas por los aires, consagrado, no a meditar los libros sacros, que fortalecen la fidelidad del creyente; no a invocar los santos del Islán, que han destruido tantas veces a los nazarenos y han elevado en los cielos de la victoria el arco argénteo de la media Luna, sino a industriarse, como pobre discípulo y doctrino, en el inglés, para dar gracias a los vencedores, si posible fuera, en la propia lengua suya, por tanta piedad y misericordia como han tenido al dar un paraíso en su Imperio al caudillo de una rebelión contra su Imperio. Y mientras tanto, lord Dufferin, embajador antiguo de Inglaterra, se ufana de recortar patrones de códigos políticos para el Egipto, como si esta tierra de los dioses muertos y de los ritos legendarios fuese un primitivo territorio de aquellos no surcados por la historia, sin escombros y sin recuerdos, en cuyos senos pueden los utopistas ejercitarse y escribir, como en limpia pizarra, los términos todos, más o menos algebraicos, de ideales utopías. Al hojear la disertación de lord Dufferin sobre las instituciones más convenientes a Inglaterra, nadie diría que la trazara un experimental y positivo sajón, acostumbrado a las contemplaciones de los hechos más que a las contemplaciones de las ideas, sino un meridional, soñador y artista, idóneo para la traza de leyes, mejor o peor ideadas, en las cuales, curándose mucho de las teorías y de las proporciones, no se cura gran cosa de la realidad y de sus irremediables impurezas. ¡Buena tierra el Egipto para constituciones ideales! ¡Ah! Lo que verdaderamente resulta y resalta de todo esto es que Turquía y su Imperio se han desvanecido en Egipto, para dejar paso libre a Inglaterra y su Imperio. La dominación turca toca en su ocaso, y el Califato de Constantinopla estaría ya disuelto, si Europa no temiese la infección que pueden dar al aire respirable los gusanos inmundos generados por la descomposición de tan podrido cadáver.

El Oriente llama la general atención de Europa; y la llama, porque está el Oriente amenazado de guerra, y cualquier chispa, siquier aislada y pobre, podría hoy avivar y mantener el incendio universal. Armenia se mueve demandando las reformas prometidas en el tratado de Berlín, y Turquía se resiste a la concesión de estas reformas. En tal estado, Rusia, como siempre, se mueve, y como siempre, aparenta interesarse por la libertad y los derechos de las varias sectas, más o menos cristianas, poseídas aún, como triste rebaño, por el Sultán de Constantinopla. Poseedora la gran potencia del Norte, con motivo de sus victorias últimas en la península balcánica, de sumas plazas fuertes en el Asia Menor, guarnece sus alojamientos militares, concentra sus tropas, requiere sus armas y amenaza con los vislumbres relampagueantes de una próxima guerra. Pero el mayor síntoma de graves acontecimientos está en la visita hecha por el Príncipe de Bulgaria, recién constituido, a su vecino el Rey de Grecia; visita que ha seguido a la del Sultán de Constantinopla. La raza bulgárica, como eslava de suyo, y la raza griega, como helénica, guardan dentro de sus pechos un vivo sentimiento de rivalidad y competencia. Estados constituidos los dos en el quebrantamiento y fracción de la Turquía tradicional, aspiran a extenderse con grandeza y en daño mutuo de sus sendas nacionalidades. La oposición ha llegado tan lejos, que Bulgaria se ha desasido del Patriarcado de Constantinopla tan solo por el carácter helénico de tal institución religiosa. Mas ahora ven búlgaros y helenos que mientras ellos disputan y riñen, Austria se acerca sigilosamente a Salónica y Rusia se introduce y entromete con tal imperio en los negocios búlgaros, que hasta nombra los ministerios, imponiéndolos al irrisorio Rey de Bulgaria. Y mientras tanto la cuestión de Armenia con sus complicadas incidencias acusa la proximidad de nueva guerra, la cual podría traer sin remedio la total ruina del Sultán y la conversión de la Mezquita más ilustre del islamismo, coronada hoy por la media Luna de Ostman, en la Basílica Santa coronada por la cruz griega de los inmortales Constantinos. Y para tal evento deben los pueblos cristianos entenderse y apercibirse a la solución única que ha de conjurar todos los conflictos y ha de traer todos los seguros a la confederación grecoeslava.

Verificóse la coronación del zar. Aquel trono de los zares, por la retina del Eterno rematado, ha vuelto a la sala imperial de San Andrés, coronado con su guirnalda de rayos. El manto de armiño, en cuyo centro campean las águilas de dos cabezas coronadas de diademas y armadas de cetros, ha salido del empolvado camarín. Aquí se han visto las espadas que muestran la fuerza y allí las insignias que muestran la majestad del poder. Los cosacos llegaron en pelotones y los arzobispos corrieron desde sus respectivas diócesis para ofrecer la mirra, el óleo y el incienso a esta especie de dios. Juntáronse ríos de cerveza, millones de pasteles, músicas semejantes a ejércitos por su número, coros que pueden atronar los aires, y llegó la triste policía de los moscovitas a impedir que los genios invisibles y apocalípticos del nihilismo se deslizaran sigilosos entre tantas grandezas históricas y las hicieran saltar en pedazos con sus terribles explosiones.

El ministerio Gladstone acaba de ser derrotado en la Cámara de los Comunes por una cuestión religiosa, por la cuestión del juramento político. Embargados los ánimos y ocupadas la opinión y la conciencia general con tamaño problema, pertenecía seguramente a un hombre de la previsión por todos reconocida en el gran ministro, buscar una solución que tales agitaciones calmase, reconociendo los derechos fundamentales e inalienables de la humana conciencia. Por consiguiente, propuso Gladstone una reforma justísima de suyo, aceptada hasta por los conservadores en España últimamente, y que da con grande acierto a los diputados la facultad omnímoda de cambiar el juramento de fidelidad por la promesa, cuando su conciencia filosófica y religiosa les vede invocar el nombre de Dios y los Santos Evangelios. La política no puede tener un carácter absoluto, y aunque busque ideales de grande superioridad, debe tomar en cuenta, para su trabajo de todos los días, cuanto hay de relativo y circunstancial en nuestra existencia. La cuestión del juramento sobrevino a consecuencia de la elección de Bradlaugh, especie de popular predicador, dado a vagar por las calles y encrucijadas continuamente, sosteniendo el ateísmo con vehemencia y llamándose con el ridículo y anticuado nombre de iconoclasta, cuya general acepción contiene antiguos combates y recuerda tremendas irreverencias. Ningún espíritu al ateísmo tan repulsivo como el mío, en quien aquella idea de Dios, inspirada por la primera educación, ha crecido a medida que crecía la existencia y ha madurado a medida que maduraba la razón.

Yo he visto a Dios en los esplendores todos de la Naturaleza, y he columbrado las deslumbradoras alas de sus ángeles, en el brillo resplandeciente de los astros; yo he sentido a Dios en los más puros afectos de mi corazón y le he amado con todas mis aspiraciones a la caridad universal y con toda mi compasión por los humanos dolores; yo he oído a Dios en los conciertos de las esferas y en las armonías de las orbes; yo, sin Dios, creeríame y creería a mi especie como un rebaño de pobres animales, todos materia, seducidos y engañados por una diabólica ilusión: que sin la idea de Dios no explicaría el átomo perdido en los confines de la nada ni los soles vivificadores de la creación, como no comprendería sin su providencia las leyes divinas del Universo y de la historia. Por consiguiente nadie como yo abomina de las escuelas ateas y nadie como yo cree y adora la suprema y divina existencia del Ser absoluto y perfecto, en quien se animan a una espíritu y naturaleza, por quien se explican todos los enigmas del Universo y se adivinan y se presienten todas las fuerzas de las ideas y de las cosas en sus concéntricas esferas y en sus divinas armonías. Pero yo no puedo negar el derecho que tiene la naturaleza humana en su limitación y condicionalidad a la expresión del error, como no puedo desconocer la ineficacia de los medios coercitivos para perseguirlo y ahogarlo. Así, pues, creo con el gran ministro inglés, que la verdad metafísica y dogmática no puede imponerse por las fuerzas coercitivas, y que se debe respetar hasta en sus mayores extravíos la irrefragable libertad del humano pensamiento.

Pero no ha creído esto que yo creo la Cámara de los Comunes inglesa. Por el contrario, abstenidos los liberales de viejo cuño, los wighs por tradición y escuela; reunidos en haz y apretados como tebana legión los conservadores; poseídos del demonio pesimista los inexpertos irlandeses, quienes todo lo deben al radicalismo inglés y en todo sirven a la escuela conservadora, su cruel enemiga; excitados por su exaltadísimo celo y su adhesión a la Iglesia los obispos; recrudecida la universal superstición religiosa, en ninguna parte del mundo tan rutinaria como en la Gran Bretaña, ¡oh! el poder discrecional atribuido en el bill Gladstone al diputado de cambiar el juramento de fidelidad por la promesa, reforma justa y saludable, ha valido al Gobierno una derrota, que si bien ahora no lo derriba y aterra, disminuye sus fuerzas y amengua su poder. Era de oír, según los asistentes refieren, el aquelarre armado por los vencedores contra sus adversarios los vencidos. Unos diputados aplaudían hasta romperse las manos y otros vociferaban hasta desgañitarse; metían éstos infernal ruido, silbando como en mal teatro y se colocaban de pie aquellos en los bancos cual si estuvieran reunidos en cualquier cuadra o chiquero y no en la primer Cámara del mundo. Los más irreverentes llegaron hasta la mofa, la befa y el escarnio, cantando el nombre de Gladstone, su gran ministro, en coro, a los aires soeces de los lampiones y otros cantares desvergonzados y corrientes en los barrios bajos parienses entre los pilluelos de los can-canes: por manera que ninguno de los derbis, o carreras de caballos, donde los sajones se emborrachan y gritan; ninguna de las corridas de toros de muerte, donde se salen fuera de sí los españoles, puede compararse con esta última hora de una grande sesión parlamentaria en respetabilísimo y antiguo Parlamento. Permítase, pues, a mi amor patrio el envanecerse recordando que jamás damos a las gentes, nosotros los españoles, tales ejemplos; y diciendo que aquí hemos admitido hace poco la opción libérrima entre la promesa y el juramento, por escrupuloso respeto a la libertad religiosa y espiritual, sin que se hayan suscitado los obstáculos y dificultades que acaban de suscitarse allá en Inglaterra; pues el pueblo español, tan probado por las tiranías de sus sacerdotes y de sus reyes, después que ha sacudido las cenizas de la Inquisición y que ha roto los viejos ídolos del absolutismo proclamando la libertad religiosa, lógico y consecuente, ha sabido declarar que las ideas no pueden impedir el ejercicio de los cargos públicos y que las conciencias tienen derecho al respeto del Estado y de las leyes, hasta cuando yerran, si ha de salvarse su indispensable inviolabilidad.

Los ingleses cuentan dentro de su oficial protestantismo innumerable variedad de sectas religiosas. Todavía quedan restos allí del catolicismo antiguo, rejuvenecidos y remozados por la libertad moderna. Junto al anglicanismo tradicional, auténtico, histórico, se levantan los puseistas, que dominan con grande dominio en centros religiosos importantísimos y que usan las estolas, el incienso, los cirios como arreboles de la fe antigua; los metodistas, los discípulos de Wesley, que combatiendo el excesivo rigor del dogma luterano relativo a la gracia, se apropian tanto al carácter individualista inglés y tanto confían en que el segundo Adán rescatará la culpa del primero; los presbiterianos, los verdaderos demócratas del protestantismo, quienes asocian el elemento eclesiástico y dan al principio electivo la virtud alcanzada en las antiguas sociedades apostólicas; los unitarios, que proclaman una especie de socialismo derivado de las ideas españolas e italianas del siglo XVI, de aquellas ideas mantenidas por Valdés y por Servet, las cuales, regateando a Cristo su divinidad, lo reconocen y proclaman como el fundador de la moral definitiva y eterna; y tantas y tantas otras sectas, matices diversos y varios de una misma creencia, los cuales van desde la ortodoxia secular de los antiguos creyentes católico-romanos, hasta la República cristiana e idealista de los cuáqueros en esos templos vivos de Dios y de la libertad que se llaman las selvas del Nuevo Mundo. Pues así como en el cielo religioso, donde parece que la fe ha de dar más unidad a los espíritus y más universalidad a las ideas, existen estas diferencias, ¿por qué no han de existir en el cielo científico, donde reina más el criterio individual y la rica variedad del pensamiento?

Ya sabemos que han concurrido muchas circunstancias para hacer odiosa la personalidad originalísima de Bradlangh a los ingleses. Su brutal franqueza contrasta con la pudicicia que pone la gente sajona en las palabras y formas de sus más audaces pensamientos. El carácter socialista le daña también mucho en pueblo donde parece congénito a la complexión y naturaleza nacional e histórica el más desenfrenado individualismo. Luego, aquel trabajador, verdaderamente gigantesco y hercúleo, que alza la cabeza erguida sobre las muchedumbres como el trofeo sobre la legión; que posee una voz estentórea, cuyos acentos llegan a tener la resonancia del trueno; que destituye al Dios de los profetas con fórmulas proféticas; que convierte las utilitarias reuniones políticas en reuniones teológicas, donde se desgarran página a página los libros santos leídos por los ingleses todos los domingos en sus ejercicios religiosos, ha de concitar contra sí muchas iras y ha de tener frente a sí muchos enemigos. Yo aseguro, sin embargo de todo esto, que Bradlangh es un moderado y conservador escrupuloso en comparación de los demagogos españoles, franceses, germanos y rusos. ¡Ah! Extrañarse del ateísmo plebeyo y rudo, y brutal si queréis, de un pobre trabajador, los que han colocado, y con motivo y fundamento, entre sus mayores glorias a un Stuard Mill, semicontistha y semipositivista; a un Spencer, mantenedor del movimiento eterno y de la evolución universal; a un Bain, que confunde la psicología con la fisiología y explica la unidad del espíritu humano por mera asociación de ideas; a un Darwin, que deriva unas especies de otras especies y genera en sus teorías al hombre mismo por el ayuntamiento de las bestias. Aquella Cámara de los Comunes, compuesta por católicos, apenas emancipados gracias a la sublime y tempestuosa palabra de O'Connell; por protestantes que admiten los derechos de la libre conciencia y los ejercicios del libre examen; por judíos, víctimas primeras de la intolerancia religiosa; por presbiterianos y cuáqueros y unitarios que rechazan y condenan el juramento, debía llegar a donde las Cámaras españolas y francesas han llegado, o bien a la indispensable abrogación del innecesario y vejatorio juramento político, cuya inutilidad es manifiesta, o bien a la opción entre el juramento y la promesa, como nosotros los españoles, a quienes consideran los ingleses padres naturales de la Inquisición y enemigos natos de la tolerancia. Para ir a la cabeza del mundo no basta con tener mucho territorio, porque si bastara, tendría tal dirección esa Rusia, tan grande, que apenas puede medirse la extensión material de su Imperio; necesitase la posesión plena y absoluta del espíritu moderno y el culto desinteresado a sus grandes ideales de progreso y a sus eternos principios de justicia. El respeto a la conciencia individual es lo menos que puede pedirse al viejo liberalismo inglés, generador ilustre de todo el moderno liberalismo europeo.

Con la crisis italiana rematamos esta crónica, ya larga, de un mes rico en varios e importantes sucesos. Después de las últimas elecciones, hechas con censo bajo y numeroso, creían cuantos observan de ligero la política europea que iba el partido de oposición, existente ya en la izquierda liberal, a obtener mucho número y desmedida influencia. Ponían, los que pensaban así, en olvido la consumada prudencia de los italianos y su afición a las pacíficas y lentas evoluciones del progreso medido y legal a que se hallan sujetos los pueblos salidos del periodo revolucionario. Depretis se había presentado a los comicios con franqueza en su discurso de Stradella, y los comicios le habían dicho con sus votaciones ministeriales cómo podía contar con la estabilidad si no se paraba en los amplios caminos del progreso. La nación estaba resuelta contra todo retroceso hacia la derecha conservadora, por conocerla demasiado, y contra todo salto violento hacia la izquierda extrema, por conocerla poco. Dentro de la izquierda extrema existe un hombre con autoridad extraordinaria, Cairoli, de la madera de los héroes más que de la madera de los estadistas, y tres jefes muy patriotas y talentudos, pero poco idóneos para el gobierno, como Nicotera, Crispi, Bertani, por sobrado gubernamental el primero y sobrado radical el segundo, mientras el tercero padece de una inquietud nerviosa en todo cuanto a la política interior se refiere, y de una galofobia crónica en cuanto se refiere a lo exterior, que le quitan fuerza y le dan enemigos. Por esta razón, a no dudarlo, el viejo Depretis, consumado estadista por su ciencia y por su experiencia, no ha querido enderezar la proa de su gobierno hacia cabos circuidos de la incertidumbre, la mayor entre las plagas que pueden malograr una política, y ha preferido pararse, aún corriendo el riesgo de tocar en la inmovilidad. Cierto que, contrastado y combatido por una fracción de suyo hábil, como la fracción conservadora, encabezada por un hombre de suyo eminente, como el economista Minghetti, se ha encontrado con que su política de progreso ha salido política de estancamiento, según las calificaciones dadas por los doctores en la materia y robustecidas por el abrazo y el voto último, en que los más reaccionarios han hablado y votado como una sola persona en favor del mismo que les ha sucedido y reemplazado para empujar la Italia por los progresos a las reformas y cumplir una política de amplia y radicalísima libertad. No debe olvidarlo Depretis. El calor de su vida solo puede conservarse con el movimiento hacia adelante. Una estabilidad sobrado quieta podría pudrir la nave muy velera en que va embarcado y dispersar la tripulación a los cuatro vientos, mientras que si anda de prisa, con los ojos puestos en la estrella-norte de la libertad, llegará con fortuna y rapidez al seguro puerto de una gran política que realce mucho su nombre y agrande y robustezca su patria.

## Capítulo IX. La coronación del zar

No abriréis un diario francés por estos días sin daros de manos a boca en seguida con el Tonkin, problema de carácter oriental por su lado geográfico, y de carácter europeo por su lado político. Francia no ha querido contentarse con el predominio moral que le daba el haber prescindido de su monarquía y de su aristocracia, constituyéndose por su propia voluntad y derecho en libre y robusta República, tan luminosa para todas las inteligencias como atractiva para todos los pueblos del mundo. Cegada por las reverberaciones últimas de su gloria militar, aún resplandeciente con vivos arreboles sobre su ocaso, quiere colonizar en remotas regiones y extenderse y dilatarse por el África y el Asia en competencia con Rusia e Inglaterra. La impremeditada expedición a Túnez le ha traído la enemistad implacable de los italianos con la ocupación del Egipto por los ingleses; y a este doble desastre de su diplomacia responde con una doble temeraria empresa en Madagascar y Tonkin, exponiéndose a desagrados nuevos con Inglaterra y a conflictos temerosos con China. El pretexto a tal movimiento lo ha encontrado en las incursiones continuas de piratas varios bajados desde las fuentes del río Rojo, al comienzo del cauce navegable, a Lao-Kaz, como de Lao-Kaz a la desembocadura del río a Tonkin. Tales excursiones molestan mucho a los franceses en su comercio con estas tierras y hasta en la quieta y tranquila posesión de sus dominios en Cochinchina. Y para evitar tantas molestias y conseguir la seguridad de su Imperio esbozaron ciertos proyectos de convenios con los chinos, por lo cuales reconocían los franceses la supremacía de, China sobre Anam, y reconocían los chinos el protectorado de Francia sobre Tonkin. Y unos y otros habían asentido a dejar entre los dos Imperios, el Celeste antiguo y el francés nuevo, una zona montañosa, especie de muralla natural, poblada por tribus, lo bastante guerreras para impedir el contacto de dos dominaciones, las cuales, para estar muy hermanadas, habían grande necesidad de no ser enteramente fronterizas. Andaba todo esto en paz cuando los ingleses mueven a los chinos contra Francia, y a consecuencia de este impulso comienzan los chinos a retroceder en sus componendas pacíficas y a volverse amenazadores y combatientes. Pero lo más grave del caso es que si China requiere sus armas con aire de reto, la prensa británica requiere sus plumas con aire de rivalidad, y pone los torpedos de sus desconfianzas en las fronteras de un pueblo como el francés, asediado ya por las desconfianzas germánicas y las desconfianzas italianas en el Este. Así, no es mucho que los ingleses recelen de la dirección y administración francesa en el canal de Suez y propongan abrir otro nuevo con el especioso pretexto de la deficiencia del antiguo. Según y conforme avanzamos en civilización y cultura perdemos aquellas expansiones humanitarias de otros tiempos y vamos encerrándonos los pueblos europeos, respectivamente cada cual, en refinado egoísmo. ¿Qué ha sido de aquel antiguo partido liberal inglés, tan ufanado de su carácter humanitario y de su grande superioridad sobre las viejas supersticiones torys? ¿Qué ha sido de aquella definición, dada por un repúblico eminente, de los antiguos partidos ingleses, cuando decía que los wighs anteponen los intereses generales de la humanidad al interés de Inglaterra, y los torys el interés de Inglaterra a los intereses generales de la humanidad? Hoy, en este asunto, son iguales todos. Las palabras de Bright parecen arqueológicas supersticiones de un cuáquero tenaz que combate los horrores de la conquista y de la guerra por miedo a la perdición de su alma: ya no queda un solo inglés que sea osado a proponer lo hecho nuestra vista, el abandono de la isla de Chipre, cual en otro tiempo abandonaran el archipiélago Jonio. Aquel carácter humanitario de los wighs de otros tiempos se conoce ahora por la oposición al túnel entre Francia e Inglaterra, y por el protectorado de Egipto, y por la enemiga implacable a Francia en sus varias coloniales empresas. Pero no deben olvidarlo jamás los ingleses; si sus vecinos han de contar siempre con el odio de Alemania, ellos han de contar siempre con el odio de Rusia; y como sería nociva para Francia una alianza de Inglaterra con Alemania, sería nociva para Inglaterra una alianza de Francia con Rusia. Pululan, pues, con tales motivos, rumores varios de guerra europea. Porque ha dado un paseo Moltke por las costas ligúricas y las montañas suizas; porque ha ido a Génova y Ginebra; Wimpfen, sucesor de Ducrots en Sedán, escribe alarmante carta, que parece concebida en vísperas de otra irrupción y otra batalla. ¡Dios preserve de tal calamidad a Europa!

Por fin, el espectro, recluido tanto tiempo en las marismas de Gatchina, se ha bajado de la nube terrible donde se hallaba envuelto y ha reaparecido como un olvidado ídolo que se moviese resplandeciendo con extraordinarios resplandores. Si cupiera cualquier duda respecto al carácter asiático del Imperio moscovita, desvaneceríala, de seguro, la capitalidad de su historia, la oriental y bizantina Moscú. Sus casas de madera, que huelen a campamentos tártaros; sus innumerables iglesias, revestidas de mosaicos litúrgicos trazados al resplandor de una tradicional ortodoxia y coronadas por áureas rotondas parecidas a gigantescos turbantes; el Kremlin, donde se aglomeran fortalezas y ciudadelas con palacios titánicos y templos sobrepuestos, especie de ciudades como las destruidas por los rayos del cielo y por las cóleras del hombre allá en las orillas del Eúfrates; las gentes varias que descienden del Don, del Caucazo, del Asia Menor, con sus dormanes, jaiques, túnicas, gorras de Astracán, diademas y tiaras persas; su clero, vestido a la usanza y manera semiasiática, semejantes por su aspecto a los sumos sacerdotes hebreos, las reliquias engarzadas de pedrería sobre el pecho, la capa pluvial en los hombros, cogida con broches cincelados y cubiertos de esmaltes, los incensarios de oro en la mano; el Emperador, envuelto en púrpura y armiño, con su corona, donde la luz reverbera con reflejos sobrenaturales en las sienes fatigadas, y con su largo cetro, rematado por brillante del valor de un reino, en la derecha, y la esfera del áureo mundo en la izquierda, semejándose a los Constantinos pintados en las letras iniciales de los libros escritos para la Santa Sofía de los Justinianos y de los Comenos; todas estas varias imágenes que veis como en los vidrios de una catedral helénica o como en los cuadros de un santuario armenio, dicen bien claramente cómo Rusia se desprende y cae del mapa europeo para unirse al Asia, donde aún le aguarda un ministerio de cultura y civilización que cumplir sobre razas dormidas en los senos de la naturaleza o petrificadas en los recuerdos de la historia.

Fingid el ritual de la coronación última y aún veréis más clara esta verdad evidente. A las siete de la mañana el Kremlin se corona de humo, porque sus cañones retumban; y la iglesia de la Asunción retiembla, porque su gran campana, la mayor del mundo, suena con su terrible resonancia. El sitio donde la ceremonia se ha de celebrar es tan estrecho, con ser una Basílica matriz, que cabe muy poca gente, cual cabe muy poca gente, a su vez, en el Estado ruso, donde basta de suyo a dirigir el Imperio un autócrata solitario, y para dirigir la Iglesia un restringido sínodo. Los grandes dignatarios eclesiásticos, alineados a la puerta del templo de la Asunción, parecen a los colosos, a las esfinges, a las evocaciones de remotos siglos más que a seres vivientes. Los tomaríais por esas imágenes de madera, cubiertas en los altares con el plegado de sus lujosos ropajes, y deslumbradoras con la cargazón de sus alhajas, muestras varias de antigua joyería. Las voces lanzadas por todas las torres en el estruendoso campaneo anuncian que os halláis en ciudad antigua, donde la clerecía domina sobre todas las demás instituciones sociales. Por una escalera tapizada de púrpura desciende un cortejo, en el cual se hallan representados cien millones de seres humanos esparcidos por un territorio tal que se dilata sobre una gran parte del planeta. Cincuenta grupos, a cual más deslumbrador, divididos según su categoría y estirpe, como en los frescos monásticos la gloria celestial, componen esta inmensa corte y cohorte de un déspota. Detrás de todos vienen el Emperador y la Emperatriz con aspectos y aires de dioses, y de dioses rígidos e inmóviles como la increíble autocracia. Uno de los arzobispos, presidido de cruz levantada y acompañado de dos diáconos, va delante, rociando de agua bendita, encerrada en vasijas de oro, el sitio por donde han de pisar y pasar las plantas imperiales. Heraldos revestidos de dalmáticas rojas y cubiertos con gorras ceñidas de plumas de avestruz guardan las insignias imperiales, coronas, cetros, globos, collares, cuajados todos de brillantes que deslumbran. Los generales llevan el palio inmenso bajo cuyos pliegues entra el zar; y los pajes, hijos todos de nobles, la cola rozagante y argéntea de la zarina. El arzobispo de Moscú presenta la profesión de fe ortodoxa, que lee con voz entera el soberano, y a esta lectura sigue armoniosísimo coro de interminables letanías. Después de esto Alejandro III coge la corona y la pone sobre su cabeza, para quitársela en seguida, y tocar con ella la frente de la Emperatriz. A este acto sigue el Te Deum de San Ambrosio, y al Te Deum la entrada del Emperador solo en el santuario griego, donde comulga bajo las dos especies. Y queda ungido y consagrado zar, ídolo del pobre mujic y dueño de cien millones de vasallos. Después de esto el pueblo va en tropel a una inmensa comida, para que le repartan quinientos mil pasteles y otros quinientos mil vasos de cerveza, todo encerrado en quinientas mil cestitas. Bien es verdad que cuando ese pueblo es el pueblo de Petersburgo, acompaña con desórdenes revolucionarios la embriaguez producida por los presentes del zar. Así ha concluido una ceremonia tras la cual se ha dado una proclama sin ninguna promesa de libertad y bajo cuyas pacíficas apariencias se contienen crueles amenazas de guerra.

Parece que después de Rusia, el despotismo, no debíamos hablar de América, la libertad. Pero lo exige así, no solamente la ley de los contrastes, sino también la necesidad de apuntar un fenómeno curioso.

Los libros publicados en Europa respecto a la joven América por americanos, unen al mérito intrínseco de sus calidades literarias y científicas, el extrínseco de su especial utilidad, para quienes ignoran tanto como los europeos las cosas de Ultramar. Apenas podemos inscribir en nuestra memoria la lista de los errores cometidos por la casta de los políticos en el Viejo Mundo al resolver el problema de sus relaciones con el Nuevo. Se ha necesitado que pasaran múltiples sucesos y muchos años para imbuir a la reacción europea el propósito de no rebasar los límites de nuestro continente para derramarse por el continente americano. Por aquí abundaban los pretendientes resueltos a reedificar la realeza histórica en el Nuevo Mundo, sin más mérito que haber perdido el patrimonio personal heredado de sus regios padres. Los bastardos, muy abundantes en los palacios reales, invocaban el recuerdo de Enrique de Trastámara, o Isabel de Inglaterra, o Juan de Austria para mostrar a los americanos como los príncipes habidos de ganancia por los reyes en sus devaneos valen más aún que los legítimos para combatir y reinar. A la eficacia propia de tales supersticiones engendráronse los monstruosos proyectos de reacción intercontinental. Un caudillo más o menos auténtico, presentó con solicitud a las reinas más o menos santas plantel de tronos para su numerosa prole regia en los bosques y selvas vírgenes. La horrible palabra reincorporación de los territorios perdidos comenzaba públicamente a usarse por diplomáticos viejos en documentos oficiales. Todo un Gladstone creía que la gran República del Nuevo Mundo se dividiría en la guerra servil para dar ese plato de gusto a los supersticios realistas del Imperio británico. Y las cancillerías de Francia e Inglaterra con las cancillerías de Austria y España, imaginaron que nada tan fácil como renovar contra cualquier presidente liberal de República mexicana las proezas de los primeros conquistadores contra el Emperador histórico de los aztecas y erigir sobre las bayonetas de los soldados extranjeros y las sobrepellices de los ultramontanos excomulgadores un Imperio, de reacción monárquica y religiosa, cuya sombra cubriese con las tinieblas de una eternal noche los espléndidos horizontes de la democracia en el cielo brillantísimo de la libre América.

Todavía recuerdo la hora del desengaño y la cara que ponían los poderosos del Viejo Mundo al saber cómo se acababa de caer la fortaleza de sus ilusiones en el Nuevo. Paréceme ver aquella escena en la gran ceremonia del certamen celebrado para repartir los premios conseguidos en la última Exposición Universal por todos los expositores del mundo. La fugaz corona de Maximiliano, al rodar por los suelos, se llevaba consigo nada menos que la corona de Napoleón. El Grande tropezó en la vieja España para morir, después de aquel crimen, bajo el sombrío ciclo de Waterloo; y el Pequeño tropezó en la Nueva España para morir después de aquel crimen bajo el sombrío cielo de Sedán. Las noticias nefastas llegaron a la corte de las Tullerías cuando se preparaban los Emperadores para las fiestas del trabajo. En aquella hora ultima de su poder, como que resplandecía con llamarada más viva Imperio, por lo mismo que se hallaba más próximo a la muerte. Aún recuerdo, como si la viera hoy mismo, la célebre fiesta, enaltecida por la presencia de innumerables príncipes, entre los que relucía y descollaba el principal huésped entonces de Napoleón, el Sultán de Constantinopla. Se habían agotado los recursos del arte y de la industria, sin dar mas de sí que aumento de tristeza; pues parecía Palacio de la Industria, donde acababa de llegar noticia del desastre de Maximiliano a los oídos de su protector, un gran teatro adornado con todos los esplendores del babilónico lujo imperial y henchido con todas las notas de armoniosa música para celebrar siniestros funerales, en que a los ojos más imprevisores aparecía el Emperador como un frío cadáver y el Imperio como una fugaz sombra.

## Capítulo X. Las postrimerías de Chamboard

La triste agonía del magnate que representaba en Francia con mayores títulos el principio monárquico, hase prolongado allende lo natural y ordinario, como si fuera este agonizar de un solo individuo la ingente agonía, que suele preceder al fin y trance último de las instituciones históricas. Por espacio de seis meses el telégrafo ha jugado para decirnos cómo se apagaba y revivía el resplandor de la vida en aquel cuerpo embestido por los asedios de la muerte. Los humores que conservan la existencia y los humores que la corroen y acaban se han dado una batalla sin tregua en aquella complexión sin fuerza y sin salud. Análisis científicos, informes varios, consultas médicas, rogativas solemnes, peregrinaciones religiosas, misereres piadosos, ex votos y ofertas, cuanto pueden guardar el humano saber y la divina religión se ha interpuesto entre la vida del monarca y los decretos del destino, sin detener un punto los estragos de la enfermedad última, ni derogar por una excepción siquiera la terrible inevitable igualdad reinante, allá en los sombríos dominios de la muerte. Mucho hay de grandioso en esta luctuosa reina de los mortales, cuando sublima cuanto alcanza y toca en el mundo con sus manos descarnadas y siniestras. En los combates diarios de la vida y en los impuros empeños de la realidad, aquella quijotesca alucinación de un cerebro extraviado por las supersticiones de su crianza y por los fantasmas de su herencia, parecía un tanto risible, por contradictoria de suyo con todos nuestros hábitos y todos nuestros principios, dando a la persona viva un aire arqueológico y a la corte suya un aspecto carnavalesco, propio para provocar a risa, pues en la contraposición de la singularidad de una idea o de una costumbre, con las ideas y las costumbres universales, hállase uno de los orígenes del ridículo, cual notamos en el héroe de Cervantes, el más ocasionado a despertar tal afecto, por creerse, a fines del siglo XVI, en plena edad feudal y caballeresca. Mas ahora, la inmovilidad y el silencio de un cadáver, los lloros de amantes deudos y servidores fidelísimos, el resplandor de los circos y el rocío de los hisopos, las sombras de los paños fúnebres y el albor de la bandera blanca, las voces de la eternidad y los cánticos de la Iglesia, los misterios todos de la muerte, exhalan tales ideas, que nos parece asistir, no desde nuestro bajo mundo, no, desde la eternidad al ocaso postrimero de una fe secular y al juicio supremo de una edad histórica.

¡Trágicos destinos! La tragedia griega se fundaba en el contraste desgarrador entre la excelsitud del nacimiento y los dolores de la vida o de la muerte, y entre las fuerzas de la libertad individual y los decretos del hado religioso. Por esta razón creían los preceptistas helenos que los héroes de tales obras debían pertenecer a estirpes excelsas, pues sus desgracias se ven desde más lejos, por pasar en las alturas, y sus caídas parecen mayores por desde las alturas desprenderse. Así, en el seno de una república democrática representábanse las tristezas de reyes como Yago, Edipo y Orestes para mover al terror trágico el ánimo de pueblos como Atenas y Corinto. No cabe dudar que la desgracia del fin aparece más terrible cuanto más contrasta con la ventura del comienzo. Quien ha nacido en cuna de rey resulta más infeliz que los demás mortales en mortaja de ahorcado. Quien tiene un Escorial erigido de antiguo para su eterno reposo, seguramente no dormirá en paz dentro de una fosa común, y sus huesos ilustres habrán de removerse al contacto con los huesos plebeyos. Ningún poder humano evitará que se vea más lo más de suyo visible. No resultan Luis XVI y María Antonieta las víctimas de la revolución francesa más interesantes y más puras, a causa de sus errores y de sus faltas; pero, a no dudarlo, resultan las más trágicas, a causa de haberse resbalado desde las tablas de un trono a las tablas de un cadalso. El terror trágico despertado por estos contrastes durará tanto como duren los anales históricos en la memoria humana y las desigualdades varias en la universal naturaleza. El cristianismo mueve a piedad, como ninguna otra religión, porque quien padece allá en el Calvario sed ardorosa, derramó las aguas vivas en los manantiales, y después de haber sido el autor de la vida y de la luz, aceptó las lobregueces del sepulcro y los horrores de la muerte. ¡Cuántas extraordinarias grandezas sonrieron a una en el nacimiento de ese infeliz Príncipe venido a la vida en los templos de la monarquía francesa y muerto en las tristezas de un perdurable destierro!

Como la familia Borbón había tanto menguado tras sus desgracias inenarrables; como príncipes de la sangre, cual Condé, habían muerto en los fosos de una fortaleza, por las balas imperiales atravesados, y delfines de Francia, cual Luis XVII, habían desaparecido de la tierra sin dejar en el suelo rastro de sus huesos, y en la historia reflejos y arreboles de su vida; como Luis XVIII no tenía hijos; como el duque de Angulema, primogénito de Carlos X, y su descendencia, cediera en salud sus derechos hereditarios al segundogénito, o sea el duque de Berry, quien acabara en la puerta de un teatro, por un fanático a traición apuñalado; como el vástago surgido de la genealogía de horrores, el infeliz Chambord, parecía venir al mundo para descargar las cóleras celestiales prosperar la dinastía legítima; el natalicio de tan esperado niño, huérfano al nacer y padre ya de todo un pueblo, por heredero de una esplendida corona, produjo universal regocijo en los que, no viendo el curso misterioso de las ideas ni el cambio universal de las instituciones, creían eternos a los reyes restaurados en sus altísimos tronos, tan solo porque reinaban a despecho de la conciencia humana y contra las corrientes del humano progreso. París entero se conmovió, cuando el cañón de los Inválidos, ahora mudo, y el intercolumnio de las Tullerías, ahora derribado, con sus estentóreas voces aquel y con sus blancas banderas éste, anunciaron al mundo el nacimiento de un Delfín de Francia. Enrique le llamaron como se llamara el glorioso fundador de su dinastía, y además de Enrique, Diosdado, como diciendo que Dios mismo lo diera por un acto de misericordia inefable a la corona de Francia para su prosperidad y su esplendor. Por la iniciativa de unos cuantos realistas abrióse a su favor una suscrición nacional, que produjo lo bastante para comprar y adquirir el histórico palacio de Chambord, con sus parques inmensos, donde Francisco I un día resucitara los esplendores de las artes de Italia y se diera en cuerpo y alma, después de su cautiverio, a los placeres del amor y a los ejercicios de la caza. La poesía misma, que es presentimiento, augurio, anuncio, previsión, adelantó a las realidades, profecía en una palabra, cantó la bienandanza de aquel niño y creyó en la eternidad de su poder hereditario, cual si por el espíritu no hubiera pasado la filosofía del siglo último, y por el suelo no hubieran, a su vez, pasado las ráfagas del huracán revolucionario. Las almas de Alfonso Lamartine y Víctor Hugo, esas dos alondras del nuevo día social, abatidas en la noche de lo pasado y encerradas en el polvo de los panteones, quisieron desmentir la finalidad para que habían sido expedidas ambas del cielo a la tierra, y cantaron al nuevo monarca y sus privilegios sin comprender, ni aún presentir, que debían por inexorables decretos del destino, cantar la humanidad y sus derechos. Todo le sonreía, todo, al niño, menos el espíritu de su tiempo, que, aprisionado dentro de la Restauración como los gases comprimidos en las profundidades íntimas del planeta, debía buscar una salida y un respiradero, encendiendo, al romper y estallar con furia, el volcán de la revolución para devorar en sus llamas esa cuna, última tabla de un naufragio, por último fragmento de un trono, a la cual se habían asido las antiguas instituciones y las viejas ideas, creídas de salvarse así a los anatemas de la libertad y honrar así los designios de la Providencia.

En efecto, apenas contaba diez años cuando una mañana de julio, su madre, llorosa, le asía de la mano y le llevaba camino del destierro, pues quien heredaba de sus mayores el histórico trono de Francia no podía esperar en la tierra de Francia ni un solitario sepulcro. Ya contaba el niño edad para comprender que habían sido bandera de la insurrección general en su contra, e instrumento seguro de su perdición inapelable, los propios parientes, Borbones como él, de sangre real por ende, nietos como él de Enrique IV, vástagos como él de la familia de San Luis, como él nacidos en los umbrales del trono, menospreciadores de todas estas obligaciones de su nacimiento regio y de todas estas grandezas de su nombre tradicional, hasta haberse convertido, como una especie carnicera, en calumniadores de la propia sangre y en verdugos de la propia familia. Uno de ellos, Gastón, se levantó en armas contra la indiscutible autoridad de Luis XIII y desacató su poder; otro de ellos, Felipe, conspiró contra el honor de su hermano Luis XIV; otro de ellos, el Regente, sintió mil veces tentaciones de ceñirse la corona de Luis XV; otro de ellos, Igualdad, votó la muerte de Luis XVI; el año 30, todos ellos a una, destronaban a Carlos X, usurpándole después los cuantiosos bienes del Príncipe de Condé y aprisionando a la duquesa de Berry para ofenderla y deshonrarla, como su antecesor deshonrara y ofendiera tristemente a la pobre María Antonieta: horrible familia de Atridas, aquejada, desde su aparición primera en la Historia, del odio y del horror a los suyos, tan solo por haber nacido antes que ella y gozar, merced a tal inconsciente antelación, los goces y las grandezas de un trono. ¿Quién le dijera entonces a Enrique V, al educarse y crecer oyendo todas estas historias de los traidores a su estirpe y sangre, que había de transmitir al joven mayorazgo de tan crueles y ambiciosos parientes, al conde mismo de París, por caprichos de la herencia, los derechos escupidos y denostados por las desapoderadas ambiciones de los siniestros Orleáns?

El duque de Burdeos, como le llamaron a su nacimiento, y conde de Chambord, como le han llamado luego en su destierro, es la víctima propiciatoria y última, entre las resistencias de lo pasado y las reivindicaciones de lo presente aplastada como en una inmolación religiosa. Las ideas que levantaron su familia real a tan altos puestos y los sentimientos que la sostuvieron por tan largos siglos, se han alongado aquellas de la conciencia y estos del corazón, por necesidad, en las generaciones creadas para nuestro tiempo revolucionario; y como han desaparecido aquellas ideas y aquellos sentimientos, han desaparecido también sus símbolos y sus representaciones, las formas a las cuales obedecían, los organismos donde se personificaban, las familias regias representantes del absolutismo arriba como de la sumisión y de la servidumbre abajo. Heridas por esos rayos del cielo que se llaman ideas, rayos de fecundadora luz en la victoria y rayos de homicida electricidad en el combate, las dinastías retrogradas han caído sin excepción todas ellas en el destronamiento y en el destierro. Se ha cumplido en el bueno de Chambord, con inexorable cumplimiento, la ley social que frustra todas las restauraciones, condenándolas sin apelación y sin remedio. Como los Austrias no se han restaurado en Suiza y Holanda, como los Estuardos no se han restaurado en Escocia e Inglaterra, como los Estes no se han restaurado en Florencia y Módena, los Borbones y los Orleáns jamás se restaurarán, jamás, en Francia, condenados al destronamiento y al destierro por una revolución que ha encontrado ya, después de sus fórmulas luminosas, sus inconmovibles fundamentos. Los monárquicos no quieren comprender cuánto daña hoy a sus monarcas destronados la ley de solidaridad histórica y hereditaria en que ayer se asentara su entronizamiento y su poder. Así como los timbres antiguos, los blasones heráldicos, los privilegios recogidos en la cuna, sus nombres ilustres, su ascendencia inmortal, sus tradiciones históricas les hicieron reyes antes, por una expiación inevitable les impiden ahora el ser ciudadanos en la patria misma de sus padres: ley compensativa de sus altas grandezas y justo castigo a sus tradicionales tiranías.

Y como admiten la ley de solidaridad los monárquicos al uso para todo cuanto les conviene, y lo rechazan para todo cuanto les molesta, contaminados de la idea democrática y del principio de la responsabilidad personal, rearguyen de ingrata, en su dolor, a la revolución de julio, y le dicen que debió haber dado su pena correspondiente a las faltas del abuelo Carlos X y su generoso perdón a la inocencia y a la pureza del nieto Enrique V. Pero los cincuenta últimos años de una experiencia evidentísima, prueban que si resulto Carlos X mucho más reaccionario que Luis XVIII, hubiera Enrique V, a su vez, dadas las propensiones de su romántico natural y las ideas de su conciencia, pegada de suyo a trono y altar, mucho más reaccionario que Carlos

X. Representante del catolicismo ultramontano en toda su exageración, del principio hereditario en toda su pureza, del Estado monárquico anterior a la revolución en todo su vigor, del supersticioso credo sobre en cuyos cánones se asentaba la Francia tradicional, quería desde aquel sudario de la bandera blanca donde se amortajara para descender a su sepulcro hasta las cadenas de la vinculación para la propiedad y del gremio para la industria, como medios de conservar, desde las almas hasta las tierras, a imagen y semejanza de su criador cuasi divino, el viejo y petrificado absolutismo. Para que pudiese reinar en Francia Enrique V, precisaba desmontar toda la Europa moderna como quien desmonta una máquina inútil y vieja. Él no podía reinar sin la teocracia en Roma, el croata en Milán y Venecia, los esbirros austriacos sobre los tronos centrales de Italia, los Fernandos de Nápoles en las Dos Sicilias y los Carlos de Borbón en todas las Españas; por el Norte la Santa Alianza, encabezada con la Santísima Rusia; el espíritu democrático en tinieblas, y los ídolos antiguos en sus templos: que, a modo y guisa de un profeta inspirado por Dios, y como un monarca ungido bajo las catedrales góticas de la Edad Media con el óleo contenido en la sacra ampolla de Reims, creíase cumplidor de un ministerio providencial encaminado a detener las conciencias con las voluntades en fría parálisis y a empujar hacia atrás el revuelto curso y el encrespado oleaje de los tiempos. Podíais hablarle de libertades y derechos, de progresos y democracia, de moderno espíritu, para él todo eso era ininteligible, como para la estatua yacente de un sepulcro antiguo, tallada en el mármol, con sus pesadas vestimentas antiguas y sus frías armaduras inútiles, tan inerte como el cadáver a quien representa y a quien repite con su mineral sueño en su incontrastable inercia.

Así es que, muerto para el tiempo que corre, antes de morir para la tierra que lo ha devorado en sus entrañas, ese hombre no quita ni añade un ápice al problema de los destinos europeos. Para los legitimistas ha desaparecido en el crepúsculo, donde vivían como los murciélagos, desde mil ochocientos treinta, el Sol pálido de los sepulcros y el símbolo sacro de los recuerdos, adorado como una efigie hierática, la cual no responde a ninguna interrogación y recibe con fría indiferencia las nubes de incienso y las ofrendas religiosas en su inconmovible santidad. El vástago último de sus reyes, el mantenedor de la enrollada bandera blanca, el representante de los poderes históricos, el sacerdote de las tradiciones muertas, se ha llevado consigo, al morir, un punto el cual servía como de núcleo a tantas mentidas ilusiones y un foco el cual servía como de centro a tantas infundadas esperanzas, cuando los caballeros últimos del Espíritu Santo creían resucitar la sociedad muerta porque se vestían ellos los viejos flordelisados mantos para celebrar una fiesta de San Luis, sin advertir que celebraban un sábado mágico de siniestros fantasmas y de indecisas ideas. El conde de Chambord guardaba la poesía de los recuerdos, la poesía de aquellos últimos paganos que se asían a los dioses muertos mientras los germanos entraban a saco en la Ciudad Eterna y la Cruz de Cristo se erguía sobre las cimas del alto Capitolio; esa poesía, puesta por la generosidad natural del hombre como un nimbo místico sobre los fragmentos de todas las ruinas yertas y sobre las sienes de todos los ídolos caídos. He ahí lo que ha partido para siempre: una corona sin heredero, una dinastía sin continuador, una tradición sin vida, una religión sin aras ni altares, un símbolo sin ideas, una creencia sin calor, una monarquía sin esperanza, un muerto que vuelve a las regiones de la muerte y que continua en su tumba durmiendo sueño tan plúmbeo como el que ha dormido en vida su yerto y petrificado espíritu.

La prueba mayor de cómo Chambord aborrecía entre los suyos a los liberales, hállase clara en el proceder seguido con la familia reinante hoy sobre nuestra España, por creerla usurpadora de los derechos y de la para él indiscutible legitimidad de don Carlos. Jamás quiso ver o recibir a doña Isabel II, ni en su desgracia y en su destierro, a pesar de lo mucho que hiciera esta señora para empujar el trono de la revolución nacional hacia la histórica legitimidad y de las instancias apremiantes con que reclamó una entrevista necesaria entre parientes al jefe augusto e incontestado de todos los Borbones. Y hace poco, al morir la reina Mercedes, hija del duque de Montpensier, la cual Reina llevaba el apellido de Borbón cuatro veces junto a su nombre, y que unídose había con Alfonso de Borbón y Borbón, ¡ah! no vistió luto el conde de Chambord en su castillo de Frosdhorf, como si para él hubieran las tradiciones revolucionarias extraído la sangre borbónica de las venas a sus propios parientes. Así, las entrevistas con el mayorazgo de los Orleáns han resultado puras ceremonias, y nada más que ceremonia la entrevista del año 73, al naufragar las ultimas esperanzas de restauración, y ceremonia mayor el abrazo y almuerzo de 1883, al morir el representante último de la monarquía en Francia. Si esta frialdad no reinara entre los dos herederos, ¿cómo se diera el caso de morir Enrique V sin ver ni bendecir en el trance último al destinado por el cielo a la representación de su legitimidad? Víspera de San Luis agonizaba en larga noche luctuosa el vástago último de aquella secular dinastía que fundaran sobre la tierra de Francia los célebres Capetos.

## Capítulo XI. La muerte de Chambord

La muerte de Chambord ejerce tanta y tan decisiva influencia, que no puede sustraerse nuestro ánimo a las tentaciones de volver a contemplar, antes de su extinción en triste olvido, los arreboles postreros de un ocaso, con el cual se apagan veinte largos siglos y desaparece un organismo político allá en la Roma clásica brotado del genio de César, y muerto, después de metamorfosis profundas y restauraciones incompletas, en el desastre de Sedán, cuando un escarmiento cruentísimo enseñó a los franceses cómo no servía ni para defender la unidad de su Estado, ni para salvar la independencia. Nunca un principio llegó a descomposición tan grande como ahora este principio hereditario al dejar la corona de los reyes perseguidos y guillotinados en las sienes de los reyes perseguidores y verdugos. Solo un ejemplo igual nos presenta esa misma historia francesa cuando la herencia del iniciador de la terrible noche de San Bartolomé, de aquel Valois último, heredero de Carlos IX, recayó en el hereje, hugonote, perseguido Enrique de Navarra, quien, si oyó una misa con refinado escepticismo para tener a París, en cambio dejó el Edicto de Nantes para seguro de sus antiguos correligionarios y germen fecundísimo de la moderna libertad religiosa.

El partido realista francés hase imaginado que su principio único es el derecho de primogenitura en la sucesión de los reyes, y ha creído que debía posponerlo todo a la salvación de tal principio, admitiendo como legítimos herederos de los Borbones a sus más crueles enemigos, los implacables y nefastos Orleáns. Pero, en tiempos verdaderamente monárquicos, al formarse la grande institución histórica, no solamente por la fuerza de las cosas, también por la fe que despertaba en las almas, corregíanse hasta con la muerte los inconvenientes a cada paso encontrados en la herencia.

Isabel la Católica, fundadora de la monarquía moderna entre nosotros, se halló con que la sucesión de su sobrina la Beltraneja, en el estado de nuestra patria entonces, agravaba la triste anarquía feudal; y prescindiendo por completo de la legitimidad hereditaria, salvó a Castilla, tan amenazada de fraccionamiento y de muerte, al par que destruyo el elemento aristocrático, tan levantisco y envalentonado a causa de las complacencias con él tenidas por las dinastías de los Trastámaras. Felipe II, el gran dogmatista, creído en su interior de que Dios le había dado aquel su inmenso Imperio para oponerlo como inexpugnable fortaleza entre las grandes herejías y la Iglesia ortodoxa, castigó con la muerte, a riesgo de cometer un parricidio, en su temor a la subversión de su política por el derecho hereditario, las veleidades luteranas de su triste y malhadado primogénito. Los Guisas, rama segunda de los Valois, que habían dado cardenales como los Lorenas al Concilio de Trento, reyes como los Estuardos al trono de Inglaterra y Escocia, enemigos tan implacables como el duque Francisco a los hugonotes y jefes tan valerosos como el duque Enrique a la Liga católica; los Guisas, aquellos príncipes cuasi monarcas, lugartenientes de la Iglesia en su tiempo, apoyados por la monarquía de España y los Papas de Roma, se oponían al cumplimiento del principio hereditario en Francia con la exaltación de los Borbones al trono, por defender y personificar estos regulillos de Navarra el detestado calvinismo.

El derecho hereditario ha traído en mil ocasiones a las sociedades humanas los principios más contradictorios con sus bases, y halas obligado a pasar por cambios bruscos de temperatura moral, tan peligrosos a su salud como los cambios bruscos de temperatura física son peligrosos a la salud natural de nuestro cuerpo. Sí, por herencia cayó la monarquía española dos veces durante tres siglos en manos extranjeras; por herencia una católica tan ferviente como la sanguinaria María sucedió a un rey tan protestante como Eduardo IV en Inglaterra; por herencia, en esta misma nación, una protestante del fuste de Isabel sucedió a una supersticiosa del temperamento de su hermana; por herencia, los Tudores, columnas del protestantismo, dejaron el Estado británico a sus propias víctimas, los Estuardos, que habían de perder vida y corona en aras de su fe jesuística; por herencia, los hugonotes de Navarra sucedieron a los asesinos de la San Bartolomé; por herencia, los Austrias de España dejaron el trono a sus eternos enemigos los Borbones de

Francia; por herencia, los Borbones de Francia hoy acaban de legar antiguos derechos y secular representación a sus verdugos y a sus calumniadores los maldecidos Orleáns.

En los tiempos antiguos estos contrasentidos provocaban guerras y guerras duraderas. Para impedir que María sucediese a Eduardo, un levantamiento cuasi religioso terminó con el suplicio de bella princesa; para impedir que la religión luterana se afianzara y robusteciera en el mundo tras el escudo de Isabel, un esfuerzo como el esfuerzo de la Armada Invencible; para impedir la reacción católica en Inglaterra, un patíbulo como el patíbulo de María Estuardo y Carlos I, o revoluciones como la sacra revolución; para impedir el reinado de los Borbones en Francia, un movimiento como la sublevación de los ligueros y barricadas como las barricadas de París en el siglo XVI; para impedir el arraigo de los Borbones de Francia en el trono de España, guerras tan devastadoras como nuestra guerra de sucesión: que así mantiene la paz en el mundo ese residuo de las castas asiáticas, conocido en la política con el nombre de derecho hereditario, por el cual grande nacionalidad pasa de unas manos a otras manos en guisa de rústico predio, y hombres libres en guisa de miserables rebaños.

Ahora, como por gracia de Dios y voluntad del pueblo no hay en Francia monarquía, la guerra civil, a cada cambio dinástico encendida en el mundo, toma un carácter mucho más tranquilo y se trueca en guerra de manifiestos y periódicos. Hay ya sobre los despojos de Chambord trazados con lucidez dos partidos en armas, el puro y el hábil. Este último pasa por todo y cree lo más fácil y llano del mundo convertir en un conde místico de Chambord al conde liberal de París. En vano le contradicen recuerdos y le combaten hechos continuamente, y a cada paso; en vano los escritos del rey muerto surgen evocados por las circunstancias para ponerse frente a frente de los escritos del rey vivo y demostrar la imposibilidad física, metafísica y moral de que continúe y suceda el uno al otro; los hábiles no se detienen mucho en barras, y en sus aires de pretendientes minúsculos a probables empleos y honores, necesitan todos ellos de un pretendiente mayúsculo al fantástico trono, por lo cual toman, a falta de otro mejor, para burlar los decretos de la Providencia, un Felipe de Orleáns, hecho conde de París por su abuelo cuando usurpaba y retenía contra todo derecho monárquico la corona perteneciente al abuelo ilustre del conde de Chambord. Así, mientras este a todos sus fieles mandaba cartas untosas como el óleo sacro de Reims y escritas con pluma real mojada en la santa ampolla de los obispos, aquel escribía mamotretos sobre una de las mayores consecuencias del movimiento liberal, a saber, las sociedades cooperativas inglesas, y sobre uno de los mayores triunfos de la democracia universal, a saber, la guerra de los Estados Unidos del Norte contra la infame rebelión de los negreros y de los esclavistas del Sur.

Nada más contradictorio que una carta del conde de Chambord a los suyos y una carta del conde de París. Aquél siente dentro de sí una especie de numen sacerdotal, por no decir divino; habla en lengua de oráculo y profiere sentencias cuasi teológicas; reconoce que ha de responder en el tribunal inapelable a sus ilustres antepasados por el depósito así de su derecho hereditario como de su bandera blanca; y no transige con la proterva sociedad contemporánea, surgida de un desacato a Dios tan grande como la reforma religiosa y de otro desacato al monarca tan grande como la revolución francesa, mientras el de París, nieto de regicidas, jefe de judíos y de volterarianos, hijo de madre protestante, soldado de la República americana, pacífico terrateniente de Francia, sin aquella ridiculizada corte de tenderos, convertida toda en sostén de las nuevas instituciones democráticas, recoge su derecho hereditario encontrado al acaso como pudiera recoger un billete de lotería perdido en la calle, y con arte sumo se recluye allá en su castillo y en su silencio hasta que lo haga rey otra casualidad tan grande como la casualidad que lo ha hecho heredero y pretendiente. Así han resucitado ahora sus fieles una carta en la cual palpitan las cualidades todas de su taimada familia, diciendo que ni se ha presentado jamás como pretendiente, pues no existe un acto suyo de tal género, ni ha reconocido la República, porque los gobiernos se reconocen por las grandes potencias, con quienes han de vivir en amistad, y no por súbditos, a los cuales solo deben pedir acatamiento y obediencia. Bien hablado; pero ¡qué distancia de las cartas de su antecesor diciendo «el derecho es mío, y el señalar la hora de su triunfo pertenece a Dios»! Hay mayores abismos entre París y Chambord que entre Isabel y María de Inglaterra, entre los Navarras y los Valois en la Francia. Pero entonces existía con vigor el principio monárquico, y hoy ha muerto en las conciencias para que a su vez mueran las monarquías en el espacio.

No acabaríamos nunca si recogiéramos las pruebas varias demostrativas del termino último y acabamiento definitivo de la monarquía hereditaria en Francia. El testamento de Chambord para nada menciona o recuerda, ni directa, ni siquiera indirectamente, al conde su heredero. No le deja un recuerdo que pueda evocar el culto a la monarquía, ni una prenda que pueda sostener la solidaridad entre toda la familia. En verdad, no hubiera podido legarle una reliquia que no fuera de su heredero acusación y no resultara en la solemnidad del testamento como acre y ponzoñoso sarcasmo. Chambord guardaba las remembranzas de los suyos en relicario adorado con verdadera idolatría; propio achaque de cuantos renuncian a la esperanza y viven del recuerdo. En apartamiento parecido a templo conservaba las últimas palabras escritas por Luis XVI al salir hacia el cadalso; las prendas de María Antonieta en su angustiosa prisión postrimera, en la triste Conserjería, donde remendaba sus propios vestidos; las reliquias de aquel su padre y de aquella su madre, infelices duques de Berry, cuyo amor le trasmitió, con la sangre que mantenía la vida, el derecho que alegaba en sus pretensiones a la vieja e histórica corona; los mantos y condecoraciones del último rey legítimo sentado en el trono de su abuelo Carlos X. Mas si le dejara cualquiera de todos estos recuerdos al conde de París, ¿no le dejaba con ellos la mas tremenda reconvención a las tradiciones de su historia y de su gente? Las palabras de Luis XVI podían recordarle un voto solemne de muerte, y de muerte inmediata, pronunciado en la Convención por Felipe Igualdad; las prendas de María Antonieta, la difamación organizada contra ella en el Palais Royal; los recuerdos de Berry, la muerte del duque perpetrada por un orleanista de antiguo cuño como el asesino Louwel o el trance de la duquesa constreñida en la prisión de Blaye a parir ante la presencia de un cuerpo de guardas mandado por el general Bugead; tremendos abismos, tan profundos como la eternidad y tan duraderos como la historia, que ha cavado y abierto entre dos irreconciliables dinastías el destino y que no podrá llenar con sus huesos el cadáver todavía caliente de un conde de Chambord. Los mismos periódicos partidarios de la sucesión orleanista para la dinastía borbónica se olvidan a lo mejor del empeño que traen a una entre manos, y cometen las más temerarias imprudencias.

El Fígaro, la trompeta de los nuevos reyes y príncipes, publicaba no ha mucho la muerte del padre de Chambord relatada por el gran cirujano Dupuytren. Y entre los amigos, los parientes, los tíos, los padres, la mujer, las hijas del herido, rodeando su lecho de agonía, deslizaba una imagen siniestra, un hombre que ocultaba su cabeza bajo un gorro de dormir y su cara entre las manos, a quien unos dirigían miradas de acusación y otros miradas de desprecio. ¿Y quién era ese hombre? Pues era nada menos que el duque de Orleáns, diez años más tarde rey de los franceses por usurpación, y abuelo del heredero de su corona revolucionaria entonces y hoy conocido con el nombre inolvidable de conde de París.

Así el dolor de los verdaderos realistas no tiene consuelo. Sus comités más antiguos se disuelven. Sus periódicos mas leídos se suspenden. Sus devotos más fieles se condenan a luto eterno. La Union, el oficial órgano de Frosdhorf, calla por siempre. Los duques de Parma se niegan a reconocer como jefe a quien tienen por enemigo. La Reina viuda declara que al impedir la presidencia del duelo a un Orleáns, ha cumplido un expreso mandato del último Borbón. El Univers declara cómo pospondrá la herencia, esa ficción de la monarquía en el mundo, a la Iglesia, ese verbo del espíritu divino en la tierra. Y los más pundonorosos y los más leales se cubren de ceniza y entierran sus ideas en los sarcófagos del destierro, donde reposan los reyes de Francia. No se me oculta, no, como las mesticerías de los monárquicos al uso quisieran meter a barato los siglos y los recuerdos para encubrir el reinado nuevo de los eclécticos y los enciclopedistas con el flordelisado manto de San Luis y coronarlo con la diadema gótica del catolicismo tradicional. Pero no es posible. La realidad viviente desbarata esas combinaciones alquímicas del interés personal ayudado por extraordinarias circunstancias. No faltaba más sino que los sacerdotes de la escuela histórica pudieran quitar a la historia su poder y su virtud respecto a instituciones fundadas en los siglos como la institución del poder real, y respecto a privilegios tradicionales como los privilegios de las diversas dinastías. Ya que los Borbones son lo que son por Luis XVI, por Carlos X, por los duques de Berry, no pueden impedir que a su vez los Orleáns sean los enemigos de los Borbones por Felipe Igualdad y por

Luis Felipe. Ya que tanto encarecéis el principio hereditario, reconocedlo y sustentadlo así en lo que os daña como en lo que os favorece. Vosotros sois los enemigos del derecho y de la responsabilidad personales y los amigos del privilegio absurdo que trasmite a los hijos las dignidades antiguas de los padres. Pues que se atengan los herederos de los regicidas a sus barricadas, a sus convenciones, a sus cadalsos, y no turben la paz en el sepulcro de sus ilustres víctimas.

Una ceremonia remata este último drama y cierra la serie de consideraciones que hace tiempo escribo sobre la última representación del poder monárquico en Francia. Estos reyes franceses no quisieron jamás a la ciudad de París. Y como no la quisieron jamás, esquivaron sistemáticamente su presencia en ella. Y como esquivaron sistemáticamente su presencia en ella, erigieron innumerables palacios en vastos sitios reales. Si pusiéramos aquí su lista os maravillaríais de su número. Basta recordar los más celebres. Francisco I llegó a fingir una Italia para sí en las selvas de Fontainebleau, y Enrique II en el castillo de Anet. Catalina de Médicis, con haber embellecido tanto sus Tullerías al uso italiano, habitaba con frecuencia el palacio de Blois. Luis XIV trasladó la capital del inmenso y confuso laberinto formado por las oscuras calles de París, donde metían mucho ruido los frondistas, a los peinados jardines de Versalles, donde los cortesanos se parecían a las estatuas y las estatuas a los cortesanos. María Antonieta vivió entre aquel Trianoncillo de su predilección y aquel Saint-Clud, tan caramente pagado por la monarquía. Y no recuerdo San Germán, Compiegne, Rambouillet, Trianon, Marly y tantos y tantos retiros como ideaba la soberbia para ocultar la igualdad natural a un mundo, alejado de su presencia y puesto allá en los abismos sociales de hinojos y de rodillas ante sus reyes. Pues un palacio más es el sitio de Chambord. Yo lo visité hace tiempo en una de mis frecuentes correrías por los alrededores de París, y recuerdo hasta sus más exquisitas minuciosidades en mi feliz memoria. Si lo mirarais solo de medio cuerpo abajo habría de pareceros a una feudal fortaleza de aquellas que tenían un foso alrededor, su puente levadizo a la entrada, sobre la entrada su torre del homenaje, y frente a la torre del homenaje su horca para el pechero. Los ventrudos torreones, algo parecidos a las colosales tinajas del Toboso, empotrados en las paredes, os recordarían un tanto el feudalismo, si bien el feudalismo que se dobla y se rinde. Mas luego el friso, las cresterías aéreas, las torrecillas elegantes, los relieves italianos, las esculpidas ventanas, con verdaderas cinceladuras dignas de las más ricas joyas; las azoteas, desde las cuales presenciaban las damas los torneos y monterías bajo doseles de piedras esculpidas; las pirámides, hermoseadas con toda suerte de grotescos muy semejantes a reminiscencias plateresas de nuestra Salamanca y de nuestro Toledo; los adornos, en su totalidad, habían de recordaros el Renacimiento y deciros que Chambord se trueca de castillo en palacio, como la monarquía de feudo en Estado, y sus bases fuertes, y sus muros espesos, concluidos por cincelados maravillosos, representan a los Valois, que, vestidos de brocados, con sus pulseras al brazo, y sus collares al cuello, y sus pendientes a las orejas, y sus afeminaciones múltiples, tenían valor para vestirse la fuerte armadura y entrarse arriesgados en las trombas formadas por el terrible y horroroso empuje de las guerras religiosas que comenzaban y las guerras señoriales que concluían en aquella época de artes y combates, de amores y matanzas. El recuerdo más vivo de Chambord es la hospitalidad ofrecida por Francisco I al emperador Carlos V en su travesía para humillar y vencer a Gante rebelada. Enrique V de Borbón tomo de tal palacio su nombre de destierro, porque Chambord, sacado a venta en el acerbo de los bienes nacionales, fue adquirido y regalado en los tiempos de su prosperidad por las municipalidades francesas. Pues allí acaba la familia de consagrar honras al muerto, y en una bandera colosal puesta sobre los altares, léese, en letras grandes trazada una inscripción que dice: «Con él se ha extinguido la última prole de San Luis». Ahora sí que un predicador elocuente podría aumentar la frase del clérigo no juramentado, que ayudó en su trance ultimo, en el cadalso, a bien morir al llamado por sus vasallos rebeldes Capeto, y exclamar: «Corona de San Luis, subid al cielo, puesto que no queda ya de vuestro brillo ningún representante aquí en la tierra».

Y eso que aún hay, además de los Orleáns, competidores vivos y muy vivos, jóvenes y muy jóvenes, al nombre llevado por Chambord y a su representación. Cuantos han saludado la historia del gran movimiento revolucionario con que nuestro siglo se abre y se cierra el siglo último, habrán visto, a través de lágrimas en los ojos mal reprimidas, la suerte del desgraciado Delfín que había de llamarse Luis XVII si la catástrofe no interrumpiera la soberbia sucesión y no lanzara los reyes al cadalso. Estos hijos de Luis XVI han sido todos víctimas de un destino infeliz. Antes de que los maldijera el pueblo habíanlos ya deshonrado sus próximos parientes. El conde de Provenza, más tarde Luis XVIII, tenía tal idea de Luis XVI, que lo consideraba incapaz de sucesión. Él difamó tanto como su primo el de Orleáns a María Antonieta, y divulgó la idea de que sus hijos naturales y legítimos eran adulterinos y bastardos. No armó poco escándalo negándose a presenciar el bautizo del primogénito, so pretexto de que no era hijo de su hermano y sí de otro caballero, cuyo nombre no recuerdo en este momento. Infamias tales fueron causas segundas de aquel encrespamiento, cuyas causas primeras son las ideas y sus inevitables impulsos. En el naufragio desapareció el Delfín, y nunca se volvió a saber de él cosa ninguna. El mar devuelve los cadáveres; la revolución no devolvió jamás esta víctima, ni aún después de inmolada. Entregáronlo al zapatero Simon, y este revolucionario, cruel esbirro de la libertad y de la República, logró envolver al heredero de tanta grandeza en los misterios del olvido. Nadie ha vuelto a saber de él. Pero ha habido muchos aventureros que se han llamado Luis XVII, los cuales han dicho cómo cuantos príncipes han reinado después, aprovechándose de su muerte su puesta, son usurpadores.

Nada tan natural como tales apariciones, más o menos fantásticas, en las sombras más o menos espesas de un profundo misterio. Los falsos Demetrios de Rusia y los falsos Sebastianes de París prueban cuán fáciles resultan al cabo de algún tiempo tamañas falsedades en la historia. Y existen hoy unos pretendientes, los cuales se titulan a sí mismos duques de Normandía, y se dicen herederos directos de Luis XVII, y, por consecuencia, del trono francés. El pretendido Delfín murió el año 45, de relojero en Holanda, y se llamaba Nadorff. Sus herederos han pugnado para reivindicar tal título hasta en los tribunales de justicia. Y es rarísimo que habiendo aparecido hace tiempo y declarádose Delfín de Francia, escapado a la prisión del Temple, no se haya obtenido medio de averiguar su estado civil, cuando los Borbones franceses llamaron a todas las cancillerías europeas en su necesidad de probar las imposturas del audaz y porfiado pretendiente. En el Haya permitieron las autoridades que al jefe de tal familia se le diese tierra entre honores verdaderamente reales y que sobre la piedra de su sepulcro se inscribiera el nombre de Luis, el número XVII y el título de rey francés. Pues ahora sus hijos, tres, salen con una protesta diciendo que Chambord era jefe de la rama conocida con el nombre de Artois, y París jefe de la rama conocida con el nombre de Orleáns, y ellos los jefes verdaderos de la ilustre casa de Borbón. Echadle galgos al dichoso principio hereditario.

Dejemos los asuntos interiores de Francia, y vamos a los asuntos exteriores. Nunca he sido partidario de la política colonial, puesta en uso allí, por creerla opuesta en todo a la reconcentración del espíritu francés dentro de sí mismo, reconcentración indispensable para influir en Europa moralmente y extender las instituciones republicanas y autorizar la democracia contemporánea con la reveladora virtud del ejemplo. Creí peligrosa la expedición de Túnez, y como la creí, lo dije. La enemistad implacable de Italia con la entrada en los conciertos austroprusianos, y la ocupación de Egipto por Inglaterra, confirman mis previsiones y mis presentimientos. La nación francesa es esencialmente continental, como son continentales Prusia e Italia, y, por lo mismo, no es colonizadora como Holanda, flotante casi en los mares, esa isla que se llama Inglaterra y esta Península, compuesta de Portugal y España. El mismo Ferry ha declarado últimamente que ningún pueblo echa en el suelo propio raíces tan profundas como el pueblo de Francia, y, por lo mismo, ninguno más impropio para las expediciones largas y para los establecimientos lejanos, a pesar de su valor, de su inteligencia y de su pujanza. Pero, iniciada la política colonial, no puede negarse que ha prevalecido y alcanzado grandes y provechosas ventajas. Si un gobierno imperial, monárquico de antigua forma, completara los dominios de Orán y Argel con el protectorado sobre Túnez, saliera del conflicto de Madagascar airoso, y firmara el tratado último con Anam, ¡oh! no se cansarían sus cortesanos de cantarle a voz en coro hosannas y loores. Pocas empresas coronadas con una victoria diplomática tan grande como la empresa del Tonkin, que asegura la dominación francesa en la Cochinchina, que dilata su protectorado sobre grandes territorios, que somete Anam al imperio europeo, que abre al comercio ríos de verdadera importancia mercantil, que amenaza y refrena tribus piratas; con todo lo cual prospera mucho el saludable predominio de nuestra civilización y cultura en los cerrados territorios del Asia.

**174**

Los numerosos enemigos que, así en la diplomacia como en la prensa europea, tiene toda República francesa, por natural recelo de las monarquías, anuncian dos conflictos inmediatos en tal empresa, uno diplomático inevitable con Inglaterra y otro militar, inevitable también, con China. Soberana esta potencia de Anam, creen los pesimistas que no puede tolerar la sustitución de otra soberanía. Pero hay que distinguir entre soberanías nominales y soberanías verdaderas. Si abrís nuestras compilaciones de leyes os extrañará el número de títulos honoríficos usados por los monarcas españoles. Aún se llaman soberanos de Cerdeña, como se llaman reyes de Francia los reyes de Inglaterra. La gramática en que yo mal aprendí el francés trae sobre tales vanidades regias un sueño instructivo y oportuno. Dice que hallándose presente a un consistorio en el Vaticano cierto infante de Aragón, deseoso de honrarle con algo extraordinario el Papa, exclamó, y muy enfáticamente: «Hago al Príncipe rey de Jerusalén». Y como al oír tal nombramiento se levantara el agraciado en ademán de hablar, concedióle la palabra el Papa, sin duda para que diese las gracias, y el Príncipe respondió: «Señores, hago al Papa califa de Bagdad». Pues califa de Bagdad, como nuestro papa del Chantreau, es, poco más o menos, en Anam, el emperador divino del Celeste Imperio. Si quiere llamarse dueño y soberano de Anam, como pretende, hágalo en buen hora, pues también se llama dueño y soberano de constelaciones que nos alumbran; y esta soberanía del Hijo del Sol sobre los espacios sidéreos no impide a que llegue hasta nuestras humildes retinas el resplandor de sus estrellas. La dificultad mayor se halla en la designación del territorio neutro que debe separar los dominios nominales y los dominios reales del emperador celestial. Pero todo se arreglará, contando como cuenta Francia con una cooperación activa en Inglaterra. El Gobierno radical inglés tiene por ley de su proceder internacional una inteligencia estrecha con Francia. El Gobierno parlamentario, a uno y otro lado del Canal, asegura la paz con la libertad de ambos pueblos y los preserva de aquellas antiguas competencias guerreras empeñadas por las ambiciones ciegas del primer Imperio. Así tendrá el embajador chino en París, el marqués de Tseng, que resignarse a las condiciones de Francia, pues ha encontrado cerradas por completo a sus llamamientos las puertas del Ministerio de Negocios Extranjeros en Inglaterra. Y esta inteligencia de las dos grandes potencias continentales significa en el fondo algo más que la paz con el Celeste Imperio, significa la paz europea también, pues las veleidades conquistadoras y guerreras habrán de pararse y detenerse ante tan grande y formidable reto.

## Capítulo XII. La insurrección de Badajoz

Cuando menos lo pensábamos, de improviso, las Cortes recién cerradas, en la Granja de veraneo el Rey, en los baños el Presidente, dispersos los Ministros, inclinados al reposo de unas vacaciones todos los partidos, en calma los ánimos y en sosiego la Europa entera, estalla una sublevación militar aquí, de las usuales en otros tiempos, demostrando un vasto plan, de larga fecha preparado; porque coinciden sus estallidos en dos fronteras extremas de nuestra patria, como Badajoz y Urgel, igualmente que hacia el centro, en región tan importante como la Rioja y en línea tan estratégica como la línea del Ebro.

Al trazar estas líneas diríase que todo está concluido y que la revolución ha pasado como esas tempestades veraniegas, las cuales relampaguean en los cielos y no lanzan a la tierra ni una gota de agua, ni un grano de granizo, ni una chispa de fragorosa electricidad. Los sublevados de Badajoz se han acogido a Portugal en las fronteras occidentales, y los sublevados de Urgel se han acogido a Francia en las fronteras orientales, sometiéndose los del centro después de haber dado muerte al jefe revolucionario que los mandaba y oídos a sus jefes regulares y legítimos, que los movían a pronta sumisión.

Pero ¿ha vuelto la tranquilidad a los ánimos? Desde luego échase de ver un fenómeno que debe observar la monarquía restaurada, si quiere conocer el estado político y social del país en que reina. Para su restauración última nada hicieron los elementos civiles. Ninguna ciudad se movió en su pro, ningún partido, absolutamente ninguno, dio una voz reclamando tal retroceso en nuestras instituciones y tal retrogradación de nuestra historia. Los mismos hombres civiles del bando alfonsino, aquellos que tenían los poderes del Rey ausente y se llamaban los motores de la restauración inminente, atribuían el motín militar a imprevisoras impaciencias y lo rechazaban y condenaban todos a una con verdadero furor. Solo el ejército trajo a don Alfonso y solo a la iniciativa del ejército se debió su restauración. Pues bien; el ejército, en tres puntos apartados, acaba de levantarse, teniendo en este levantamiento participación todas sus armas y contra el mismo rey a quien trajera en Sagunto.

Excuso decir que mi partido no tuvo arte ni parte ninguna en tal sublevación, a las claras contradictoria con todas nuestras reglas de propaganda pacífica, y en pugna con todas nuestras esperanzas de llegar a la República por medios legales y ordenados. Nosotros hemos creído, y seguimos creyendo, que no se puede apelar a las revoluciones sino cuando todas las vías legales se han cerrado, y que no están cerradas las vías legales en pueblo donde la libertad de imprenta y la libertad de reunión resultan, por lo menos, tan latas como en los primeros pueblos libres del mundo y bastan para traer todas las instituciones perdidas, así como para impulsar todos los necesarios progresos. Si otro motivo no tuviéramos para condenar la insurrección última, bastaríanos su inoportunidad, su improvisación, su aislamiento de todos los partidos civiles, sus caracteres puramente militares, que solo podrían dar, al fin y al cabo, tremenda dictadura, como todo aquello que no se inspira en la conciencia pública y no toma su fuerza de la voluntad general.

Y por esto mismo, por estos caracteres de la revolución última, no encuentro excusable la política del Gobierno, política de sorpresas tan extrañas y de improvisaciones tan súbitas como las sorpresas y las improvisaciones mismas de la revolución. Desde luego no tiene autoridad moral suficiente para reprimir una insurrección militar en España quien ha encabezado movimientos análogos, como el más grave y más trascendental de todos ellos, como el movimiento de Sagunto. Pero dejando esto aparte por sabido, tampoco tiene justificación que se haya, en tal trance, apelado a la suspensión total de las garantías y de los derechos individuales en toda la Península. Y mucho menos puede justificarse que se haya procedido con crueldad tan grande al rápido fusilamiento de cuatro militares subalternos, tremendo castigo que, sin escarmentar a nadie, aumenta el catálogo de nuestras víctimas y empapa inútilmente con española sangre nuestra martirizada tierra. La suspensión de garantías ha dado, en el concepto público, al movimiento una extensión mayor que su importancia y ha demostrado la debilidad de instituciones que no pueden vivir sin vulnerar las leyes y arremeter a los más primordiales derechos.

El no haber tomado parte alguna, ni directa ni aún indirectamente, nuestros amigos en la última sublevación, como declaro con toda sinceridad; el no haber pedido los motores de tal hecho nuestro consejo y nuestro voto, quizás porque sabían de antemano cómo hubiéramos maldecido y repudiado su revolución militar, jamás nos privará de conocimiento para llegar hasta el extremo de desconocer su trascendental importancia. Todos los movimientos españoles, todos, sin excepción de uno solo, principiaron siempre por un grande fracaso. Fracasó el movimiento iniciado por el conde de las Navas a favor de la Constitución del doce, poco antes de triunfar en la Granja esa misma Constitución el año treinta y seis; fracasó el movimiento de León, O'Donnell y Concha el año 41, antes de triunfar las mismas soluciones el año 43; fracasó el movimiento de Ore, sublevado en Zaragoza el año 43, poco antes de que triunfara en definitiva la revolución el año 54; fracasó el año 66 tanto el primer movimiento de Prim en enero como el segundo movimiento de Madrid en junio, poco antes de que triunfara la revolución del 68. Todas nuestras grandes erupciones volcánicas se han visto precedidas por una fulguración fracasada.

Así es que urge ocurrir al remedio de la revolución, que centellea, y descargar su electricidad. El medio único de conseguir tal resultado está en apelar francamente al pueblo y erigir sobre la voluntad del pueblo, legalmente manifestada, toda nuestra constitución y toda nuestra política. El error de los partidos conservadores consistió en dar una carta otorgada, y prescindir por completo del dogma de los dogmas modernos, del dogma de la soberanía nacional. Es necesario restablecer prácticamente tal dogma y devolver el sufragio universal a la nación, despojada por los arrebatos reaccionarios de tan precioso derecho. Solo así podrán resolverse todos los conflictos y salvarse la soberanía nacional, cuyo inapelable y supremo fallo descargará el aire de tempestades y asegurará el continuo y tranquilo y verdadero ejercicio de la voluntad del país.

## Capítulo XIII. Complicaciones europeas

El asunto más grave suscitado en la prensa europea estos últimos días, es el asunto de las amenazas germánicas lanzadas con motivo de la inverosímil y absurda intervención por los pérfidos conservadores atribuida en sus más importantes periódicos al Gobierno francés en los movimientos españoles. Todo el mundo sabe cómo pienso yo respecto a las insurrecciones militares; y no he menester la repetición ahora de cuanto he dicho respecto a ese mal de nuestro ejército con verdadera insistencia en su debida oportunidad. Por lo mismo, tengo el juicio bien sereno para declarar que solamente la demencia del odio a la República puede atribuir a su Gobierno tamaña insensatez, como si desconociera los más sencillos deberes internacionales, y careciera de toda noción y todo sentimiento de derecho. Que la guarnición de Badajoz en armas y con arreos se alce y subleve; que la caballería de Santo Domingo eche por valles y cañadas proclamando en son de guerra la República radical; que los carabineros de La Seo, donde tantas veces tremolara la bandera carlista, desplieguen sobre los muros manchados por la sombra del absolutismo la bandera democrática, no son cosas tan ajenas a nuestra España y a nuestra historia, como pretenden los diarios monárquicos de Madrid e imperiales de Alemania para imputárselas al Gobierno francés y pedir por ello nada menos que una intervención extranjera, como si estuviéramos en los tiempos de las coaliciones realistas y tronara en París el genio formidable de la Convención. ¡Ah! Ningún gobierno, absolutamente ninguno, y menos el Gobierno francés, puede dar en el desvarío de sostener levantamientos y revoluciones en los pueblos vecinos, tan solo porque se invoca en medio de los estremecimientos revolucionarios la bandera que a ellos les sirve de guía. No quiero decir nada sobre la especie vertida en todas partes del dinero francés, la cual especie ha rodado mucho por historias y crónicas al explicar el postrer suceso.

Creedlo: siempre que de tales paparruchas se trata, recuerdo las imputaciones de los diarios moderados a nuestra emigración el año 66. Su propio Gobierno habíanos expulsado con cólera de las fronteras, y constreñídonos a refugiarnos en Suiza. Nadie sabía tan bien como los periodistas ministeriales toda la imposibilidad de permanecer en Francia, cuando nos expulsaba y despedía de allí, de aquel Imperio napoleónico, tanto nuestro carácter de proscritos españoles, como nuestro carácter de republicanos demócratas. Y sin embargo, al llegar a Ginebra, por sus propias exigencias pavorosas, y por los mandatos imperiosísimos del Gobierno francés, dijeron que habíamos ido allí en busca de dinero por el Consistorio protestante ofrecido para que proclamásemos la libertad de cultos, como si este principio no hubiera estado en todos nuestros programas y en todos nuestros compromisos. Y cuando nosotros llegamos el Consistorio protestante de Ginebra necesitaba establecer en su catedral un órgano nuevo, que acompañase los cánticos del pueblo; y para granjearse los recursos necesarios, daba conciertos en el órgano viejo por un franco de entrada. Y muchas veces habíamos ido nosotros a esparcir y recrear el ánimo en la inefable audición de aquella sacra música. Por manera que, lejos de aceptar dinero del Consistorio protestante, le dábamos nosotros óbolos de nuestros exhaustos bolsillos. Ninguna historia tan propia para desmentir hechos tan falsos como los alegados por los periódicos en la última sublevación respecto al Gobierno francés. Nadie ha sentido como yo la intentona última, por creer que detiene los movimientos y ahoga los impulsos de la democracia española, quien con su apostolado de paz iba consiguiendo progresos continuos, los cuales debían conducirla de seguro a una victoria ordenada; pero mi dolor no me ofusca, no, al extremo de imputar a los Gobiernos vecinos todo cuanto tiene su raíz en propensiones naturales a nuestra raza y en recuerdos antiguos de nuestra historia.

Uno de los más curiosos fenómenos de la política europea es el desarrollo pacífico y continuo de las fuerzas republicanas en esa Francia tan combatida y denostada por todas las supersticiones reaccionarias. Las elecciones últimamente celebradas para nombrar los consejos provinciales revelan cómo se arraiga, con qué raíces hondísimas, la forma republicana en Francia. Creían muchos que la muerte de Gambetta, unida con las agitaciones causadas por la expulsión de los Orleáns, a quienes se atribuía grande influencia en el ejército, estaban a punto de producir una reacción y quitar a los comicios su propio carácter republicano y democrático. Nada más infundado. Las elecciones de los Consejos generales son esencialmente políticas en Francia; y estas elecciones han venido a mostrar una vez más cómo la República puede contar con el sufragio universal para su desarrollo concertado y pacífico. Los monárquicos más caracterizados y los clericales más antiguos han caído como las espigas de una siega en los incidentes de la pacífica contienda. Maravilloso espectáculo, en verdad, el de un pueblo que, adscrito a los antiguos tiempos por una larga historia y por una cadena de instituciones seculares, cobra el imperio sobre sí mismo, y lo usa con tal prudencia y tal medida que hace confiar a todo el mundo en los constantes y pacíficos desarrollos del humano progreso.

De tal suerte responden los franceses a cuantos creían que la muerte del conde de Chambord iba enterrando la bandera blanca y su significación para resucitar la dinastía de los Orleáns con sus caracteres doctrinarios y sus sofismas semidemocráticos. El conde ilustre, que personificaba dignamente la última sombra del poder monárquico en Francia, desaparece del mundo sin dejar tras sí estela ninguna de fundada esperanza para la monarquía. Un cáncer al estómago devora la flor de lis, en cuyo cáliz se hallaban condensados todos los recuerdos históricos propios de los Carlovingios, de los Capetos, de los Borbones, de las altas dinastías francesas. El Príncipe había perdido los jugos gástricos en las entrañas, sin perder la invencible inclinación a los placeres de la mesa. Este doble peligro para su quebrantada salud del exceso en la comida y del defecto en la digestión hallábase contrastado por sus hábitos de movimiento y ejercicio. El Príncipe, como buen Borbón, gustaba también mucho de la caza, en que fueron tan diestros sus antepasados, Enrique IV, Carlos III, Luis XVI. Tal incontrastable inclinación sustituía de algún modo la falta de fuerzas y reemplazaba los jugos gástricos en la indispensable nutrición. Pero una herida, por un latigazo inopinadamente abierta en el muslo derecho, le obligó al reposo; y este reposo, en el cual no perdonó la comida, le trajo la última enfermedad, ya de todo punto incurable. No le han faltado ni medicinas de la ciencia ni oraciones de la religión; pero la muerte, con su implacable igualdad, se lleva en sus alas de murciélago al representante último de la monarquía en Francia, que no deja ni sucesores ni herederos, yéndose con él una secular institución, la cual no reaparecerá en la historia, como no reaparecen las especies extintas en el planeta.

Reflexionemos un poco sobre tan grave suceso. Las heridas abiertas por la revolución democrática en los sentimientos y en las creencias del destronado huérfano, habían de chorrear sangre toda su vida y determinar todos sus actos. En el destierro solo aprendía odio natural a los que de consuno le desterraban; odio manifestado por una repugnancia invencible a las tradiciones y a las ideas liberales. Creyendo su nacimiento milagroso, providencial su herencia, divina su profesión de rey, tenía en su ánimo a los revolucionarios, no solo por desligados de los deberes con él, por infieles a la religión y a Dios. Ni en los tiempos del derecho divino, cuando la monarquía se levantaba, por los cánones de la jurisprudencia romana resucitada en las Universidades, a ser una especie de astro celestial, difundiendo ideas y derramando revelaciones, surgió príncipe tan penetrado en su conciencia de traer al mundo un ministerio divino, cual todos los patriarcas y todos los profetas y todos los reveladores. Como consideraba el Pontificado esencialísimo al cristianismo, consideraba la realeza también esencialísima de suyo al Pontificado; y confundía estas instituciones en una sola, de igual suerte que se confunden las tres personas o hipóstasis de la Trinidad católica en una misma sustancia. El sentimiento íntimo de que la Providencia velaba por él, y debía devolverle, cuando el cielo se cansase de castigar a Francia, su corona providencial, dábale con su misticismo enervante parecido a la inacción semítica, una obediencia servil a la fatalidad. Mantener su nombre real en el destierro con las actitudes majestuosas de una estatua fúnebre sobre un colosal sepulcro era todo su pensamiento, y lo ha mantenido hasta el fin con la uniforme constancia propia de una irremediable inercia. Más bien que una persona viva parecía un símbolo, tan frío como el oro de la derribada corona, y tan aparatoso e inútil como los blasones de su escudo. Los retratos de Versalles, las esculturas de Saint-Denis, los caballeros del Espíritu Santo representados por los maniquíes en los museos del Louvre o de Cluny, sienten y conocen más el vivir que lo sintió y conoció este descendiente de cien reyes envuelto en el olímpico y marmóreo frío de su hereditaria divinidad.

Su vida está encerrada en una protesta continua proveniente de sus inacabables derrotas. A la muerte de su tío el duque de Angulema, por 1844, como recibiera la jefatura de la casa de Francia, protestó ya contra sus parientes, los cuales habían contrahecho el trono maridándolo con la revolución, y falsificado hasta su propio bastardo derecho hereditario, poniéndole como base única el protervo dogma de la soberanía nacional. Después de tales manifestaciones primeras solo ha firmado luctuosos papeles sugeridos por todas las victorias del moderno progreso contra todas las resistencias del antiguo tiempo. Así, protesta al fundarse dos veces en su no muy larga existencia la República; protesta contra los Orleáns y contra los Bonapartes; protesta por la derrota de don Carlos en Vergara y de don Miguel en Oporto; protesta por el acabamiento y fin de la teocracia romana; protesta por la expulsión de los Borbones de Nápoles; protestas a la continua, pues parecen sus proclamas las líneas de un termómetro, señalando los grados de calor adquiridos por el disco de la libertad, como corresponde a quien ha personificado todas las instituciones vencidas y todas las ideas muertas, levantándose ¡ay! entre las ruinas a modo de las efigies preservadas de las inclemencias del aire por los escombros amontonados sobre sus frentes.

En mil ochocientos setenta y tres parecía que iba de seguro a penetrar en tal cadáver la sangre ardiente y colorante que anima y enciende a los verdaderos organismos. Un Congreso, como desde los tiempos del abuelo de Chambord, desde los tiempos de Carlos X, no se había visto ningún otro, designado entre los terrores de la derrota para firmar una paz horrible, y creído en su interior de que debía en aquel trance arrogarse inmanente poder, le anunció de una manera confidencial que si quería reinar como sus antepasados en Francia, dejase la bandera blanca y la flor de lis antigua para tomar los matices de la revolución y erguir en el tope de su vieja galera, conducida por forzados, la bandera tricolor. Imaginaos un Brahmán obligado a trocarse por un paria, o un santón constreñido a cambiar el Corán de su Profeta por el Evangelio de nuestra fe, o un cura ultramontano puesto en el caso de cantar al pie de los altares la Marsellesa en lugar del Miserere; pues solo así podríais figuraros la cara que puso y el gesto que hizo Chambord oyendo tal abominación. Blasfemaste, debió exclamar, como los sumos sacerdotes de la sinagoga, y, rasgando sus vestiduras, cubrióse la cabeza de ceniza en expiación a haber, mal de su grado, abierto los oídos a tal proposición espantosa. Los monárquicos no se atrevieron a intentar la restauración después de la negativa regia, pues el estupor de la Nación tomó tales proporciones, que se atribuyó al buen Mac-Mahon, incapaz de decir tan buenas cosas, que, aún votada por el Congreso la Restauración, al proclamarse y saberse, romperían contra ella el fuego por sí solo y por su fuerza propia los cañones de su ejército. Entonces fue cuando, convencidos los Orleáns de la debilidad del principio monárquico en la nación, expidieron el mayorazgo, su conde celebre de París, a la legitimidad, para que recogiese los provechos del principio hereditario mientras expedían al duque de Aumale hacia la República para que recogiese los provechos del principio electivo.

Pero Chambord jamás ha visto de buen ojo a los que le usurparon la dignidad real después de haber inmolado a Luis XVI en la guillotina, herido a María Antonieta en su honra, depuesto del trono a Carlos X y perseguido y encarcelado a la duquesa de Berry. Si recibió la primer visita del conde de París el setenta y tres fue por mera cortesía y no por madura resolución. La entrevista no debió resultar muy cordial, cuando en diez años ninguna otra se ha celebrado en ningún otro punto. Ha sido necesario que la vida del buen Chambord se acabase para que de nuevo se viesen al borde oscuro de un sepulcro, y en el instante de una terrible agonía, los dos competidores al fantaseado y desvanecido trono de Francia. Mas, en el momento de morir, no lo han llamado como si temiesen amargar las últimas horas del moribundo y sostener las esperanzas vanas de su mentido heredero. Ninguna demostración tan clara de la falsedad del principio hereditario como esa recaída de la corona de los guillotinados en las sienes de los guillotinadores. El verdugo de los Borbones se ha puesto la misma cabeza que había segado sobre sus hombros y la misma corona que había roto sobre su cabeza. Por manera que al ir, después de muerto Enrique V, al ir el reconocido por su heredero al castillo mortuorio, se ha encontrado con que la condesa de Chambord no ha salido de su cámara, y el conde Bardi no se ha levantado de su lecho, y el duque de Madrid, o sea don Carlos de Borbón, se ha puesto en cobro como a la vista de un fantasma, y todo ha revelado la incompatibilidad entre las dos ideas reunidas sobre la cabeza hoy de un Orleáns, entre la idea de una monarquía doctrinaria y la idea de una monarquía tradicional. Así es que la República francesa nada puede recelar de la nueva posición que ocupa el pretendiente al trono, quien, además de no poder juntar en su persona dos ideas contradictorias, tiene la terrible y amenazadora competencia del Imperio. Conságrense los republicanos a organizar en paz su República, y, evitando exageraciones, unan dentro de su organismo el orden con la libertad, los progresos necesarios con la solidez de las nuevas instituciones, el trabajo con el capital, y no teman a esos fantasmas de lo pasado, que se han desvanecido por haberse ahuyentado ante las ideas y las creencias sobre las cuales descansaron sus tronos, caídos al impulso de la revolución para no volver jamás a levantarse.

Pocas veces podría decirse con más razón que al morir un hombre no ha muerto tanto su persona como su idea. Y los hechos acaecidos en la horrible agonía y en el trance último de Chambord confirman esta verdad evidente. Cuando más se apagaba su vida más se asía su partido a la esperanza de conservarla, como reconociendo que, una vez concluida, se concluía la institución de sus ensueños, de sus creencias, de sus esperanzas. Cierto que la gentileza del conde y su amor al principio monárquico, tan fielmente guardado en sus actos y en sus palabras, le impedían desconocer la virtud íntima del derecho hereditario ni ocultar su recaída final en la familia de los mayores enemigos que jamás encontrara en el mundo la perseguida dinastía de los Borbones primogénitos. Pero también cierto que ha reconocido y aceptado esta fatalidad, comparable a la del infeliz Edipo y digna de cantarse por la musa trágica de un Sófocles, con mucha resignación religiosa y sin ningún género de fe y entusiasmo. Nada en él de cuanto suelen por sus herederos sentir los que les confían la guarda y disfrute de una grandiosa herencia. Tras medio siglo de separación y apartamiento, los dos representantes hereditarios de las dos dinastías enemigas se vieron y saludaron el año 73, más con el mutuo respeto de quienes cumplen un deber penoso, que con el cariño de quienes llevan una sangre misma en sus venas, un solo apellido en sus nombres, una idéntica profesión de tradiciones y de ideas en su conciencia. Aquella entrevista, en la cual declaraba París a Chambord que si la maltrecha institución monárquica tornaba de nuevo a recomponerse, no recelase ni temiese ninguna competencia de su parte, antes demostraba la decadencia irremediable del trono que la fe y esperanza de sus herederos y de sus representantes. Imposible la Restauración, quería el conde de París que la imposibilidad resultase de la propia naturaleza de las cosas y no de las pretensiones de su gente. Pero se hablaron los dos príncipes y no se conocieron, ni mucho menos se juntaron. Imposible la inteligencia entre un Borbón como Chambord, místico, y un Borbón como París, positivista y práctico; entre un paladín de la Edad Media semejante al último conde, y un paladín de la República americana semejante a Lafayette; entre quien solo se curaba de las peregrinaciones religiosas idas a Lourdes o a Roma, y quien solo se curaba de las sociedades trabajadoras fundadas en Brighton o en Rochdale y llenas del espíritu moderno; entre la bandera blanca de la monarquía, extendida sobre los reyes legítimos durante tres centurias, y la bandera tricolor de la Revolución, extendida en los tres días de julio desde las barricadas relampagueantes sobre los usurpadores Orleáns.

Víspera de San Luis, ya lo hemos dicho, agonizaba el heredero último de rey tan ilustre y santo. A causa de su enfermedad al estómago, el hijo de cien reyes acababa materialmente por hambre. Solo se oía en las supremas horas el rezo de un cura, el resuello de un moribundo y el llanto de una viuda. Su ayuda de cámara le sostenía la cabeza y la princesa su esposa lloraba de rodillas a los pies. Veíase allí solamente de ajenos a la familia íntima, el buen Blacas, desolado, cuyo padre asistiera también al trance último de Luis XVIII, muerto en las alturas del trono francés y bajo los artesonados del Palacio de las Tullerías. ¿Y dónde se hallaba el heredero? ¿Cómo no había ido allí a recoger la última mirada y la última bendición de su predecesor para fortalecerse y alentarse a seguir en el tiempo la representación de una entidad como la monarquía y el mayorazgo de una familia como los Borbones? ¡Ah! Enrique V, al ver a un Orleáns junto a su cabecera, hubiese visto su postrer agonía turbada por los calumniadores y los verdugos de sus padres.

Y aún hay más; la condesa viuda se ha negado a que presidiera París los funerales, y viéndose relegado, ¡él! representante de la dinastía histórica en el puesto último, tras los Reyes de Nápoles y los duques de Parma, se ha retirado a su palacio, llevándose una incurable afrenta en el corazón. Por manera que, muerto a las siete de la mañana el Rey último de Francia, Blacas salió a decir y anunciar su muerte, como había salido en persona su padre a decir y anunciar la muerte de Luis XVIII. No relumbraban, no, en la galería de Diana los altos dignatarios de la realeza vestidos con sus uniformes áureos y reflejados en los cristales venecianos bajo bóvedas pintadas de mil colores y sobre pavimentos pisados por antiguos ilustres monarcas: la casa del destierro parecía lúgubre panteón donde unos muertos enterraban al gran muerto. Pero lo que más falta hiciera en tal momento y en tal sitio no fue tanto la corte y sus esplendores como el heredero y su representación. Blacas dijo, como su padre, la tremenda frase: «Señores, el Rey ha muerto»; pero no pudo concluirla como siempre, con la frase de «¡viva el Rey!». presentando al nuevo monarca, cual su padre la concluyó, presentando a Carlos X. El monarca de hoy es otro infeliz destronado también, y al cual ni siquiera le ha valido, en la solidaridad monárquica, guillotinar a sus parientes y erigirse un trono con los maderos de las barricadas para salvarse de la tempestad donde se han a una sin remedio hundido todas las dinastías francesas.

Por más que los hábiles proclamen la unión de la familia real y la unión del partido realista, no hay que creerlo. Al dar su ordinal número al nuevo rey se han hallado con que no aciertan a numerarlo. Unos le quieren llamar Felipe VII y otros Luis XIX. Algunos le designan con el nombre de Luis Felipe II. Pero este número quiere decir el derecho revolucionario puro y los otros números quieren decir el puro derecho histórico. Si a la revolución se atiene, disgustará inmediatamente a los borbónicos, y si a la historia se atiene, disgustará indudablemente a los orleanistas. El Fígaro, que para informarse de las tradiciones monárquicas acude a libro tan rojo como el Diccionario de Larousse, ha encontrado el nombre de Felipe cubierto con crímenes, los cuales aún hieden, a pesar de haberse cometido en el siglo XIV, y aconseja con sabia previsión al nuevo rey que se llame tan solo Felipe. Mas El Universo ha echado todo a perder declarando lo que vuela de labio en labio legitimista, declarando como los mártires inmolados en la guillotina revolucionaria no pueden admitir por sus reyes a los fríos guillotinadores. Y El País ha venido a extender y ahondar la sima que debe tragarse a la monarquía, diciendo, a su vez, cómo no quiere ni prensa, ni tribuna, ni comicios, ni ministerios, ni consejos, sino algo semejante al gobierno de China, un emperador-ídolo, conducido en brillantes andas, sin que nadie se atreva ni de hinojos a mirarlo, porque habrá convertido la tierra francesa en asiático imperio, donde se aglomeren los idólatras silenciosos, dispuestos tan solo a servir y callar, dejando al déspota que disponga como guste de sus haciendas, de sus vidas y de sus conciencias. Para tarea tan llana como erigir un Imperio despótico sobre pueblo tan dócil como el pueblo francés, lo mismo puede servir un Felipe Orleáns que un Jerónimo Bonaparte. ¡Insensatos! Las formas de gobierno en el mundo no son jamás una causa, no; son un resultado. Al predominio del clero y la nobleza correspondieron los Borbones legítimos; al predominio de las clases medias correspondieron los Orleáns revoluciona-rios; a una democracia inexperta la dictadura de los Bonapartes; y a lo que predomina hoy en el pueblo francés, a una democracia progresiva, la libertad y la República.

## Capítulo XIV. Los viajes regios

El viaje de nuestro Rey a los simulacros de Alemania, y las dos crisis ministeriales de Francia y España, piden a una, en estos anales, nuestro detenido examen, por ser tales hechos los más graves ocurridos en la quincena corriente, y los más trascendentales a toda la política. Pocas empresas tan vanas y descomedidas como la empresa de mandar un rey español a maniobras, representativas de guerras futuras, en las cuales debe quedar completamente neutral un pueblo cuyos intereses no se libran a ningún conflicto militar del mundo, y se reconcentran todos ellos, sin excepción alguna, en el ejercicio de la paz y en el desarrollo de la libertad. Por más que nuestros estadistas porfiaran para quitar al acto de un viaje como el viaje por las llanuras germánicas todo carácter diplomático y político, la opinión universal, con la que debe siempre contarse, atribuyóles toda la importancia naturalmente aneja de suyo a los menores hechos y dichos de aquellos sobre quienes recae la responsabilidad inmensa de dirigir y representar a los pueblos en los consejos del mundo. Como quiera que la natural afinidad entre las monarquías, y el odio indeliberado e inconsciente de todas estas y de sus partidarios a la República, produzcan una especie de concierto moral, basado en mutuas desconfianzas del pueblo francés, y de sus enseñanzas y de sus ejemplos, el sentir y el pensar común convinieron por necesidad en que una expedición como la expedición regia no podía tener otro natural objeto sino sembrar los gérmenes de inteligencia previa entre los reyes, capaz de producir coaliciones regias semejantes a las coaliciones promovidas a fines del siglo XVIII para destruir la Convención y aniquilar la democracia en el centro de nuestro continente; coaliciones cuyo nefasto poder nos llevó, de incidentes trágicos en incidentes trágicos, hasta las guerras épicas del Imperio y la reacción extrema de la Santa Alianza, tan formidable a sus comienzos y tan impotente al fin y al cabo para detener la revolución, animada por el humano espíritu y sostenida en el progreso universal.

A estas cavilaciones de la democracia universal uníase la fundada susceptibilidad propia de nación hoy tan maltrecha y vencida como Francia. Para este pueblo todo acto de inclinación más o menos patente, a favor de

Alemania, supone una implacable hostilidad a su independencia nacional, tan herida en los desastres últimos, y a su integridad territorial, tan menguada por los últimos tratados. Así, en Francia entera no se hablaba sino del viaje regio, y no se creía sino que guardaba un germen de amenazadoras alianzas para lo futuro dirigidas a separar del territorio francés la Borgoña, como han sido del territorio francés separadas la Alsacia y la Lorena. En vano aquellos instruidos a fondo y al pormenor de la política española porfiábamos para desvanecer tales aprensiones del ánimo de un pueblo justamente receloso, y para imputar el extraño movimiento de nuestro monarca y su ministro a curiosidad personal no bien combatida por nuestro Gobierno y su jefe, un tanto aquejados de indiferencia complexional y de fatalismo irremediable: nadie nos creía, y todos llenaban los aires de quejas engendradas por tan abultados agravios. A estas persuasiones de la generalidad de los franceses uníanse las cavilosidades inevitables en muchos republicanos, quienes creían el viaje movido tanto por intereses generales de todas las monarquías, como por intereses domésticos de nuestra monarquía nacional. En los Borbones reinantes aquí, decían tales aprensivos, ejerce una influencia natural y propia el duque de Montpensier, para don Alfonso un segundo padre por el amor profesado a la malograda reina Mercedes, y para todos los suyos un propio y natural jefe, por la indiferencia de don Francisco de Asís y su apartamiento del Reino y del Palacio. Ahora bien: el duque de Montpensier es padre político del conde de París, como es padre político de don Alfonso XII, y nada tan atractivo y tentador para él como reinar, cual una especie de Luis XIV honorario, sobre los dos tronos de París y Madrid ocupados por dos regios pupilos, dóciles a sus mandatos, apropiados a sus ambiciones. Por consecuencia, estos creían que iba el Rey en busca de un conflicto, el cual acelerase la vuelta de sus parientes al trono y la extinción de cosa tan adversa para los reyes en general, y para los Borbones en particular, como la República francesa. Crecían estos cálculos a la consideración de que iba el Rey acompañado por un ministro como nuestro Ministro de Negocios Extranjeros, quien se distinguió siempre por su orleanismo ferviente y su devoción al duque de Montpensier y toda su familia.

Todas estas aprensiones debían haber llegado hasta el ánimo de los Ministros y persuadirles a reflexionar un poco sobre las consecuencias del viaje, antes de intentarlo y emprenderlo. No digo yo, por profesar como profeso el dogma republicano, que subroguemos a los intereses de una República nuestros intereses nacionales, superiores a todo en la conciencia y en el corazón de un buen patriota. Nadie quiere como yo esa República anglosajona del Nuevo Mundo, a cuya luz se han esclarecido y a cuyo calor se han cristalizado las democracias modernas; pero jamás se me ocurrió sacrificar en sus altares ni los intereses de nuestra patria ni de los intereses de nuestra raza, tan extendidos y arraigados en la joven América. Mas digo y sostengo que, no teniendo nosotros interés alguno en el Imperio alemán, debíamos abstenernos de todo acto aparentemente contrario a la República francesa. ¡Oh! Las rivalidades y las alianzas entre la Prusia y el Austria; las reivindicaciones o la resignación de Dinamarca en el asunto de sus principados perdidos; las competencias de los escandinavos con los rusos y con los alemanes; el movimiento interior de Polonia, desmembrada en tres partes disyectas y palpitantes, para reconstituirse y presentarse de nuevo como nacionalidad sobre el escenario de la historia; los celos y recelos de los Romanoffs y los Habsburgos en el taimado viaje de ambas dinastías históricas hacía el trono bizantino entrevisto tras la ruina del Califato en Constantinopla las porfiadas luchas latentes hoy entre los Milosch de Servia y los principillos de Montenegro; el tributo feudal pagado por ese lugarteniente de Rumanía en los últimos días a su verdadero soberano el Hohenzollern de Alemania; los esfuerzos del príncipe Alejandro para libertarse de la tutela moscovita en su Bulgaria recién emancipada y los esfuerzos de Alejo-Bajá para constituir un reino de Taifa en la Bulgaria turca; las maniobras del Divan, que quiere por todos los medios posibles prolongar la triste agonía del Imperio, y las maniobras de Grecia para recoger los desfiladeros de Macedonia, indispensables a su seguridad y a la defensa contra las tribus amenazadoras a su porvenir; los empeños de los irredentistas italianos en tomar el Tirol y la Dalmacia, como los empeños de los Emperadores austriacos y aún alemanes contra toda extensión de Italia por Oriente; la liga de los albaneses y la liga de los armenios, problemas son múltiples, en cuyos términos van guardados muchos vapores de sangre humana y muchos estruendos de guerra universal; y a sus funestas consecuencias podremos fácilmente oponernos tras nuestra frontera triple de breñas y de olas así como en las ventajas sumas de nuestra situación occidental. ¿Por qué, por qué, pregunto, aparecer nosotros, necesitados de una reconcentración interior, en territorio trastornado por los sacudimientos del terremoto y oscurecido por las tristes amenazas de una guerra inminente?

¡Y en qué momento nos presentamos nosotros! No podía escogerse más inoportuno. La muerte de Chambord exacerba las esperanzas orleanistas. El príncipe Napoleón se apercibe a contrastar estas esperanzas y a oponer el socialismo de los envejecidos Bonapartes a la idea parlamentaria y constitucional de los nuevos Borbones. Agítase toda la diplomacia europea con un artículo de las gacetas oficiosas de Alemania sugerido por los acontecimientos militares de España, imputados a la República francesa. El Ministro de la Guerra visita las fortificaciones del Este de Francia, y el célebre mariscal Moltke visita las fortificaciones del Oeste de Alemania, pareciéndose ambos viajes a los esperezos de dos monstruos apercibiéndose a una próxima lucha. Conferencia el Canciller de Alemania con el Canciller de Austria, y anudan más y más las cláusulas varias de sus estrechas alianzas. El Príncipe de Rumanía y el Príncipe de Servia prestan feudal acatamiento a Emperador de Alemania, mientras el Príncipe de Montenegro confirma y robustece sus amistades con Rusia. Deslízanse por la corte de Dinamarca, esa eterna enemiga del Imperio Alemán, los emperadores de Rusia con les Reyes de Grecia, y cuando menos tal cosa podía esperarse, aparece por allí el ilustre director y jefe de la política inglesa. Todo esto huele a pólvora, y nosotros, alejados necesariamente de tales complicaciones, ajenos a estas marañas, tranquilos en el seguro goce de nuestra independencia, consagrados a reponernos de las guerras civiles y a curarnos de las heridas crueles, aparecernos de pronto donde no necesitamos ir para nada, contrariando con errores y torpezas de nuestra diplomacia las ventajas prometidas a la seguridad y a la paz nacional por nuestra naturaleza. ¿Quién pudo sugerir idea tan funesta de suyo a un ministerio tan liberal como el ministerio de Sagasta? Si hay tierra en el mundo que pueda quedarse tras sus fronteras naturales, por la geografía y la historia de antiguo señaladas al patrio suelo, es nuestra España, después de Inglaterra, la más independiente y más desasida de las guerras internacionales entre todas las potencias hoy existentes en los senos y espacios de nuestra vieja Europa. En conciencia, el viaje real por Alemania era una temeridad, que sin traernos más simpatías y amistades con el Imperio germánico, despertaba contra nosotros inevitablemente los recelos de Francia. Herida esta e inquieta, hubo necesidad imprescindible de satisfacerla para serenarla, y en estas satisfacciones resultaron disgustos nuevos para Alemania, sin que resultase al mismo tiempo calma y serenidad para Francia.

Yo sostengo hace mucho tiempo, contra todos y contra todo, la inteligencia y alianza entre las cuatro naciones latinas, cuyas rivalidades y guerras aparecerán en lo porvenir tan incomprensibles e injustificadas como nos parecen hoy a nosotros las rivalidades y guerras entre las provincias componentes de una misma nación y Estado. Yo creo que así en Europa como en América la relación y analogía entre nuestros orígenes, nuestras creencias, nuestras lenguas y nuestras instituciones, nuestras artes, han de darnos un anfictionado tan ilustre como el antiguo anfictionado heleno, cabeza de una confederación destinada, en sus desarrollos sucesivos, a iluminar y embellecer el mundo. Llevado de tan arraigada idea, condené que los franceses extendieran un protectorado inútil sobre Túnez, con mengua de los italianos, y condeno ahora que los italianos entren sin consejo en la increíble alianza con Austria, prefiriendo los intereses de su monarquía y de sus dinastías a los intereses de su raza y de su patria, ligados con tan lógica y natural alianza como la indispensable de la República francesa. Convencido profundamente de tal verdad, imaginaos qué impresión habrá causado en mí ese viaje del Rey español a la tierra germánica, tan opuesto a cuanto yo sueño y quiero para España, quien, después de haber sido en los tiempos del absolutismo la nación más belicosa del mundo, debe ser en los tiempos del progreso la nación más pacífica, procurando en el Viejo y en el Nuevo Continente la más clara inteligencia y la más estrecha alianza dentro de una confederación democrática entre los pueblos de la misma raza y de la misma sangre, llamados por las afinidades múltiples de sus almas a iguales destinos en la Naturaleza y en la Historia. Yo rogué al Gobierno que no prosperara tan descabellado proyecto, y después yo moví a los periódicos nuestros a promover un verdadero movimiento de opinión pública y nacional contra él, por columbrar en su fondo una triste apariencia de increíble aventura. Y el viaje se inició y realizó contra todos mis consejos y todos mis augurios, para resultar luego tan funesto cual ya os habrán dicho, con su celeridad irreemplazable, las voces del telégrafo.

Historiemos sus varias particularidades. No hay para qué ocultarlo inútilmente: la recepción, al ir, de Austria, y la recepción, al volver, de Bélgica, verdaderamente correspondieron las dos en todo a cuanto debía esperarse de sus respectivos afectos a nuestros reyes, sus próximos parientes. En el Imperio austriaco la corte ha estado expresiva, el pueblo silencioso, aunque amable; pero en la monarquía belga, pueblos y reyes han mostrado fervoroso entusiasmo. No ha procedido lo mismo el Imperio alemán. Después de los disgustos a que nuestro monarca se ha expuesto por tal expedición, la incomprensible acogida de Alemania no corresponde a la inmensa gravedad del sacrificio, impremeditadamente consumado. El Emperador, al entrar en Hamburgo, iba solo en su carroza propia, sin llevar consigo al rey de España, relegado en el coche de los príncipes más o menos coronados, del Príncipe de Alemania, del Príncipe de Servia, del Príncipe de Gales. En la comida, que sucedió a la entrada, el Emperador no ceñía las insignias provinentes de su huésped más alto, del Rey español, ceñía las insignias de Inglaterra. Si a esto se añade que nuestra insignia es el Toisón de Oro, por todos reconocido como la primera en Europa, veráse cuánto crece la punible significación del olvido. No se pueden llevar los poderes del pueblo español y desconocer cuánto exige la colosal grandeza de su historia. Donde quiera que nos presentamos en el mundo, tenemos que considerar el respeto debido a la significación de nuestros gloriosos recuerdos. Y debía, en la entrevista de reyes y príncipes últimamente celebrada, ser considerado el Rey de nuestra España como algo más que un estudiante militar, curioso de conocer las maniobras germánicas, o que un joven anhelante de lucir su casco y su corona. Los recuerdos de nuestra historia patria debieron resonar con sublime resonancia en oídos acostumbrados a los loores eternos de las tradiciones históricas. Y ese Imperio alemán, cuya férrea corona soporta hoy el soldado incansable a cuyos pies cayeron, o humillados o vencidos, los Habsburgos y los Bonapartes, fue como un regalo desprendido del común acerbo de nuestros inmensos dominios y entregado a segundón infante de Castilla, para que constituyera una dignidad hereditaria, de dignidad electiva que había sido, en la real familia de los Austrias.

Mas los alemanes han tenido cuidado en aparentar una especie de olvido respecto a los timbres de la monarquía española en general, y de la dinastía borbónica particularmente; solo así puede concebirse que hayan ideado el honrar al Rey con distintivo tan peligroso como el de coronel germánico, y de un regimiento de hulanos, para mayor gravedad, sito en la guarnición ¡ay! de la conquistada y no bien sometida Estrasburgo. Reflexionemos. En primer lugar hay que proceder con las naciones varias según sus costumbres diversas. Y nosotros no estamos acostumbrados a ver vestidos nuestros reyes de uniformes extranjeros y extraños. Victor Manuel, con aquella penetración italiana que unía tan estrechamente a su índole militar, comprendió un caso análogo como yo comprendo ahora este caso nuestro, y rechazó el mando platónico de un regimiento austriaco, por no usarse tales cosas en su patria y no poder tornar honra por honra. La verdad es que Alfonso XII, para devolver a Guillermo I su fina ironía, debió nombrarle coronel de cualquier regimiento español sito, por ejemplo, de guarnición en Badajoz. Sí, porque ha sido un sarcasmo la tal coronelía, no usual entre nosotros; y de hulanos, la parte del ejército conquistador más odiada por los conquistados; y de guarnición allá en la ciudad querida de los franceses, tan suspirada como Venecia por los italianos; y en el aniversario mismo de los bombardeos crueles y de las tristes rendiciones. El Ministro responsable debió recordar al Rey constitucional, para persuadirle a la renuncia de tan peligrosa honra, que ya no reina en el mundo ningún otro nieto de Luis XIV más que Alfonso XII de nuestra España, entre tantos como se asentaron años atrás en los tronos de Francia e Italia; y que Luis XIV unió Estrasburgo a Francia, unión robustecida y confirmada por la horrible y larga guerra de Sucesión, a cuyas victorias debieron los Borbones descendientes del duque de Anjou, o sea Felipe V, su definitivo reinado sobre nosotros, al cual debe hoy el Monarca la corona que ciñen sus sienes y deberá mañana el nombre que tenga en la Historia.

Y aún había otras cosas más de notar. Notémoslas. Darle Alemania una distinción tal a nuestro Rey, en vísperas de pasar por Francia, era, en el fondo, además de una sangrienta ironía, una horrible crueldad. Lo grave del caso crece con la consideración de cuantas circunstancias lo acompañan y lo siguen. El Rey volvía de misa cuando le sorprendieron, así con el nombramiento como con el uniforme de hulano, y no tuvo más remedio sino aceptar

**194**

el diploma y vestir el traje. ¿Pero no contaba ese Rey con ministros respon- sables, uno allí, los demás en España? ¿Cómo no pretextó, para evadirse por lo menos a tan extraña honra, que no podía en conciencia recibirla sino con el consejo y bajo la responsabilidad de su Ministerio? Ningún monarca sometido a la Constitución pierde su carácter constitucional porque atraviese la frontera propia y resida en país extraño. Había que conocer la opinión de nuestra España y que considerar la susceptibilidad de la vecina Francia, con madurez, antes de admitir tan extraña honra con precipitación. Y una vez admitida, conociendo cuan acerbas y recientes son las heridas de Francia; cuan noble y justo el sentimiento de independencia y la idea de unidad en los pueblos; cuan dolorosa la desmembración de Metz y Estrasburgo al cuerpo de una grande nacionalidad tan una, sobre todo después de la revolución, como la nacionalidad francesa en el mundo; había que renun- ciar el ir a Francia, la cual, muy libre hoy para decir sus ideas y sus quejas, podía respirar de un modo inconveniente, como respiró al fin y al cabo, por la herida siempre abierta de sus sangrientos agravios. Eso tiene mandar monarcas parlamentarios y constitucionales a pueblos como Alemania, cuyo Emperador cree reinar por derecho divino y tener la sanción de Dios en sus victorias, prescindiendo, si bien le place, a la continua, de su Parlamento, y considerando como un Consejo áulico de antiguo cuño a su oscuro Ministerio. Así es que los alemanes, de seguro, no le han mostrado al Rey gran cosa, en sus maniobras, de ciencia militar; pero han querido mostrarle cómo se prescinde, para los actos más graves, del régimen constitucional y se procede cual si todos los países fueran a una un gran campamento y no existiesen para nada ni Cámaras ni Ministerios. Guillermo de Prusia, digámoslo tristemente, ha procedido con Alfonso de España como si en vez de su huésped fuera su pupilo, y lo ha tomado, al darle tan premeditado nombramiento, por símbolo y expresión de sus agravios. Y he ahí por lo que yo más condeno el viaje impremeditado a la imperial Alemania, por darnos apariencias engañosas de haber entrado en conciertos contrarios a nuestros intereses nacionales y en maniobras dirigidas contra la seguridad y contra la independencia de un pueblo, el cual se rige por instituciones que son muy caras a todos los hombres cultos y lleva en sus venas nuestra sangre latina y en su alma nuestro espíritu de libertad y democracia.

Pero esto no excusa la terrible y condenable manifestación de París. Sobre los actos de un rey español, rey constitucional, que tiene sus Ministros, los cuales han de responder ante las Cámaras de cuanto haga el Rey, no puede presentar jurisdicción alguna, con títulos legítimos, nadie más que nuestra conciencia nacional, manifestada por nuestras instituciones parlamentarias. La manifestación de los intransigentes parisienses, además de una grosería burda, resultaba una imprudencia temeraria. Las relaciones entre los pueblos; los sentimientos de hospitalidad, vivos en el ánimo de las mismas tribus salvajes; la consideración de que, sí a todos sus huéspedes la República debe atenciones, las debe principalmente a los huéspedes que llevan corona, debieron decir a los rojos cuan grave podía resultar todo acto desagradable a nuestro monarca. No comprendían aquellos fanáticos, no lo comprendían, sin duda, en la ceguera propia de sus terribles supersticiones, que deservían a la República en Francia y servían a la realeza en España. Sí, mientras el Rey exista, mientras lleve nuestra representación, ya sea por el voto expreso de nuestra nación, ya por el asentimiento tácito y por el derecho antiguo, debe aparecer a los ojos de todo pueblo extranjero tan sagrado y respetable como los colores nacionales y los heráldicos timbres, con los cuales significamos nuestra independencia. Y desconocer esto es desconocer nuestro sentimiento nacional, tan despierto y tan vivo, ese gran sentimiento que no estamos en el caso de disminuir ni de apagar, porque merced a él, merced a su pujanza, resguardamos nuestra inapreciable autonomía y disponemos de nuestros destinos como ningún otro pueblo. Aquellos silbidos injuriosos, aquellas palabras soeces, aquel clamoreo indecente, las frases de menosprecio despertaron aquí la fibra nacional y produjeron una manifestación entusiasta en favor de don Alfonso y su familia, como no se ha visto en muchos años otra igual, por lo calurosa y espontánea. Tal ha sido el fruto que ha cosechado esa ciega intransigencia, quien parece suscitada por el hado adverso y puesta en nuestro camino para retrasar los progresos de la libertad y de la República.

Cierto que ha procedido el Gobierno francés con todas las atenciones propias de una exquisita cortesía. Desde que decidieron los ministros recibir al Rey de España, procuráronle una recepción brillantísima. El Presidente fue a la estación en persona y llevó al cuello la orden del Toisón de Oro. Su coche propio, en lugar de preceder al coche real, como en Hamburgo, lo seguía respetuosamente. Acudieron, al par del Presidente, sus ministros. Y cuando la manifestación de unos cuantos alborotadores no pudo impedirse de ningún modo, por los esfuerzos de una policía en aquel océano de París ahogada, la respetable persona de un ilustre y nobilísimo anciano, primer magistrado de aquel pueblo libre, quien lo ha puesto a la cabeza del Gobierno por sus votos libérrimos, se ha inclinado ante nuestro monarca en justo desagravio, y aquellos sus labios, no manchados jamás por ninguna mentira, le han pedido que no confundiera la intransigencia de unos cuantos aviesos con la voluntad y el proceder de Francia. Y no se contentó con decirlo al monarca de palabra, sino que lo notifico a la internacional Agencia conocida con el nombre de Havas y considerada por la opinión pública europea como un órgano verdaderamente oficial. Y cuando la susceptibilidad española, justa-mente indignada, se apercibe a una reclamación, adelántase con presteza, declara como las palabras dichas por la Agencia tienen todo el carácter de palabras dichas en ocasión solemne. Y no se detienen las satisfacciones, todas espontáneas, directas unas y otras indirectas, pero de una sinceridad verdaderamente ingenua, sino que Thibaudin, el ministro hechura de los intransigentes, y protegido por grandes influencias domésticas en la Casa Presidencial, sale del Ministerio por no haberse asociado a sus compañeros en la recepción del Monarca, y es reemplazado con Campenon, republicano de antiguo y ajeno siempre a las conjuraciones reaccionarias y tan acepto al orden como a la libertad. A mayor abundamiento, nuestro Gobierno se halla por el Gobierno francés autorizado para publicar en sus periódicos oficiales, cuando quiera y como quiera, el texto mismo de las palabras pronunciadas por el Presidente, como en justo desagravio al Rey. Con todo esto quedan terminadas las diferencias entre franceses y españoles, así como vencida una parte considerable de las dificultades varias suscitadas por tan extraño viaje.

## Capítulo XV. Cambios trascendentales en la política francesa

El Gobierno francés ha comprendido, por fin, que necesitaba oponer un veto a las utopías radicales y encerrar el torrente, desbordado hace tiempo, en el cauce de una firme política. Las últimas elecciones particulares venían dando al radicalismo un gran predominio, y este predominio se derivaba de una confusión perniciosa entre los verdaderos ministeriales y sus irreconciliables enemigos. Urgía trazar una línea de división muy recta y muy clara entre la República prudente y la República temeraria, opuestas de todo en todo, por aspirar aquella con arte a robustecer las instituciones democráticas, y ésta con exceso a conducirlas por los peligrosos espacios de la utopía. La necesidad se ha impuesto con sus imposiciones incontrastables, y los dos grandes discursos de Rouen y el Havre la han completamente satisfecho, iniciando una política de conservación consagrada exclusivamente a robustecer la estabilidad republicana y servir el desarrollo graduado del progreso pacífico. No puede tolerarse por más tiempo que los socialistas comuneros pretendan convertir la República en dócil instrumento de anarquía; que los regidores parisienses eleven instituto administrativo tan subordinado y subalterno como la municipalidad a convención nacional; que los demagogos ciegos recojan por medio de Thibaudin el ministerio de la Guerra para derrochar cuantos ahorros de fuerza el Gobierno francés acumulara los años últimos en defensa de Francia; y que, a la sombra del Estado, crezcan los ateos del Estado, inscritos en las bárbaras huestes congregadas contra su autoridad y su existencia. M. Ferry ha perfectamente procedido al declarar una guerra sin cuartel a esos republicanos sin norte y al anunciar que su política marcha con reflexión y madurez a disuadir al sufragio universal de alentarlos y sostenerlos. Ya sabemos que hallará dentro del propio partido gobernante oposicionistas antiguos, incapacitados de ningún oficio político en cuanto por la llegada irremediable de sus correligionarios al Gobierno se ven privados de hacer la oposición; pero estas máquinas de guerra no se desmontan fácilmente ni en pocos días, y hay que impedir los disparos contra sus propias ideas, vista la imposibilidad material de que no disparen y dejen de cumplir el fin providencial para que fueron montadas. El telégrafo europeo, devoto a la monarquía, comunica en estos trances a los cuatro vientos que los radicales van a reunirse como los tebanos en la más apretada legión y a tomar por asalto el maltrecho Gobierno, capaz de resistir al radicalismo. Pero no debemos confundir el usual lenguaje de la tribuna con el usual lenguaje de la prensa, ni los periodistas con los diputados. En el retiro de una redacción, y bajo el velo de un anónimo se prestan los rencorosos juramentos de Aníbal, cuyos juramentos suelen desvanecerse y disiparse así que llega la hora de aceptar en la tribuna tremendas responsabilidades públicas, que las lanzas se tornan cañas o las plumas lenguas, y no quedan ánimo ni resolución bastantes a repetir las insensateces improvisadas en las redacciones de El Intransigente o de La Justicia. Tengo a la vista los informes oficiales de las reuniones avanzadas; ninguno de los reunidos quiere, no ya la victoria, ni aún el combate. Clemenceau se ha eclipsado en todo este calurosísimo estío de garrulerías, y ha vuelto misterioso y retraído como quien se apercibe a un saludable retroceso. Barodet se ha trocado en una esfinge, después que le salió mal su empeño de convertir los programas radicales en aquellas peticiones del ochenta y nueve cuya virtud y fuerza derribaron al rey absoluto y trajeron la creadora revolución. Los más atrevidos se hallan descorazonados, porque comprenden cómo van a representar con la República el refrán aquel de «Tanto quiere la gata a sus hijos, que se los come». Y después de tal gritar han reunido escasísimos representantes juramentados para no decir lo que sucede ahora en sus reuniones; y aunque se juramentaran para lo contrario, importaría lo mismo, pues no dicen ahora nada, por una razón bien sencilla, porque nada sucede. Las cuestiones varias se irán resolviendo a medida que se vayan presentando y en sentido favorable a la estabilidad republicana, cada día más firme, porque la general opinión siente y reconoce ya su inevitable necesidad. Saldrá lo mejor que pueda el Gobierno de sus conflictos con China, los cuales, entre sus muchos inconvenientes, tienen el de una grave disidencia con América e Inglaterra, y convertirá su atención al problema de los presupuestos, un tanto dificultoso, y a la general administración, de muchos cuidados necesitada hoy, dando de mano a las agitaciones políticas, incomprensibles de todo punto allí, donde la sociedad ha llegado a un bienestar jamás conocido en el mundo y las instituciones democráticas a su madurez y a su consolidación. Para seguir un camino de prudencia el Gobierno solo necesita inspirarse con perseverancia en las últimas votaciones y elevarlas a leyes de proceder y de conducta. Tras agitadísimo verano, recientes deplorables sucesos, lanzado Thibaudin del Ministerio, dichas las firmes palabras de los últimos discursos, iniciada una resuelta política, la Cámara popular más cercana de suyo a las muchedumbres que a la Cámara senatorial y más en comercio y contacto con los electores después de largas vacación es, le ha dado una mayoría de ciento sesenta votos, fuerza legal incontrastable, con cuya virtud puede fácilmente burlar todas las maquinaciones monárquicas después de contener todas las mareas demagógicas. El tono con que Mr. Ferry ha corroborado en el Parlamento sus frases de Rouen y el Havre, nos prometen una política muy conservadora, y esta política muy conservadora nos asegura la paz y la robustez de esa gran República, en cuyo desarrollo pacífico están a una interesados todos los liberales del mundo.

Pasemos a otro asunto. ¿Habéis visto alguna vez en vuestra vida el Rin azul? Yo jamás podré olvidarlo, sobre todo en las regiones próximas a su fuente; cuando se vierte del celeste lago de Constanza, y fluye por las honduras entre colinas tapizadas de viñedos; tras los cuales, y al segundo término, los bosques verdinegros de piramidales malezas se tienden hasta muy cerca de los Alpes tres cimas níveas, cuyas rotondas de gigantescos cristales contrastan con los diminutos campanarios argenteos diseminados por aquellas orillas, que parecerían virgilianos idilios si no las asombrasen y oscureciesen los recuerdos sombríos de la guerra. Pues bien; allí, en las riberas rinianas, el Emperador de Alemania, llevando en sus sienes el casco férreo que sirve como de base a la corona imperial, ha reunido sus príncipes feudatarios para celebrar la erección de una estatua levantada en Niederwald, y que representa la Germania vencedora, en toda su robustez, mirando con aire de verdadero desafío a esas tierras latinas, tan detestadas por los germanos y tan queridas por el Sol, tierras cuya riqueza tienta eternamente con sus jardines cargados de flores y sus huertos henchidos de frutos y sus ciudades por el arte inmortal esmaltadas el apetito de las gentes ocultas en las sombras eternas. Yo aborrezco todos estos holocaustos ofrecidos a la conquista y a la guerra. Si nosotros, los latinos, hubiéramos de recordar hoy todas las victorias alcanzadas sobre Alemania, vencida en Alejandría por las ciudades lombardas, vencida en Mulberga por los tercios españoles, vencida en Valmy por los republicanos franceses, vencida en Jena por Bonaparte, cometeríamos un acto de insensata demencia contraria al progreso universal. No se ilustran los pueblos con la ciencia, no se redimen de sus abrumadoras cargas militares, no se comunican mutuamente sus almas en la comunión de los pensamientos, cuando erigen esos arcos de triunfo a cosa tan varia e inconstante como la fortuna, capaz de llevar un emperador como el emperador Guillermo desde las humillaciones vergonzosas de Olmutz hasta las soberbias victorias de Sadowah. Yo creo que una República de paz, como la República francesa, no sentirá veleidades de guerra, incompatibles con su naturaleza y contrarias a su libertad. Pero no hay derecho en el soberano alemán a quejarse del temerario lenguaje por algunos periódicos franceses empleado para mantener las esperanzas de próximo desquite, cuando todo un emperador, circuido por los príncipes sus vasallos, a la orilla del disputado Rin y a la vista de recientes desmembraciones, alza un altar y un ídolo a la conquista y a la guerra.

Nosotros alzaremos los ojos sobre todo trofeo de la fuerza, y saludaremos otra Germania, muy diferente, aquella que inventó las letras de la imprenta, que redimió el alma humana, que señaló a la inteligencia sus límites en la Critica de la Razón Pura, que introdujo la síntesis del saber en la filosofía hegeliana, que formuló en sus libros de filosofía el derecho natural, y encantó con los acentos de las óperas de Mozart y de las sinfonías de Beethoven nuestros oídos, y con las creaciones de Goethe y de Schiller, nuestro sentimiento y nuestra fantasía; Germania que, vencida en los campos de batalla, reinaba con su dominio espiritual sobre la conciencia, mientras, la hoy vencedora, no tiene aquella inspiración antigua en su mente, ni aquel verbo divino en sus labios, triste y humillada, esclava de la materia y de la fuerza.

Los que miran solo el lado superficial de las cosas creen a Alemania fortalecida mucho en su poder con el concurso de Austria, sin advertir toda la debilidad consustancial a esta monarquía; Babel de razas, las cuales aguardan próximo llamamiento para romper unas con otras en cruentísima guerra. Mucho se huelga y complace la corte de los Habsburgos con las victorias diplomáticas recientes que le han llevado a su alianza los Reyes de Rumanía y Servia, cuando no hace mucho dirigía intimaciones varias al primero, porque reivindicaba la Transilvania, dominio austriaco, y al segundo porque pactaba con Rusia, esa eterna enemiga del Austria. En Oriente, las afinidades sociales, que juntan a los grupos humanos, y los disciplinan en grandes colectividades, obedecen más al parentesco de la raza que al parentesco de la nacionalidad. Unidos están, bajo el techo de la misma nación, eslavos con austriacos, alemanes con cheques, húngaros con rumanos, y se aborrecen de muerte.

Los conflictos postreros del verano que ahora concluye, prueban como cada nacionalidad varia del Austria; informe pedirá su autonomía propia, su cuerpo y su alma, en el instante supremo de una irremisible catástrofe. Los croatas viven tan de malas con el Estado magiar como los magiares vivían de malas con el Estado austriaco en tiempos a la verdad no muy remotos. Y así que los magiares constituyeron una verdadera nacionalidad junto a los austriacos, pugnaron los croatas por constituir otra verdadera nacionalidad junto a los magiares. Mucho regatearon éstos los términos de una cordial avenencia y mucho se opusieron al deseo de sus convecinos; pero al cabo aseguráronles algunas garantías, las cuales no han bastado a su tranquilidad, diariamente rota por sublevaciones continuas con caracteres de guerra civil permanente. Allá, en los llamados confines militares, una especie de Marcas, donde viven antiguas familias, sin otro ningún oficio más que las guerras continuas, estas agitaciones, agravadas por el terrible movimiento antisemítico, muestran como queda la barbarie antigua bajo el áureo cascarillado de la cultura moderna. Esperemos en la debilidad incurable del Austria para evitar, por lo menos para detener, el estallido de una próxima guerra en los senos de Oriente. Las confabulaciones entre los monarcas danubianos y los Césares germánicos no han traído las ventajas que aguardaban aquéllos y éstos. El Rey de Servia no ha dudado en ir a Hamburgo, y el Rey de Rumanía en ir a Viena; pero sus naciones, a la verdad, no han ido con ellos. Al contrario, el primero ha perdido las elecciones últimas y el segundo se ha encontrado en las Cámaras con una oposición formidable. Los reyes hoy no rigen sus pueblos sino bajo dos condiciones, la de someterse a su soberanía eminente y la de representar su opinión general. Si los Monarcas de Servia y Rumanía se creen superiores y anteriores a sus respectivas naciones, en guisa de ciertos monarcas occidentales que no queremos nombrar, estallarán allí las revoluciones sin remedio; y a las revoluciones sin remedio sucederán los destronamientos sin apelación.

El Emperador de Austria encuentra un poderoso enemigo a sus ambiciones en el elocuentísimo estadista, en Mr. Gladstone. Ningún político inglés posee como este ministro el secreto de mover la opinión pública y acalorarla y encenderla en la fría Inglaterra. Una serie de discursos le bastó últimamente para derribar la política conservadora, cuando parecía subir al cenit de su grandeza y de su gloria. Con libro escrito en su mocedad respecto a los Borbones de Nápoles, y leído por todos los liberales de aquel tiempo con lágrimas de indignación y rabia en los ojos, preparó el proceder de su ilustre patria en el destronamiento de los tiranos y en la inmortal expedición de Garibaldi. Una carta sobre los búlgaros determinó la libertad de estos orientales, tanto casi como las empresas del zar Alejandro. Y Mr. Gladstone cree que los Habsburgos de Austria no tienen afinidad alguna con los pueblos semieslavos de los Balcanes, y no deben, por tanto, aspirar a una hegemonía sobre todos ellos con los títulos que su protectora natural y legítima, la eslava de sangre, y bizantina de religión, y oriental de carácter, potente y ortodoxa Rusia. Los eslavos, por más que sus dinastías crean llevarlos como corderos a la federación diplomática entre Austria y Prusia últimamente tramada, propenderán siempre a la natural alianza moscovita. No hace muchos días un ilustre general ruso, ministro de Alejandro II en las cortes danubianas mucho tiempo, me hablaba en Biarritz de las convenciones diplomáticas arregladas por el Rey de los servios con los Emperadores de Alemania y de Austria, diciéndome su vanidad completa, por faltas de toda base natural y sólida. En efecto; hacen mal, muy mal, esos pastores de pueblo, como llamaba Homero a los reyes de su tiempo, en hipotecar tan arbitrariamente la voluntad soberana de sus pueblos, e inscribirlos en los ejércitos convenientes a los pactos secretos y a las artificiales alianzas de sus impopulares dinastías. No tendrá jamás un rey Milano sobre sus tropas el influjo moral que tuvo un emperador Napoleón sobre cuantos vestían uniforme y llevaban armas. Pues el gran general contaba en Leipzig contra el ejército austroruso con varios regimientos de Wurtemberg y de Sajonia, los cuales no pudo retener consigo; porque, a lo más recio de tan gigantesca batalla, cuando mayores prodigios de inteligencia militar hacía, y sustentaba todo el empuje de los trescientos mil soldados puestos en línea por la coalición tremenda con solo ciento cincuenta mil escasos, acordáronse de su estirpe y fuéronse a las banderas mismas contra cuya causa peleaban: ejemplo inolvidable, dado por los alemanes, a cuya repetición se hallan muy expuestos cuantos eslavos pretendan llevar tropas eslavas contra el pontífice rey de todos los eslavismos en armas, contra el emperador Alejandro. Y no es Inglaterra factor en tal manera baladí, que pueda prescindirse de su consejo y de su voto por la grande alianza prusoaustriaca. Un veto indirecto suyo en la última campaña del moscovita contra el turco rasgó los tratados de San Estéfano, a la hora misma de su inmediata realización y detuvo al descendiente y representante de Constantino en la entrada misma de aquel templo de Santa Sofía para cuya posesión, prometida por antiguas leyendas, han armado y sostenido los moscovitas en el ardor de su fe tan formidable Imperio.

No cabe duda que la resuelta inclinación de Gladstone por la bizantina Rusia desconcierta mucho el plan de la católica Austria. Su resultado primero hase visto ya claramente. Turquía, que llamaba con repetidos golpes a las puertas de los dos Imperios centrales para ingresar en sus alianzas y recorrer su órbitas, ha retrocedido y entrado en la inteligencia diplomática bosquejada entre Francia, Rusia, Inglaterra, Dinamarca, Suecia y Grecia, para impedir el desmedido crecimiento de Alemania, cuya soberbia terrible águila cree hoy la Europa entera un nido asaz estrecho, y del cual rebasan sus dos alas formidables y negras.

La cuestión de Irlanda, con todos sus terribles incidentes, debilita mucho al Gobierno de Inglaterra. En estos últimos días los ultraprotestantes y ultraingleses han dado muestras de sí, como frecuentemente suelen, tomando ruidosos desquites en ciertas regiones irlandesas, donde señorean y dominan, del influjo y poder ejercido por las ligas agrarias en otras regiones distintas. Y no se han contentado con maltratar a sus enemigos allí donde son éstos inferiores en número; han pedido que no se les permita en adelante reunión de ningún genero, ni asociaciones permanentes, porque de permitírselas, empezará una guerra civil continua y correrá mucha sangre por campos y por calles. La situación del Ukter, cada día más grave, sirve a estos intolerantes de base para pedir con grandes instancias tal derogación a las libertades inglesas. Pero la prensa británica toda, con ese buen sentido natural a su raza y agrandado por la práctica fiel y antigua de sus libertades históricas, truena contra semejante pretensión, y dice que así como los orangistas se oponen a las predicaciones del ideal político de los ligueros, podrían los ligueros oponerse a las predicaciones del ideal religioso de los orangistas, cortos, muy cortos en número e importancia, por aquellas regiones, esencialmente celtas y católicas. Tienen razón los periódicos ingleses. Quien desee comprender toda la importancia del movimiento separatista irlandés no tiene sino advertir cuanto pasa en el proceso de O'Donnell, para cuya defensa en justicia se han reunido ya, por medio de una suscrición popular, sumas considerables. Este O'Donnell tomó sobre sí el cumplimiento de una sentencia dictada por la conciencia irlandesa, en guisa de tribunal inapelable. Nadie ignora que los asesinos de Cavendish jamás hubieran llegado a ser descubiertos sin una infame delación dada por cierto Carey que pasó de cómplice y acusado a testigo de la corona, o a acusador, y acusador retribuido. Tal traición llevó al patíbulo a varios patriotas, adorados hoy como santos y mártires por la sencilla fe de un pueblo, decidido a recobrar su antigua independencia patria. Y si adoró el pueblo como santos a los mártires, imaginad cómo aborrecería, con qué aborrecimiento, al delator.

Todo el poder inglés no alcanzaba, no, a preservarlo del fallo y de la ejecución. Hubo necesidad imprescindible de arrancarlo a todo comercio y relación pública con sus compatriotas y recluirlo como un cenobita en la soledad. Pero allí, aunque oculto, aunque solo, aunque soterrado casi, no podía vivir, como si los átomos de tierra y los soplos de aire se rebelaran a una en su contra y despidieran al traidor, ni más ni menos que despide el mar a los cadáveres. Lo cierto es que no podía vivir, temeroso de ver bajar a los antros de su reclusión los vengadores de los antiguos cómplices por su vil delación entregados al verdugo. Extrajéronle de allí con supuesto nombre y lo mandaron a las tierras meridionales del continente africano, donde creían que no llegaba ni podía llegar la terrible venganza. Pues llegó allí. De nada valió el nombre supuesto, el buque seguro, la tripulación escogida, los pasajeros revisados, el orden a bordo, el mar inmenso, el rumbo largo, el clima insano, el Sol ardiente, los misterios del silencio y del secreto confiados a mudos; todo lo rompió el pueblo irlandés con los fatales decretos de su voluntad inflexible; y una mañana, cuando más descuidado estaba el reo, salió el verdugo y le asestó un tiro que le dejó muerto en el acto; castigo excepcional a un crimen también excepcional. Pues una raza de tamaño aguante, confesémoslo, es una raza invencible. La política reaccionaria, diga lo que quiera el conservador Norcothe, solo servirá para exacerbar sus iras; y una política de transacciones, capaz de dar alguna esperanza de redención a este pueblo de Macabeos, podrá calmar los ánimos exaltados e interrumpir la procelosa guerra.

Háblase hoy mucho en Alemania de un grave asunto, de las últimas correrías aquende y allende los Alpes emprendidas por un cardenal muy renombrado, el célebre Hohenloe. Al comienzo de los disentimientos entre la corte de Roma y la corte de Berlín, como ésta le mandara ese mismo Cardenal de ministro plenipotenciario o embajador a aquélla, y no quisiera de ningún modo recibirlo, por creer el nombramiento de un eclesiástico atentatorio a sus antiguas prerrogativas, y desconocedor de su poder temporal, Bismarck respondió con estas rudas palabras: «Pues enviaré al Papa, en adelante, de ministro, a cualquier coronel de caballería». El Cardenal no goza reputación muy sólida, pues la inquietud continua de su ánimo exaltado y el desasosiego de sus ambiciones mundanas le han metido en mil imperdonables aventuras políticas, célebres todas, cuáles por ligeras, cuáles por descabelladísimas e insensatas. Yo recuerdo haber visto una quinta suya, cuando mi estancia en Roma, por los alrededores de Albano. Acabábamos de pasar un día entero en comunicación estrecha con las gigantescas ruinas, que levantan el ánimo a tiempos muy dignos, por apartados y solemnes, de compararse con la eternidad. Habíamos recorrido aquella villa de Adriano, una especie de ciudad inmensa, donde apercibía el gran Emperador cierta especie de sincretismo artístico y monumental, cuando Roma realizaba el sincretismo de las ideas jurídicas, Alejandría el sincretismo de las ideas filosóficas, Jerusalén el sincretismo de las ideas religiosas en esas grandes conjunciones de astros, que tiene así el tiempo como el espacio. Nuestros oídos y nuestros ojos se habían a una encantado con el fragor de la cascada eterna de Tívoli, que aún resuena y cae, como al recibir los suspiros y los yambos de los poetas clásicos. Habíamos contemplado los fragmentos de aquel Túsculo, donde Cicerón escribiera tantas elevadas páginas, y los espacios de aquel campo, desde cuyas eminencias miraba en los lejos del horizonte Aníbal airado la Ciudad Eterna, condensando en la solitaria retina, que fulguraba por su faz de fiera, todos los odios de una raza condenada por Dios a perpetua guerra con otra enemiga raza, cuyo exterminio le reclamaban las almas luctuosas de cien generaciones muertas, y venidas del Orco a pedirle para sus manes inquietos el inefable consuelo de una suprema venganza.

Pues no quiero deciros los afectos que despertaría en mi ánimo la extraña quinta del Cardenal, visitada después de tales sitios y ruinas, aquella quinta con sus aires de Trianon, sus fuentes de aparato, sus jardines a la versallesa, sus árboles recortados por tijeras irreverentes, su lujo aparatoso y su imperdonable vulgaridad entre tantas enormes grandezas. El cardenal Hohenloe tiene la diócesis de Albano, esa Roma sana y montañosa; pero Albano rinde muy poco y no corresponde a sus múltiples necesidades. Así es que acaba de presentar su dimisión para descender de Cardenal Obispo a Cardenal simple. Y en cuanto presentó esa dimisión, le mandó el Papa comparecer a su presencia; y en cuanto compareció a su presencia, retirarla sin excusa. El dimisionario, que preparaba un viaje a sus tierras de Alemania, pidió una licencia. Negóse León XIII a concedérsela, y se ha ido sin ella. Pocos días después hallábase muy gozoso en Baviera, donde no daba muestras de recordar los disgustos dejados tras de sí en Roma. Y después de haber hecho varias visitas de corte y de mundo, como decimos ahora, entróse de rondón y sin previo aviso nada menos que en casa del conde de Barbolans, ministro del usurpador y excomulgado rey de Italia en la corte de Baviera. Y no pararon aquí las visitas. Seguidamente fuese a ver al célebre Doellinger, al ilustre sabio, gloria de las ciencias eclesiásticas y piadosas, quien después de haber ilustrado su apellido con obras verdaderamente ortodoxas referentes al dogma y a su historia, renegó del catolicismo, cuando el catolicismo promulgó el Sillabus y declaró la infalibilidad. Así que Munich supo tales visitas, comunicólas por el telégrafo a los cuatro vientos, y así que se comunicaron, dieron ocasión y pábulo a mil interpretaciones diversas.

Decíase que Hohenloe andaba tan divertido de sus deberes eclesiásticos y tan fuera de las vías religiosas, por no haber alcanzado las dos ricas mitras con que soñaba, Breslau y Posen. La primera no es solamente mitra, sino también corona, pues Breslau pertenece a los fragmentos, más o menos íntegros, de instituciones antiguas respetadas por el tiempo; y conserva su categoría, más o menos honoraria, de principado eclesiástico. En cuanto a Posen, dicen los industriados en las interioridades más íntimas del Vaticano, que no debiera el Obispo haberla solicitado, cuando vive todavía el titular y propietario, depuesto por su adhesión a la iglesia y su enemistad con Bismarck. Los rumores mal intencionados crecen con grande crecimiento, y muchos imputan a falta de dinero la sobra de inquietud en el Cardenal. Pero no puede faltarle agente como ése tan útil a la vida, cuando ha heredado un millón de francos y conserva una galería de cuadros legada por monseñor Merode. La Germania, El Univers de allende, truena contra el Cardenal, y escupe a su rostro bendito esos improperios naturales a la prensa ultramontana, tan ruidosos y tan groseros.

Pero hay muchos empeñados en que anda con tal movimiento y en libertad tanta el Cardenal, porque tiene un expreso encargo pontificio de abrir las puertas del catolicismo a Doelinger por medio de una expresa y solemne absolución, así como de pactar una inteligencia estrecha entre Italia y León XIII por medio de Bismarck. Sea de esto lo que quiera, deben sus amigos aconsejar al buen prelado que se deje de veleidades rebeldes y vuelva sumiso a los pies del Pontífice, pues nada tan inútil como el combate inconsiderado entre un solo individuo eclesiástico, siquiera tenga tras de sí todo un emperador germánico, y la potente autoridad y el inconstable poder espiritual del Papa y de su Iglesia.

## Capítulo XVI. Satisfacciones a Inglaterra

Confieso, y me cuesta la confesión mucho, no creí nunca en la soledad silenciosa de mi retiro, al trazar algunas líneas sencillas referentes a Irlanda, verlas pasar, truncadas y maltrechas por el telégrafo, a Londres, para mover en mi contra, órgano tan respetable de la opinión inglesa como el Times, quien me amenaza con retirarme afectos, los cuales me holgarían mucho, de creerlos ciertos, como la estima y admiración, copio sus palabras, de una considerable parte de Inglaterra. Conformaríame fácilmente con tal eclipse, fiando a la claridad completa de mis ideas y a la virtud eficaz del tiempo prestarme de nuevo su benéfica luz perdida, si no me urgiese desvanecer dos equivocaciones gravísimas: primera, la de atribuirme, por algunas frases cortadas, un concurso moral a crímenes tan abominables como el asesinato de lord Cavendish, y segunda, la de creerme con despego y desamor a nación de mí tan admirada y querida como la libre y parlamentaria Inglaterra. Mis ideas radicales y republicanas de siempre no empecen a la enemiga mía con los medios violentos en general, y en particular con los medios criminales, más odiosos cuanto menos obstáculos encuentran el pensamiento y la asociación libres para defender y reivindicar el derecho.

Casualmente, si el temor de alargar mi respuesta, y la seguridad de ser creído bajo mi palabra no lo impidiesen, copiaría en estas columnas las múltiples reprobaciones por mí lanzadas contra los que imaginan prosperar causas como la causa de Irlanda, con crímenes como las inmolaciones de magistrados integérrimos, acaso en el minuto de preparar una reforma y de traer un progreso, y como las expulsiones de materias fulminantes que solo alcanzan a los ciudadanos inofensivos y solo consiguen sembrar terrores verdaderamente reaccionarios y traer furiosas represalias propias para prolongar el inútil estado de guerra e impedir el necesario advenimiento y triunfo de una cumplida justicia.

En cuanto el partido que gobierna hoy la Gran Bretaña subió al poder y se anunciaron las primeras perturbaciones irlandesas, dije a los temerarios y a los impacientes cuan mal procedían buscando en la revolución remedios solo asequibles por la reforma, y cuan descastados e ingratos se mostraban con el gran estadista y orador, que, además de abrogar la Iglesia oficial protestante, se apercibía por medidas económicas, más o menos radicales, a reparar en parte los desastres de antiguas guerras y las arraigadas injusticias de seculares conquistas. Siempre dije, usando un ejemplo muy cercano a nosotros y para nosotros muy doloroso, que los celtas habían procedido mal en Inglaterra, mostrándose más airados con el partido radical que con el partido conservador, como ciertos compatriotas nuestros, que no quiero nombrar, procedieran el año 78 con todos nosotros, al sublevarse, después de haber sufrido en silencio el antiguo régimen, cuando llegaban los que se apercibían a soterrar la esclavitud y a compartir con ella los beneficios varios de la libertad nacional. Conste, pues, que lejos de alentar las perturbaciones irlandesas y sus utópicas tendencias a una separación de Inglaterra, las he reprobado, aconsejando la concordia de ambos pueblos en derechos y libertades comunes a la sombra y abrigo de una misma nacionalidad.

Las palabras adrede arrancadas con arte de mi artículo último, y difundidas por The Times a la mañana siguiente, con tal dolor suyo y extrañeza mía, estaban allí para probar cómo no conviene de ningún modo seguir con pueblo, capaz de cosas tales cual ese horrible sacrificio de Carey, los procedimientos conservadores por un orador aconsejados en sus últimos discursos, y cuan preferible me parecía una política de conciliación, por ejemplo, la sabia política del ilustre Gladstone, quien destruyendo cada día una injusticia y preparando un progreso, destruye la chispa generadora de nuevas tempestades en aquel cielo y prepara días serenos de libertad y de paz para las regiones componentes de la misma patria. Y al llamar a los irlandeses Macabeos, por su arrojo y por su tenacidad, no quise llamar Antíoco a Inglaterra, ni pasó por mis mientes compararla con el profanador del Santo Templo; antes por el contrario, los llamé así, recordando que muchos hijos de la valerosa familia celta demostraron esas prendas de valor en defensa de la patria inglesa, cuyos anales han ilustrado con mil ilustres y hasta recientes victorias, pues no debe olvidarse cómo los soldados de Waterloo y los soldados de Egipto vencieron bajo el mando de generales nacidos en el seno de Irlanda.

Ceda un poco en su natural susceptibilidad el ilustre diario, y vea cuántos ejemplos de temeridades en la palabra nos ofrecen unos ingleses al hablar de otros ingleses en sus polémicas perdurables, sin que a nadie se le haya ocurrido achacarles por eso desamor u odio a su madre patria la venerable Inglaterra. Pocas escuelas tan admiradas y admirables como la escuela radical británica. Un apóstol tan ilustre como Cobden la encabeza, un orador tan grande como Brigth la mantiene, un político tan consumado como Dilke la ilustra hoy mismo, un tory tan grave como Peel acepta en parte sus principios, a pesar de haberlos tanto tiempo combatido, y difunde con esta inmortal apostasía el bienestar entre las clases pobres, que alivian su miseria con el blanco pan cocido al fecundo calor de la libertad económica. Pocos movimientos en el mundo con inteligencias tan luminosas, voces tan inspiradas, ideas tan brillantes, pléyades tan celebradas de almas inmortales como el movimiento liberal inglés que han impulsado Gladstone, Stuart Mill y Macauley, por citar tan solo en esta breve réplica los nombres de primera magnitud, cuyo resplandor se dilata por los horizontes todos de nuestro planeta y cuya honra entra en el patrimonio común de la honra universal y humana. Pues bien; todo un aristócrata británico, en los ardores del combate y en los apremios de la improvisación, compara los radicales con los bárbaros devastadores del Imperio romano y los wighs con los humillados césares Honorio y Arcadio, mengua de nuestra especie y afrenta de la Historia. Supongo que, a pesar de haber calificado así lord Salisbury en la célebre

**210**

revista Quarterly a la parte más ilustre de Inglaterra, no le negarán la mano en la Cámara de los Lores los por él calificados, como a mí no me negarán los ingleses todos aquellos antiguos afectos de que tanto me honro y envanezco, por haber calificado de Macabeos a una considerable parte de sus mismos compatriotas, sobre todo cuando jamás pudo, ni por imaginación, ocurrírseme comparar a su ilustre patria con el perverso Antíoco.

Yo, cual todos los españoles liberales, he amado siempre a Inglaterra, patria de la libertad parlamentaria. Yo he creído y sigo creyendo que la causa única de disentimiento antiguo entre Inglaterra y España desaparecerá con el tiempo, en cuanto la política de paz y de libertad predomine sobre la política de guerra y de recelo. Por lo demás, ningún español puede olvidar que vuestra sangre se mezcló con nuestra sangre mil veces en la gloriosa porfía por la patria independencia, y ningún liberal que nuestros padres perseguidos por la reacción del veintitrés encontraron bajo los techos británicos nuevos hogares y en su ilustre suelo una segunda patria. Si el absolutismo de origen extraño, que descuajó nuestras libertades históricas, no prevaleciera sobre las cortes y los municipios nacionales, ¡oh! España fuera en Europa la Inglaterra continental por sus procuradores, sus jurados, sus alcaldes y sus justicias. No hay sino mirar la índole del genio inglés y la índole del genio español en las letras, su mutua independencia de toda regla convencional, su idéntico desasimiento de los códigos y modelos clásicos, su variedad original, sus contrastes de tristeza y de risa, sus sarcasmos junto a sus sublimidades, el desorden de la inspiración semejante al desorden de la naturaleza y la profundidad íntima en el pensar y en el sentir de un Shakespeare y de un Calderón, para convencerse de cuan estrecho parentesco guarda en dos pueblos de tan diversas ideas religiosas y tan porfiadas competencias marítimas, la respectiva esencia y el fondo respectivo de sus sendos caracteres nacionales. Puesto que los audaces navegantes, reveladores de la tierra en el Renacimiento, llegados en sus exploraciones desde la cuna hasta la tumba del Sol; aquellos que hallaron el mundo de lo porvenir con el hallazgo de las Indias occidentales y el mundo de lo pasado con la reaparición de las Indias orientales, evocadas unas y otras por su numen del fondo de las aguas; los que doblaron el Cabo de las Tormentas, y acometieron y realizaron por vez primera la navegación fabulosa en torno de nuestro globo; los legendarios héroes de la Península ibérica, vencidos por la fatalidad, han dejado su antiguo imperio marítimo a Inglaterra, nosotros sabemos y estimamos cuánto contribuye a la cultura universal una potencia tan grande, que impide con el respeto de su nombre las antiguas irrupciones desprendidas desde las mesetas centrales del Asia tantas veces sobre las tierras de Europa; cómo contrasta la confederación de las tribus fatalistas aún esparcidas por las riberas meridionales del Mediterráneo y por los edenes del Bósforo; cómo limpia de piraterías los espacios oceánicos y persigue la trata; cómo deja por doquier mercados abiertos a las emulaciones de la actividad y a la competencia y circulación de los cambios; cómo asegura la navegación universal; y deseamos que desaparezca cualquier motivo de recelo entre nosotros, y cooperemos todos en el Nuevo Mundo por nuestras dos razas cristianas, y en el Viejo Mundo, en que tenemos tantos intereses comunes, a la libertad completa de los mares y a la paz perpetua de los continentes; para que un régimen de trabajo, creador y pacífico suceda en todo el orbe al antiguo régimen de guerra y de conquista, mejorando así la condición de la humanidad y mereciendo las bendiciones de Dios. Ya ve mi contradictor ilustre cuan lejos me hallo del odio a Inglaterra imputado por sus recelosas sospechas; pues, al contrario, deseo para la iniciación de mayores empresas, una inteligencia estrecha entre las naciones occidentales, Inglaterra, Francia, Italia, Portugal y España, que aminore las causas de conflictos guerreros en el continente nuestro, y lleve de común acuerdo el espíritu moderno, esa luz etérea y vivificadora por toda la redondez del planeta.

Continúa en Francia la política firme, cuyo logro queríamos con impaciencia cuantos queremos la consolidación y robustecimiento de una verdadera República. Los discursos últimos y las últimas votaciones tienen la inmensa ventaja de señalar límites conocidos a una política vaga en otro tiempo y reunir alrededor de tan saludable cambio una mayoría compacta. Nadie duda en el mundo ya que la República francesa responda como debe al movimiento y al progreso; pero muchos dudan de que responda como debe también a la conservación y a la estabilidad en el equilibrio de fuerzas contrarias sobre cuya combinación se alzan las sociedades humanas. Pues no puede ya con fundamento dudarse de cuan idónea es la República para los dos necesarios fines, tras los últimos sucesos y el rumbo decisivo tomado por Cámaras y Ministerio. Ciego estará quien desconozca de hoy en adelante que la Presidencia y la Representación popular llegarán a sus términos legales en completa paz; que armada y ejército cumplirán sus deberes múltiples con estoica inflexibilidad; que proveerá el sufragio universal de mayorías numerosas y firmes a los Gobiernos, bastante previsores para combinar el progreso medido con la estabilidad serena; que ningún pretendiente se antepondrá y sobrepondrá jamás a la nación, cada día más libre y cada día más tranquila en el pleno ejercicio de todo su poder y en el respeto religioso a todos los derechos, factor integrante de la paz europea y ejemplo luminoso de los pueblos todos; con lo cual cumple aquel ministerio de revelaciones humanas confiado a su numen y a su prestigio por la filosofía y la revolución del último siglo, por cuya virtud será siempre como la palabra o verbo del espíritu progresivo, como la concentración o foco de la cultura universal. Desengáñense los monárquicos españoles, tan implacables enemigos de la República francesa: un Gobierno que tiene a raya las camarillas ilegales; que despide sin zozobras a ministros como Thibaudin; que impone silencio a pretendientes como los Orleáns; que desahucia los anárquicos proyectos del Ayuntamiento parisién; que habla tan severo lenguaje y emplea tan activa energía en medio de las mayores libertades conocidas allí; que cuenta con ejército de suyo tan sumiso y con mayoría por grandes convicciones unida y compacta; puede dar envidia, y mucha indudablemente, a los Gobiernos y a los partidos realistas, empeñados en denostar a Francia porque se dirige a sí misma en calma completa bajo la sublime advocación de una estable República. Nosotros solo debemos pedir a nuestros fraternales amigos, los ministros de allende, que perseveren a una en su obra de pacificación democrática, sin temer ni a las maniobras de los príncipes pretendientes en el interior, los cuales habían de satisfacerse con la dignidad de llamarse ciudadanos en tan grande pueblo, ni a las aparatosas e inútiles visitas de los príncipes ilustres en el exterior, los cuales no pueden contrastar con su presencia el afecto de todos nosotros los liberales y los demócratas a Francia y su República.

Después de nuestra patria no estimamos los españoles a ninguna de las naciones modernas tanto como a la inmortal Italia. Tenemos de común con ella nuestra sangre, y casi, casi nuestro idioma; pues el español y el italiano parecen dos derivaciones de una sola y misma madre. Si la República francesa nos asegura el predominio de la democracia en el continente para todo lo que resta de siglo, la independencia italiana resulta un dato importantísimo en los progresos universales; primero, porque nos da un pueblo libre más en el concierto europeo, aumentando las fuerzas progresivas del conjunto; después, porque nos liberta del poder temporal teocrático, ese arrebol postrero de la disipada Edad Media. Pero no puede negarse que Italia libre ha desatendido deberes muy altos al desasirse de Francia por cuestión tan baladí como el protectorado tunecino e ingresar en la triste alianza de los Imperios centrales, encaminada contra la libertad y la democracia modernas. Jamás desistiré de mi constante predicación a favor de una inteligencia entre Italia y Francia. El día que cayera la República se vería muy amenazada la unidad italiana, y el día que cayera la unidad italiana se vería muy amenazada la República francesa, por el inevitable predominio de la reacción universal, contraria de todo en todo a esas dos creaciones supremas del espíritu moderno.

Y no le basta en sus supersticiones a la susceptibilidad italiana con suponer cosa tan absurda e inverosímil como que Francia pugna por la restauración del poder temporal de los Papas; encuentra pretextos a su odio en mil accidentes varios y en mil proyectos descabellados, cual si no pudiera tener jamás razones y motivos en su propia conciencia. Para convencerse de cómo Italia yerra siempre que trata de Francia basta con recordar los proyectos imputados a ésta en publicaciones diarias. Ya dicen que ha resuelto para las eventualidades múltiples de lo porvenir anexionarse Liguria, cual se anexionó en otros días Saboya, y ya que pide la misma Cerdeña para fortalecer y asegurar su predominio en el Mediterráneo. Parece imposible que se pueda ocurrir a pueblos, en la política y sus artes consumadísimos como el pueblo italiano, cosa tan descabellada como esas supuestas ambiciones francesas. La grande nación latina experimenta demasiado el dolor de las desmembraciones propias para cometer el crimen, doblemente punible, por sí mismo y por las circunstancias, de aspirar a las desmembraciones ajenas. Limitado a pedir la devolución de Alsacia y Lorena, más unidas cada día estrechamente con Francia, no quiere separar a ningún pueblo de su patrio techo. Harto le costó a fines del siglo dominar a Córcega, definitivamente adherida hoy a su cuerpo y a su espíritu, para irse mañana en pos de nuevos territorios por el Mediterráneo, de donde nos conviene a todos, y el reintegro de cada isla y archipiélago bajo su nacionalidad correspondiente. Si las cuatro naciones latinas se hubieran puesto hace tiempo de acuerdo respecto a las cuestiones mediterráneas y a la costa Norte del África, no veríamos quizás hoy en una y otra orilla del Mediterráneo sucesos tan opuestos y contrarios a nuestros intereses permanentes. La política de unión estrecha entre los pueblos latinos conviene a todos ellos en general, pero muy particularmente a Italia. Un recelo excesivo del apostolado democrático de Francia en contra de la dinastía italiana paréceme que ha paralizado mucho la saludable acción de esta última potencia, y arrastrádola, como un aerolito sin dirección y sin órbitas, en carrera vertiginosa e incalculable a la terrible atracción de las potencias del Norte.

No subimos, en verdad, mucho si subimos desde Italia en este momento a Rusia. El proceder de los italianos en sus alianzas está relacionado con la cuestión de Oriente, y en la cuestión de Oriente nadie puede quitarle ya el primer papel a Rusia. Casualmente la presencia del gran ministro británico en Elseneur ha demostrado una inteligencia entre Rusia e Inglaterra, y la inteligencia entre Rusia e Inglaterra, casualmente también, ha embargado mucho la móvil atención de Italia. Dígase lo que se quiera, las alianzas naturales resultan más sólidas que las alianzas arbitrarias, y no es natural ni explicable una grande alianza entre la nueva Italia del progreso y los viejos Imperios de la conquista y de la guerra. Sucede con las alianzas de Italia y Austria lo que sucede con las alianzas de Austria y Servia. Es natural que Servia se una con Rusia, pero su dinastía combate con fuerza esta ley de la Naturaleza: es natural que Italia se una con Francia, pero su dinastía combate a su vez con fuerza esta ley de la Naturaleza. Mas las dinastías no pueden sustituir su voluntad a la Providencia, y bien pronto vendrá ésta con sus decretos incontrastables a imponer sus leyes irremisibles. Cuanto más la política interior rusa hoy se agrava; cuanto más los problemas territoriales y el fondo social se agita; cuanto más crecen las conspiraciones misteriosas por todas partes, menos probabilidades hay de conservar allí la paz externa, herida, o, por lo menos amenazada siempre, a causa de la necesidad imprescindible, allí sentida en todos, del movimiento guerrero y de la cruzada bizantina. Por tal razón, Rusia gana las elecciones de Servia contra su propio monarca, empeñado en servir al Austria, y se apercibe a escarmentar las veleidades múltiples de ingrata emancipación sentida por su hechura la monarquía búlgara y su antigua e inconstante aliada la monarquía rumana. En esta competencia de alianzas entre Prusia y Rusia laten las causas de guerra inminente y próxima entre Austria y Rusia, que puede muy fácilmente arrastrar de un lado a Francia y de otro lado Germania, encendiendo así la guerra universal, que todos tememos y que todos quisiéramos evitar, pues nada conviene a la tierra, nuestro planeta, en una especie de infierno como ese vapor de sangre subiendo a las alturas desde los campos de matanza para mostrar nuestra crueldad, y provocando la cólera de Dios, que nos ha criado para la libertad y para la paz.

Mas no debo hablaros, en el corto espacio que me resta, de la política; debo hablaros de la poesía rusa. Este gran pueblo acaba de perder uno de sus más ilustres pensadores, y los pueblos, desde lejos, solo se ven por el resplandor de sus pensamientos, como las regiones solo se ven desde lejos por la eminencia de sus cordilleras. Este pensador es el inmortal Tourguenieff, nacido en las estepas de Rusia y muerto, como los rusos principales, en extraño suelo, por causa de un voluntario destierro. Hace algunos días ya, brillante legión de pensadores franceses, Renan, Simon, About, entre muchos otros, reunidos en la estación del Norte, despedían con lágrimas amargas y oraciones plañideras un ataúd que marchaba desde la única iglesia griega en París hoy existente, custodiado por algunas almas piadosas, hacia las tierras boreales de nuestra Europa. Contenía el ataúd los restos de Tourguenieff. Así, al llegar a Petersburgo, muchedumbres innumerables se agolpaban a su paso en actitud triste, recogida, silenciosa, como cumple a pueblos capaces de sentir cuánto pierden cuando en los abismos de la muerte desaparece quien ha movido los corazones y ha iluminado las inteligencias con la luz y con el calor del Verbo Divino encerrado en el arte o en la ciencia que, materializando el ideal y poniéndole hasta el alcance de nuestra mano, acerca lo infinito a la humana limitación, lo absoluto a nuestra fragilidad, lo celeste a nuestras sombras, y hace de Dios algo humano y del hombre algo eternal y etéreo en los misterios sublimes de una continua encarnación. Después de haber acompañado el féretro por las calles en procesión gigantesca y conducídolo hasta la puerta de un oratorio bizantino, donde le dijeron las oraciones de los muertos en el rito griego, enterráronlo allá en apartado cementerio, bajo la estepa fría, que amara con exaltación, junto a los restos de Bellinsky, su maestro y su guía en las letras, a la sombra de un grupo de sauces, de ese árbol cuyas ramas se vuelven hacia las oscuridades frías de la tierra, en vez de subir hacia los esplendores del cielo, y, sepultado, repartiéronse los asistentes las flores de sus innumerables coronas como reliquias de una sublime muerte y como recuerdo de una gloriosa vida. El mundo burocrático y oficial faltaba, porque La Voz del Eslavismo, o sea el periódico de Katkoff, había dicho como Tourguenieff perteneciera por su vida toda, muy de antiguo, a los occidentales, y quien perteneciera por su predilección a los occidentales, a esos librepensadores demócratas, no podía en muerte aspirar al culto de los rusos, monárquicos de un zar omnipotente, y ortodoxo de una religión bizantina. Mas la inevitable ausencia del elemento burocrático y oficial solo sirvió para que se viese con mayor claridad el afecto inspirado al pueblo por el difunto y la espontaneidad generosa de aquella sublime manifestación.

Y la merecían, tanto el artista como el hombre. Tourguenieff no pertenece a esas almas que dan luz de sus inteligencias sin dar al mismo tiempo calor de su corazón. Tourguenieff escribía porque amaba. Y amaba con exaltación al humilde, al débil, al desgraciado, al siervo. Sus obras no tienen más que un objeto: la manumisión y libertad del esclavo. Cuando vemos la indiferencia de los escritores griegos o romanos por el ser inferior que gime allá en los abismos de las hondas ergástulas y que muere allá en los combates del circo, después de haber sido cazado en la montaña tracia, puesto a la venta en el bazar y destituido y privado hasta de los sentimientos más naturales y de los goces más humanos bajo la pesadumbre de sus enormes cadenas; cuando vemos esta indiferencia y la comparamos con el amor a la humanidad entera de los escritores y de los oradores modernos, tan solícitos por los representantes postreros de la servidumbre histórica, tanto en la estepa moscovita como en las selvas tropicales, no podemos menos de ufanarnos por nuestra civilización y creer que muchas faltas le perdonara la Providencia por su amor al derecho natural y a la eterna justicia.

Tourguenieff había recorrido como cazador las tierras moscovitas y visto en ellas tal número de infelices pegados al terreno señorial, que, describiéndolos y describiendo su desgracia irremediable, hacía tanto por su emancipación cual todos los estadistas innovadores juntos, pues obras como una emancipación general solo pueden acometerse por impulsos indeliberados y generosos del corazón y consumarse por estos ardores de la elocuencia, y del arte, los cuales, encendiendo la sangre y agitando los nervios, llevan a unos al combate y a otros a la muerte con desinterés sublime por una causa popular y justa, controvertida mucho tiempo en las alturas del espíritu antes de prevalecer en las regiones inferiores de la legislación y de la política.

Novelista, exclusivamente novelista, nos ha pintado Tourguenieff la sociedad rusa mucho mejor que los primeros políticos moscovitas, como nuestros poetas del siglo XVI y XVII pintaban mejor en el teatro y en el romance a su tiempo que los diputados en las Cortes o las estadistas en las disertaciones. Aquel partido, engendrado por la tiranía política de los Zares y por la intolerancia religiosa de los sacerdotes, con su puñal y con su tea en las manos, su duda y su sarcasmo en los labios, su negación universal y su ateísmo en la conciencia, enemigo del Estado y de la sociedad, resuelto a disipar el aire atmosférico y a extinguir el Sol y las estrellas para volver a lo único verdaderamente grande, inmenso, ilimitado, eterno, a la nada infinita, de la cual nunca debimos los mortales salir, ya que tan condenados habíamos de hallarnos en el mundo a dolores eternos; aquel partido, en el cual no creían los conservadores europeos hasta que vieron saltar por los aires el Palacio de Invierno y caer en pedazos el Emperador Alejandro, se halla mejor descrito que en todas las disertaciones nihilistas de Bakunin y sus discípulos, en las obras literarias del poeta eximio, a quien las intuiciones de la fantasía y los presentimientos del corazón revelaron el demagogo típico alzado en sus páginas con la persona de Bazaroff mucho antes que se alzara en la realidad para extender el terror en Rusia y recluir al zar en Gatchina: que tan certeras y exactas resultan en la historia siempre las adivinaciones y las profecías del verdadero genio.

Yo conocí a Tourguenieff personalmente hace tiempo en casa de nuestro común ilustre amigo Mr. Julio Simon, y jamás olvidaré aquella sacerdotal figura profética, muy semejante, por lo alta y por lo inmóvil, a las figuras litúrgicas de las iglesias griegas. Sus sedosos cabellos blancos y sus luengas barbas, blancas también, le daban cierta gravedad que desaparecía en cuanto mirabais la retina móvil, iluminada, sensible a todas las emociones, acariciadora como una suave luz o como una melancólica melodía, punto de su rostro donde se condensaba toda su alma, la cual salía de allí a iluminar con rayos invisibles de ideales etéreos a todos los circunstantes. No poseía en la conversación esa facilidad inagotable de los meridionales, que tanto regocija siempre a una sociedad sentada en torno de limpia y bien provista mesa; pero, en cambio, sus profundas sentencias interrumpían el diálogo de los gárrulos, provocándolos al silencio de una meditación reflexiva. Turgeniev había pintado en sus brillantes cuadros lo mismo que había visto en su tormentosa vida. La sociedad rusa, especialmente, privaba en su ánimo y surgía en sus descripciones. Y pocas sociedades tan dignas de llamar la general atención por sus contrastes bruscos y sus disonantes extremos. Aquellos Zares, jefes de una sociedad tan exclusiva como la sociedad eslava, y alemanes por sus orígenes y por sus gustos; aquel clero, blanco y negro, pagado de su autoridad y presidido por un Consistorio, a cuyo frente se hallaba todo un general de caballería; los aristócratas, muy amigos de sus privilegios históricos y muy dados a destruirlos con sus ideas occidentales y democráticas; los reformadores, muy avanzados en sus tendencias y muy creídos a una de que impulsaran su nación estancándola en la tribu tártara y en la propiedad comunista; o el ortodoxo griego, que, después de haber orado ante la Virgen bizantina, cuyo rostro se halla metido en aureola pesadísima de oro macizo cuajado de brillantes y esmeraldas, después de haber clavado la frente como un paria indio en las losas del templo santo, suspira por los eslavos pegados al seno de la naturaleza y adoradores de un bárbaro paganismo; el rústico, el mujic, con quien los innovadores cuentan para incendiar el mundo y renovarlo, adscrito, como la planta y sus raíces, al terruño; el siervo, recién manumitido, añorándose de su cadena como el señor feudal de su propiedad; todos estos contrastes bruscos, presentados con sencillez increíble, dan a las novelas rusas de Tourguenieff el carácter, que falta por el exceso de tradiciones y el número de modelos a los de más literatos europeos, la naturaleza y difícil originalidad. Sintamos todos que los cielos de Rusia, ya oscuros, hayan perdido ese foco de increada luz, y honremos la memoria de quien ha contribuido, sin esgrimir más arma que su pluma brillante, a la emancipación de los siervos en las estepas de Rusia.

Los pueblos protestantes han celebrado el cuarto centenario de Lutero con universales jubilaciones. Temíase que las apologías del reformador provocasen vejámenes contradictorios y que tales contradicciones trajeran, sin remedio, en los pueblos divididos por creencias contrarias encuentros en las calles, y tras los encuentros las disputas y perturbaciones propias de los grandes y trascendentales dogmatismos. El régimen cesarista organizado contra la religión católica por el Gobierno germánico en tan mala sazón, había interrumpido aquellas relaciones de los dos cultos, celebrados muchas veces y en muchas partes bajo las bóvedas de un mismo templo, allá por tierras de Alemania. Bajo tal consideración creíase fácil una serie de manifestaciones y contramanifestaciones opuestas. Ningún apóstol de ninguna idea se presta como Lutero a estas disputas cuasi guerreras, apareciendo a los ojos de unos como el nuevo revelador que rejuvenece y salva el cristianismo en medio de la sensualidad pagana traída por el Renacimiento, mientras a los ojos de otros aparece como el protervo revolucionario, atreviéndose desde las aras del claustro al Pontificado, cual se atrevió Luzbel desde su angélica beatitud a Dios, para engendrar en la tierra los infiernos del cisma. De juicios tan contradictorios podían temerse disputas múltiples y desordenadas en tiempos como este de movimiento antisemítico. Por fortuna, la libertad religiosa está más arraigada hoy de lo que creen los reaccionarios, y el respeto a la inviolabilidad de las conciencias pasa cada día más a las costumbres.

Si los católicos y los protestantes de Alemania no han podido concordarse para celebrar al creyente, se han concordado para celebrar al patriota; y nosotros, que no pertenecemos ni a la religión luterana ni a la raza germánica, españoles y católicos de nacimiento, podemos celebrar sin escrúpulo al que, iniciando la libertad de pensamiento y examen, ha iniciado las revoluciones modernas, a cuya virtud hemos roto nuestras cadenas de siervos y proclamado la universalidad de la justicia y del derecho.

## Capítulo XVII. Sucesos últimos del año 1883

Hase discutido en Francia últimamente, con empeño, el presupuesto eclesiástico; y al discutirse, hanse levantado en tropel y a deshora los mil problemas referentes a la Iglesia y a sus relaciones con el Estado. El Gobierno, en vez de agarrarse a la firmeza prometida en los últimos discursos, ha dejado el asunto en manos de la Cámara, despreciando la facultad que le compete de proposición e iniciativa. Jamás sustituiría yo al poder legislativo el poder ejecutivo; pero jamás confundiría uno y otro, al punto de resolverlos en el mismo y solo poder, porque iah! en esa confusión está la raíz venenosa de todo despotismo. No puede un ministerio gobernar contra la voluntad manifiesta del pueblo, expresada por sus legítimos representantes; pero debe pedir a éstos los medios indispensables al gobierno, y en caso de negárselos, dejar el puesto a sucesor más afortunado en sus proposiciones y más acepto a las Cámaras. Lo que no puede aprobarse de ningún modo, es la presentación de un presupuesto y luego el abandono de su necesaria defensa. Y la falta crece cuando resulta que tal presupuesto es el presupuesto eclesiástico, relacionado con los intereses morales religiosos de toda la nación. El relator encargado de contradecir a los contradictores del dictamen ha poco menos que huido, y el Ministro de Cultos lo ha dejado todo a los movimientos caprichosos de una Cámara sin unidad y de una mayoría sin dirección. Resultado: que los partidarios de la separación, prematura hoy, entre la Iglesia y el Estado, así como los partidarios de la inconcebible autocracia del Estado sobre la Iglesia y el Pontífice, han cortado por donde les ha parecido, trayendo nuevos conflictos con el clero y provocando repulsas inevitables del Senado. Todo esto me duele, porque repetidos hechos desmienten repetidas palabras, y el Gobierno carece de aquella fuerza moral y autoridad propia indispensables a la buena dirección de un pueblo republicano, cuyos altísimos derechos demandan fuertes y vigorosos contrapesos.

Hay en la Cámara diputados como Clemenceau, quienes, sin encomendarse a Dios ni al diablo, echarían por la calle de en medio, aún a riesgo, con la negativa del presupuesto y la retirada del patronato y del Nuncio, de provocar dificultades como las promovidas en la primera revolución francesa con los clérigos juramentados e injuramentados, tan dañosas de suyo a la libertad y a la República. Demás de éstos, hay otros, como Julio Roche, quienes, después de haber estudiado mucho la Concordia napoleónica, obra del primer Cónsul, y visto cuántos resortes guardan sus artículos para oprimir a la Iglesia; les quitan a éstos el polvo de los tiempos que los ha enmohecido y paralizado; les echan el aceite de sus recuerdos para darles flexibilidad o ayudar al movimiento; y luego los impulsan contra el clero adrede, sin comprender cómo ha pasado la época de tales arqueológicas opresiones, y cómo la libertad natural, proclamada por nuestros dogmas políticos e inscrita en nuestras leyes democráticas, alcanza también al seno de la Iglesia. Pero el tipo más curioso de todos estos dogmatizantes, a no dudarlo, es monsieur Paul Bherte, ministro de Instrucción pública en el fugaz Ministerio de Gambetta. Fisiologista eminentísimo, quiere con empeño reducir la psicología y todos sus problemas metafísicos a una sencilla fisiología. Para no tomarse los dos hercúleos trabajos de meditar sobre las relaciones del alma con el cuerpo y del Criador con la criatura, escoge muy sencillo medio: elude alma y Criador, a título de incomprensibles misterios. No ha visto el átomo en ninguna parte, como nos sucede a los idealistas, que no hemos visto en ninguna parte la idea; pero lo toma por primer principio generador del Universo a la manera de Lucrecio; sabe de la materia quizás menos qué sabemos nosotros del alma, porque los primeros principios resultan todos por igual indemostrables y todos por igual metafísicos, pero con mezclarlo y confundirlo todo en el Cosmos, cree haber poseído la unidad inenarrable, así del Universo como de la ciencia; y luego reduce todo esto a dogmas y a cánones, para imponerlos por medio de la fuerza coercitiva del Estado a su generación, como impuso Mahoma los principios semíticos del judaísmo y del cristianismo a las razas árabes, entonces idólatras y sabeístas, por medio de la cimitarra de la guerra.

Opinión mía: equivócanse mucho los que prescinden para el gobierno de las sociedades modernas de la consideración debida por todos al dogma religioso y a sus representaciones verdaderas en la tierra, el clero y la Iglesia, de las diversas comuniones cristianas. El mundo latino, por ejemplo, se ha separado mucho de la tutela ejercida sobre su conciencia por los Pontífices; pero no tanto que pueda creérsele hoy en pleno racionalismo y llevársele sin peligro a una separación inmediata entre la Iglesia y el Estado. No hay que acceder a ninguna injusta pretensión de la Iglesia. Contra su veto hay que conservar el Estado laico moderno; que dar a la Universidad y a la enseñanza oficial su independencia; que sostener el matrimonio civil; que guardar el libre examen, criterio natural, así de la ciencia como de la política; pero no hay que perseguir a la Iglesia y que tiranizarla. Sin soltar la tutela eminente pedida por circunstanciales condiciones de tiempo y espacio, conviene concederle una relativa y constante autonomía, en concordancia con todos nuestros principios. Pero la Iglesia debe reconocer a su vez cómo necesita mucho aproximarse a los Estados modernos y recibir la visita de nuestro progresivo espíritu, cual recibió la visita del Espíritu Santo en el Cenáculo, con sus lenguas de fuego encendidas en maravillosas ideas. El papa León XIII tiene a nuestros ojos el mérito de haber iniciado una especie o manera de reconciliación cordial entre los Estados modernos y la Iglesia católica. Pero debe comprender que no hará cosa de provecho mientras deje al catolicismo el carácter jesuítico y ultramontano que hoy lo determinan y señalan, cuando tanto urge a la sociedad y a la conciencia una reconciliación verdadera entre la democracia y el cristianismo.

Veo que los constantes embargos de mi alma por una idea exclusiva y absorbente, como el problema de reivindicar el gobierno de las naciones para ellas mismas, hame llevado, allende mi pensamiento y mi deseo, metiéndome, sin deliberación casi, en laberinto de reflexiones metafísicas y religiosas, que, trascendentales y mucho, no cuadran al carácter de crónica e historia propio de estas cartas. Voy a tratar, pues, de los asuntos europeos. Y el primero que a la vista salta es el asunto de una próxima conflagración universal. Terrible verano este último, en que las visitas impremeditadas y aparatosas de príncipes; los simulacros militares en el centro de nuestro continente; la inauguración de monumentales efigies consagradas al recuerdo de cruentísimos triunfos; el viaje inopinado de Gladstone y su encuentro en el mar Boreal con los Reyes de Dinamarca y los Emperadores de Rusia; las perturbaciones múltiples en Bulgaria, deseosa de romper la tutela moscovita, en Servia, unida contra el Montenegro al Austria, en Rumanía, llamada imperiosamente a una inteligencia con los Imperios centrales; todos estos hechos múltiples inspiraban natural temor a un conflicto que pudiese incendiar toda la tierra y traer al género humano dolorosas crisis, como suelen serlo todas aquellas en las cuales el movimiento pacífico se detiene o interrumpe tristemente por la violencia y por la guerra. En verdad la visita en estos días hecha por el ministro ruso Giers a Bismarck; la oración del emperador Guillermo a la reciente apertura de las Cámaras, asegurando la paz con todas las naciones, y muy especialmente con Rusia; la retirada prescrita de los grandes cuerpos del ejército ruso concentrado en las fronteras de Polonia; tantos y tales hechos han venido como a calmar la zozobra general y a darnos algún respiro y alguna confianza en la paz europea. Yo jamás he temido una guerra inmediata por agresiones de Francia. Constituida ésta en gobierno parlamentario y republicano, cual conviene a una verdadera democracia, es instrumento dócil y seguro de la paz universal. Su aliada íntima en el mundo, por la fuerza misma de las cosas y por el imperio de las circunstancias, a pesar de nubes más o menos fugaces, necesariamente ha de ser Inglaterra, e Inglaterra pertenece también a las potencias de paz y de libertad. Igual digo de las dos grandes naciones latinas, colocada una en el ocaso y otra en el centro de nuestro Mediterráneo, Italia y España. Nosotros no tenemos interés alguno que librar a la guerra.

Cuanto nos prometemos de lo porvenir y cuanto necesitamos para nuestra consolidación interna y para nuestro influjo en el mundo, se halla subordinado, y por completo, a la paz. Y lo mismo sucede a nuestra hermana Italia. Por más que los irredentistas la impulsen a reivindicaciones excesivas y extremas; por más que los intereses dinásticos la lleven, como de la mano, a cordial inteligencia con las grandes monarquías; su rápida fortuna, los logros inverosímiles de su Milán, de su Venecia, de su Roma; la necesidad que tiene de paz interior para consagrarse a la robustez de su organización política y a la salud de su desarrollo económico y social, empéñanla con fuerza en la conservación de su paz, más necesaria para ella indudablemente que para ninguna otra potencia. Por ende, aquí en la parte occidental y meridional de Europa no encontramos ni motivos ni gérmenes de guerra.

Pero no sentimos igual confianza respecto al Oriente. En Rusia existe una leyenda eslava, muy arraigada entre las muchedumbres, y que representa con verdad una especie de Apocalipsis contra Germania y los Imperios germánicos muy semejante a los Apocalipsis de los profetas judíos contra Nínive y Babilonia. La enemistad, implacable hoy, de Francia y Alemania, es una enemistad circunstancial y pasajera, no obstante su exacerbada intensidad, mientras la enemistad entre Alemania y Rusia es una enemistad incesante y perpetua. Endulzáronla por mucho tiempo los descendientes de Catalina II, germanos por su origen, por su complexión y por su sangre. Nicolás I, en verdad, era todo un alemán, y todo un alemán era también Alejandro II, quien veneraba como a un padre al emperador Guillermo. Pero estas ventajas de Alemania en Rusia pertenecen a las nieves de antaño. El Emperador hoy reinante se halla por todos sus antecedentes adscrito a la secta paneslava, enemiga irreconciliable de Alemania. Y en tal secta no puede llamarse él, con toda su aparente omnipotencia, verdadero jefe, cuando existe un Katkoff, especie de profeta y de misionario paneslavista, en cuyos artículos con aires de salmos se contienen las ideas mesiánicas y las incontrastables aspiraciones de su gente y de su raza.

Estos constantes impulsos de un pueblo conquistador van todos a una en pos de guerrero conflicto con el Imperio alemán, a quien creen el valladar de todos sus deseos, la sombra de todos sus ideales, porque tiene bajo su mano a Bohemia; porque divide con la mongólica nacionalidad húngara los eslavos del Norte de los eslavos del Sur; porque manda y empuja el Imperio austriaco hacia la península de los Balcanes, a fin de que se interponga en el camino de la Santa Rusia, y le impida el cumplimiento de sus épicos ideales en Santa Sofía y en Constantinopla. Francia, esa Francia tan aborrecida hoy del mundo germánico, aparece desde sus comienzos en Europa como la mediadora entre Alemania y el mundo latino. En las tres grandes crisis de Alemania, en la crisis del Imperio carlovingio, en la crisis de la Reforma religiosa, en la crisis de la paz de Westfalia, Francia siempre ha servido los grandes intereses alemanes; y por su Iglesia galicana y su filosofía enciclopedista siempre ha representado una especie de término medio entre el catolicismo y el protestantismo, es decir, entre el espíritu alemán y el espíritu latino. Pero Rusia no tiene punto de contacto con Alemania. Las dinastías de una y otra región habrán estado muy unidas; los pueblos están muy separados. Por eso Alemania no debe temer una guerra con Francia y debe temer una guerra con Rusia. La guerra con Francia sería hoy un delito de lesa humanidad y una provocación a las justas iras del cielo. Asistíale al pueblo alemán toda la razón contra el Imperio francés. Desconociendo aquel insensato cesarismo el principio de las nacionalidades y su fuerza, impedía el interior desarrollo de Alemania, y le señalaba fronteras artificiales como la línea del Mein y otros igualmente ofensivos y provocadores obstáculos. Mas ahora una inmixtión de Alemania en los sucesos de Francia resultaría crimen tan grande como el cometido por los napoleónidas, y tendría en la justicia que preside a la historia igual irreparable castigo. No puede temerse, no, la guerra de Francia con Alemania; pero debe temerse, y mucho, la guerra de Rusia con Alemania.

Sin duda el emperador Alejandro III quiere preservarse del partido nihilista; y para preservarse del partido nihilista, no encuentra otro medio que acogerse pronto a la sombra del partido paneslavista. En estos mismos días ha sorprendido al mundo un relato de romancescas aventuras en Gatchina, que parecen cosa de magia y encantamiento. El Emperador ha recibido una especie de busto suyo vaciado en cera, que llevaba un puñal agudísimo en el corazón, verdadero símbolo de la muerte reservada por los misteriosos conspiradores nihilistas a su persona, si persiste con igual empeño que hoy en impedir mañana el advenimiento indispensable de la deseada libertad. A consecuencia de tal intimación hanse verificado registros varios en casas más o menos sospechosas, que han traído el descubrimiento de muchas bombas idénticas a las que destrozaron al emperador Alejandro II, y la prisión de varios conspiradores pertenecientes todos a las altas clases sociales, entre quienes se halla un chambelán de la corte imperial. Tales terribles casos amedrentan al atribulado zar y le impulsan a seguir una política de movimiento y acción que arrolle por su ímpetu popular y nacional a los perseverantes conjurados. El partido nihilista pide la libertad, mientras el partido paneslavista pide la guerra. Y puesto un autócrata en la terrible alternativa de optar entre la libertad y la guerra, opta siempre por la guerra. No tuvo Napoleón más motivo para emprender la triste aventura de su postrera campaña, que huir, por algún camino, de la indispensable libertad, a voces reclamada por todos los franceses. Yo no adivino qué causa ocasional determinará la próxima guerra; quizás una dificultad en Bohemia entre cheques y alemanes; quizás un conflicto de húngaros y transilvanos; quizás la cuestión de Polonia; quizás un paso temerario dado por el Austria hacia Salónica: existen tales elementos de discordia en el seno de Oriente, que uno cualquiera puede procurar la ocasión y traer el estallido, a cuyas explosiones saltará el equilibrio inestable de nuestra vieja Europa. Solo habría un medio de paz: que los fuertes, que los victoriosos, que los omnipotentes, propusieran el desarme general; por lo menos, la reducción de los ejércitos hoy existentes, cuyo gravísimo peso abruma todos los erarios, al contingente de paz indispensable para obtener la interior seguridad de los pueblos. Alemania no puede sobrellevar por mucho tiempo la pesadumbre de su presupuesto y de su ejército. Si ambos elementos la obligaran, como dicen sus enemigos, a guerras periódicas de diez años, Alemania de seguro aparecería como una causa de perturbación en Europa, engendrando tarde o temprano contra sí, como Napoleón el Grande, una inmediata coalición europea. La organización militar de Alemania no solo devasta el suelo germánico, sino que devasta la inteligencia germánica también. Lleva en sus manos el cetro férreo de la fuerza, pero no es su nombre, como en otros tiempos, la estrella polar del humano entendimiento. Y mientras esta orgullosa Europa se organiza para la guerra, la joven América del Norte se organiza para el trabajo. Y sin quemar un grano de pólvora, sin verter una gota de sangre, sin emplear más esfuerzos que los esfuerzos de la actividad humana, vence y arrolla, con la superioridad de sus productos, en las pacíficas competencias del comercio, a todos los Imperios de Europa, cuyos trabajadores jamás podrán competir con los trabajadores americanos, porque deben dar al ejército monstruoso, bajo cuya inmensa pesadumbre viven, sangre, sudor, trabajo y tiempo. Dentro de poco solo se oirá un grito en el mundo que pida el desarme de Europa, y Alemania tendrá que desarmar. Nada tan útil como los ejércitos de defensa nutridos por el servicio obligatorio, complemento del indispensable sufragio universal; pero nada tan peligroso como esos ejércitos de ofensa, que devastan el propio suelo, como los ejércitos de Wallesthein allá en la guerra de los treinta años, y amenazan la paz general de nuestra Europa.

Cuando los ingleses penetraron por las armas y por la victoria en el seno de las tierras egipcias, anuncié aquí mismo, en estas reseñas mensuales, que saldrían muy tarde. Recuerdo haber dirigido tales anuncios desde Biarritz, después de comunicados a un miembro tan radical del Parlamento como Potter, economista ilustre, quien, al participarlos a ministro tan predominante como Dilke, me argüía de cierto desconocimiento del Gobierno y del pueblo inglés, asegurándome con todo género de seguridades el próximo fin de la intervención británica en Egipto. Recordábame los previsores anuncios de Gladstone, quien ya, siete años antes del suceso, había profetizado en célebre artículo de Revista, sugerido por las ingerencias de Disraelli en todos los problemas intercontinentales, cuan pesada y abrumadora carga resultaría para el Estado inglés un vasto Imperio semiafricano y semiasiático, con conexiones europeas por su dependencia de Turquía, y con conexiones universales y humanas por su canal de Suez; Imperio vastísimo y ambicioso, no resignado al bello Delta del Nilo, sino decidido a entrar por encima de la Nubia, en el Dongola y en el Sudán o país de los negros; requiriendo y buscando dominios tales como nunca los midieran, y siervos tantos como nunca los contaran, ni los Faraones, ni los Tolomeos, ni los Califas, los grandes dominadores del inmenso territorio ilustrado por las altas Pirámides y las misteriosas esfinges. No ignoraba yo las ideas de tan ilustre maestro, a quien todos cuantos seguimos la vida política y parlamentaria en el mundo, escuchamos como a un oráculo y tenemos por un modelo. Sabía que le repugnaba la inminente anexión del Egipto, no solo por esta tierra, sino también por la tierra cercana y apetecida, compuesta de once millones de habitantes, y difícil de reducir por seis millones bien escasos que suman los egipcios. El responder de dos mil millas más de tierra parecíale al gran estadista cosa grave para un gobierno como el gobierno inglés, enroscado ya, por sus posesiones innumerables, a todo el planeta. Pero decía yo y observaba que, reconociendo la sinceridad propia de Gladstone y su deseo vivísimo de consecuencia con su historia y con su tradición; como quiera que no gobernaba personalmente cual Bismarck de Alemania o Alejandro de Rusia, sino en medio de pueblos libres, debía ceder parte de sus opiniones propias a las opiniones nacionales de Inglaterra, más resuelta por el Egipto y su conservación de lo que creían radicales y liberales en sus ilusorias esperanzas y en sus irreflexivas promesas. Parecía que a principios de noviembre debíamos ver el gran mentís de mis presentimientos y de mis anuncios. Decíase por todos los órganos de la política inglesa como se apercibía la retirada inmediata del ejército de ocupación, el cual iba muy pronto a libertar al Egipto entero de su presencia.

Indicaciones hubo de tal resolución hasta en las palabras más solemnes pronunciadas por el ilustre primer Ministro en ocasiones varias, y a estas indicaciones siguió una terminante resolución, por la cual, de seis mil hombres acuartelados en varios puntos, la mitad salía, y quedaba solamente la otra mitad en la población estratégica y mercantil por excelencia del Egipto, en la ciudad de Alejandro. Mas, a los pocos días nos sobrecoge una terrible nueva, propia de los tiempos bárbaros, en que dominaban sobre la tierra los elementos más rudos y más primordiales de la fuerza. La condición del hombre, mirada en los lejos de la historia, parece tan triste y miserable que la esclavitud misma resulta un progreso, porque indica la conservación material de los vencidos, exterminados antes en las locuras y ensoberbecimientos de las guerreras victorias. Pues bien, un combate acaba de pasar en Egipto, solo comprensible allá entre caníbales. Un ejército egipcio, dirigido por un general inglés, acaba de ser degollado, sin que haya podido salvarse de todo él para decir y anunciar la catástrofe, no sé bien qué triste y extraño residuo. Recuérdame tal tragedia la extirpación y aniquilamiento de los Omníadas por los Abasidas, cuando el jefe de estos últimos cenaba sobre inmenso tapiz persa, bajo cuyos pliegues yacían descabezados los cuerpos de todos sus rivales. Todos estos mahedíes mahometanos, especie de profetas que no saben leer apenas, pero que dicen palabras inspiradas, como las de Moisés o de Mahoma, por el Dios de los desiertos, Mesías con cimitarras, no solamente obedecidos, sino idolatrados por pueblos enteros, los cuales van tras sus enseñas en este mundo a la guerra y en el otro mundo a la beatificación y a la bienaventuranza, levantan tribus bélicas, semejantes a naciones en armas, innumerables como la langosta, feroces como los tigres, y que pueden suscitar con sus esfuerzos en las temeridades múltiples de un combate, catástrofes solo comparables a los desquiciamientos del planeta por la perturbación de las fuerzas vivas en el seno mismo de la Naturaleza. Cuéntase que hace años, en este siglo nuestro, el padre de ese Mahedi, que ha consumado tal matanza, se presentó al hijo de Mehemet-Alí, también por aquella sazón y momento invasor con sus tropas de tan extenso territorio, y le ofreció forrajes, amontonándolos en torno de su ejército. Y en efecto, al venir la noche los forrajes ardían, y el invasor con todos los suyos espiraba entre las llamas. Resultado práctico para la poderosa Inglaterra de las victorias del Mahedi: que las órdenes de embarque se han suspendido y el envío de refuerzos inmediatos se ha proyectado. Ya veis como no he sido yo el engañado. La ocupación inglesa queda por tiempo indefinido en Egipto. Quod erat demostrandum.

Y a propósito de Inglaterra, no quiero cerrar lo referente a esta nación interesantísima sin referiros las aventuras del pastor Stoker, especie de furioso antisemita, que ha predicado primero la intolerancia religiosa en contra de los judíos, y luego el socialismo cristiano a favor de los trabajadores; todo para fundar el predominio de su Iglesia imbuida en estrecho e intolerante protestantismo. Algunas veces me han caído en las manos reseñas varias de sus sermones fanáticos. Parece imposible tamaña exageración. Las imaginaciones meridionales, abiertas al Sol y al aire libres, en comunicación estrecha y continua con el infinito espacio azul, jamás llegan por el movimiento de sus inspiraciones propias a las originalidades y a las extravagancias de estas imaginaciones germánicas ahumadas por el humo de los hogares y bebidas de cerveza, prontas a fantasearlo todo y a cubrir con vestiglos, como los de Walpurgis, los caminos de la vida que nosotros sembramos de pámpanos y rosas después de haberlos aromado con mirtos y azahares. Los antisemitas alemanes, en su furor bélico, resucitarían los Faraones para que oprimiesen al pueblo de Dios, holgándose de que la canastilla, donde la pobre madre depositara con anhelo al salvador de Israel, no se detuviera en los juncos y espadañas, y cañaverales del Nilo, aún a riesgo de ver, por tal evento, impedida la revelación sublime del principio monoteísta y moral en la humana conciencia. Para ellos, los pueblos que han perseguido a los judíos con toda suerte de persecuciones y los han atormentado con toda suerte de tormentos; los que han proscrito a sus descendientes y herederos, cuidando con odio cruel que no tuvieran asilo alguno en la tierra; los que han fundado aquella inquisición por los Papas y Reyes encargada de averiguar con sus esbirros a quien la repugnaba el tocino para castigar tal repugnancia como un crimen de primera magnitud; todos los errores y todas las infamias del fanatismo religioso recrudecido por la intolerancia, se justifican por completo ante la consideración de lo que han sido los judíos en Europa, cabalistas extraviados, hechiceros y brujos notorios, gente de magia y quiromancia, fundadores de la usura y de la masonería, peste de las conciencias, sombra del espíritu, verdugos de Cristo, restauradores del diablo y enemigos de todas las Iglesias; por lo cual merecen que ardan para consumir sus cuerpos las hogueras del Santo Oficio y para consumir sus almas los fuegos del infierno. Tal energúmeno quería predicar en el Ayuntamiento de Londres por la mañana del centenario de aquel que fundara, bien o mal de su grado, en el mundo, la libertad religiosa, en el centenario de Lutero.

Advertido el corregidor de Londres por los periódicos impidió sabiamente un desacato así a los principios fundamentales británicos y rogó al predicador de la corte alemana que fuera en sus predicaciones a otra parte. No pudiendo predicar, como se lo había prometido, religión luterana y antisemítica en la municipalidad londinense, predicó socialismo en otro sitio menos respetable. Los alemanes, raza de individualismo tal que raya en anarquía; fundadores ilustres de la feudalidad y de la reforma; desde que Bismarck los ha revestido a todos ellos sin excepción de uniforme y los ha numerado en el cuartel inmenso de su imperio; se dan a una, con tales ardores, a la doctrina socialista, que hay en su seno socialistas de la anarquía, socialistas del Estado, socialistas de la cátedra, socialistas de la nobleza, socialistas de la Iglesia, socialistas de la corte, socialistas del púlpito. A los postreros pertenece, sin duda, nuestro célebre predicado Stocker. Tal género de socialismo tiene mucho y muy estrecho parentesco, naturalmente, con la doctrina ultramontana y absolutista, sobre todo, en sus aspectos económicos. Maldice, pues, del libre cambio y de la libre concurrencia, imputándoles todos los males del siglo; y para evitarlos no hace otra cosa que recurrir al museo arqueológico de la historia, y desempolvando y rehaciendo las vinculaciones con los gremios y los gremios con la tasa, ofrecerlos y presentarlos como remedio único al empobrecimiento universal. Naturalmente, hay en el pueblo inglés muchedumbres conocedoras de todas las sirtes encerradas en este socialismo del púlpito y del trono, las cuales han asistido a la conferencia del socialista evangélico y le han asestado estrepitosa silba. Ya que hablamos del movimiento antisemítico, hablemos un poco de las tierras donde mayores plagas ha sembrado tal error, protervo y reaccionario, hablemos de las tierras orientales. Hungría, después de haber promovido ruidoso escándalo con cierta célebre causa, entra de nuevo a su liberal sentido, y propone una ley autorizando el matrimonio entre judíos y cristianos. Los partidos avanzados quisieran que Hungría hubiese, con motivo de tal reforma, hecho alguna concesión más al progreso contemporáneo, y admitido el matrimonio civil, que funda la familia en la unidad íntima del Estado, separándola de las diferencias y de las intolerancias mutuas entre las respectivas sectas. Mejor hubiera sido, en verdad, tal reforma; pero la serie se impone, y constituye, digámoslo así, una gradación de las reformas sociales como los puntos constituyen la línea, como los minutos constituyen la hora, como los individuos constituyen las especies, y no hay medio alguno de rehuir a esta ley necesaria. Si los

**231**

demócratas, porque la reforma no tiene toda la plenitud y toda la extensión por ellos deseada, cometieran el error de unirse a los ultramontanos y desecharla en definitiva, como ha sido desechada transitoriamente ahora por el Senado, ¡ah! demostrarían carecer por completo de aquel maduro sentido indispensable hoy a toda verdadera democracia, para seguir adelante con empeño en el camino de la libertad universal.

La cuestión de Oriente continúa ofreciendo graves dificultades. Mientras el príncipe Alejandro de Bulgaria pacta nuevamente con Rusia promete nombrar generales aceptos a la gran potencia su protectora, el príncipe Milano de Servia pugna con los obstáculos innumerables que le ha traído su viaje último a Germania, y su enemiga resuelta con el Montenegro y los montenegrinos. Pocos meses hace que la casa rival de los Milanos entró por casamiento en la dinastía reinante sobre la montaña negra, y ya toca el Príncipe servio, recientemente convertido a Rey, las consecuencias de tamaño hecho. Los electores han protestado contra él en las últimas elecciones; las Cortes no han podido reunirse a la hora necesaria; la Constitución se ha mermado con grandes mermas; cóbranse los tributos fuera casi de la legalidad constitucional, pululan los partidos y resuenan con siniestro estridor los motines y los pronunciamientos, no bien disipados por indecisas victorias. Los pueblos de Oriente deben mirar con grande mesura y prudencia sus problemas interiores, porque pueden suscitar un conflicto europeo, y ¡ay de aquellos sobre quienes recaiga la responsabilidad horrible de interrumpir la paz pública y engendrar la guerra universal!

30 de diciembre de 1883.

## Libros a la carta

A la carta es un servicio especializado para
empresas,
librerías,
bibliotecas,
editoriales
y centros de enseñanza;
y permite confeccionar libros que, por su formato y concepción, sirven a los propósitos más específicos de estas instituciones.

Las empresas nos encargan ediciones personalizadas para marketing editorial o para regalos institucionales. Y los interesados solicitan, a título personal, ediciones antiguas, o no disponibles en el mercado; y las acompañan con notas y comentarios críticos.

Las ediciones tienen como apoyo un libro de estilo con todo tipo de referencias sobre los criterios de tratamiento tipográfico aplicados a nuestros libros que puede ser consultado en Linkgua-ediciones.com.

Linkgua edita por encargo diferentes versiones de una misma obra con distintos tratamientos ortotipográficos (actualizaciones de carácter divulgativo de un clásico, o versiones estrictamente fieles a la edición original de referencia).

Este servicio de ediciones a la carta le permitirá, si usted se dedica a la enseñanza, tener una forma de hacer pública su interpretación de un texto y, sobre una versión digitalizada «base», usted podrá introducir interpretaciones del texto fuente. Es un tópico que los profesores denuncien en clase los desmanes de una edición, o vayan comentando errores de interpretación de un texto y esta es una solución útil a esa necesidad del mundo académico.

Asimismo publicamos de manera sistemática, en un mismo catálogo, tesis doctorales y actas de congresos académicos, que son distribuidas a través de nuestra Web.

El servicio de «libros a la carta» funciona de dos formas.

1. Tenemos un fondo de libros digitalizados que usted puede personalizar en tiradas de al menos cinco ejemplares. Estas personalizaciones pueden ser de todo tipo: añadir notas de clase para uso de un grupo de estudiantes,

introducir logos corporativos para uso con fines de marketing empresarial, etc. etc.

2. Buscamos libros descatalogados de otras editoriales y los reeditamos en tiradas cortas a petición de un cliente.

www.ingramcontent.com/pod-product-compliance
Lightning Source LLC
Chambersburg PA
CBHW030823090426
42737CB00009B/852